# 人性的弱点

[美] 卡耐基◎著　夏诺◎编译

图书在版编目（CIP）数据

卡耐基：人性的弱点 / (美) 戴尔·卡耐基 (Dale Carnegie) 著；夏诺编译 . -- 长春：吉林文史出版社，2016.7

ISBN 978-7-5472-3167-8

Ⅰ . ①卡… Ⅱ . ①戴… ②夏… Ⅲ . ①心理交往－通俗读物 Ⅳ . ① C912.1

中国版本图书馆 CIP 数据核字 (2016) 第 124567 号

KANAIJI:RENXINGDERUODIAN

书　　名　卡耐基：人性的弱点

编　　译　夏　诺
责任编辑　吕　莹
封面设计　金刚设计
出版发行　吉林文史出版社
地　　址　长春市人民大街 4646 号　　邮编：130021
网　　址　www.jlws.com.cn
印　　刷　北京凯达印务有限公司
开　　本　889mm × 1194mm　1/32
印　　张　8.5
字　　数　206 千
版　　次　2016 年 7 月第 1 版　　2016 年 9 月第 2 次印刷
书　　号　ISBN 978-7-5472-3167-8
定　　价　35.00 元

# 前 言

每个人都是一本耐读的无字天书，都面临一场精彩的大戏，必须尽量地演绎好，因为主角就是你。在那没有预案、没有提示的道路上，只有凭着良知、凭着智慧去摸索属于自己的那片天空。

——戴尔·卡耐基

人，不管他有多么伟大或是多么顽固，都存在着弱点，有着软肋。只要能抓住人性的薄弱环节，就可以攻破他的防线，瓦解他的抵制。

每个人都或多或少的爱慕虚荣和显示自己，这是人性不易克服的弱点。但智者能驾驭虚荣，愚者被虚荣驾驭。

每个人都有恐惧的心理。但是一旦恐惧心理占据上风，就会影响人们的正常生活，引发郁闷、忧愁和失眠等症状。

这是一个到处充满诱惑、充满陷阱的社会，金钱的诱惑，美色的诱惑，名利的诱惑，地位的诱惑，情感的诱惑……正是这些欲望令我们迷失自己，也正是这些欲望的驱使，令人们抛弃了自己的灵魂，抛开一切道德，只为满足自己的私欲，而另一些人则成了这些人满足自己私欲的牺牲品。

人都是有弱点的，欲望越多的人弱点也就越多，陷入深渊的可能性也就越大。

戴尔·卡耐基，20 世纪最伟大的成功学导师，美国现代成人教育之父。他曾当过教师、推销员、演员，但是最终转向了成人教育，并致力于人性问题的研究。他运用心理学和社会学知识，对人性的弱点进行探索和分析，开创并发展出一套独特的融演讲、推销、为人处世、智能开发于一体的教育方式。

他以超人的智慧、严谨的思维，在道德、精神和行为准则上指导万千读者，给你安慰，给你鼓舞，使你从中汲取力量，从而改变你的生活，开创崭新的人生。当今世界最伟大的成功学家在这里与你娓娓而谈，理想会成为现实。

卑怯者叹息沉吟，而勇敢者却面向光明抬起纯洁的眼睛。我们人性中存在着很多弱点，我们有自卑和恐惧的心理，我们每个人的内心都渴望得到别人的关心，我们会嫉妒周围比我们优秀的人才，我们还畏惧批评……这些都是我们的弱点。只要我们知道我们的弱点，我们懂得设法去克服自身的弱点，我们就能成功。

不论你是什么职业、性别、年龄，这部充满力量、充满智慧的书，在生活中一定会给你启迪，使你勇敢地克服自己的弱点，发挥自己的优点，成为人际交往的高手，拥有美好、快乐、成功的人生。

时间终将沉淀记忆，那些该沉下去的东西终将沉下去，该浮出水面的东西总有一天会浮上来！抓得住的抓不住的，留得住的留不住的，是你的终归是你的，不是你的终归要飞走！

你若不能做条大路，那就做条小径；你若不能做太阳，就做一颗星星；不要以大小来决定你的输赢，但要做，就做最好的你！

# 目录

## 第三章　如何赢得他人的赞同



## 第四章　如何更好地说服他人

## 第七章 走出孤独忧虑的人生



## 第八章 不要为工作和金钱而烦恼

# 第一章 平安快乐的要诀

当今社会，人们生活的压力越来越大，面对日益激烈的竞争和更大的挑战，大家每天忙忙碌碌，要维持生计，要追求事业，要获得成功……在现实生活中，我们不可能时时让悦耳的称赞充斥于耳，而还要面对难听的指责，无情的批评，甚至是恶意的攻击。

身心的疲惫往往使很多人疲惫不堪。可是，在我们每个人的内心都渴望得到他人的赞美、肯定、支持和表扬。但是有时却感到力不从心。

如果我们细心观察，就会发现我们周围有些人为达到自己的目的，颇有绝招，但有些人就是爱中他人之计，与之较真，与之反抗，甚至使之成为自己的一大精神负担与压力。有些人能够每天都高高兴兴地生活，感到自己的一切都很顺利，而有些人则为一些本来可以很快忘记的小事而忧虑，为一些小事情斤斤计较。

人生在世，生命短暂，我们不要为了一些小烦恼而浪费了宝贵的时间。让我们掌握一些开心快乐的技巧吧。

那么平安快乐的秘诀到底有哪些？著名的演讲学家卡耐基先生告诉我们了什么？让我们一起来分享。

## ※ 保持自我本色

在生活中经常会发生这样的事情，看见同事刚从理发店整了个新发型，特别好看，你在赞美同事发型的同时，是不是心里也已经动摇了，暗自发问：我是不是应该是换个发型呢？当瘦腿裤重新流行时，你是不是也会疯狂一下，而没有注意这种裤子并不适合你的体型呢？穿衣与做人一样，要有自己的本色。

由于卡耐基的书在整个美国倍受欢迎，许多出版商纷纷找他约稿，源源不断的稿酬使他积累了许多财富，同时也使他有更多的机会外出度假或从事自由旅行。1938 年 10 月，卡耐基由于工作的劳累，便想外出旅行。富有并没有改变他以往节俭的生活习惯，仍然保持自己的本色，所以，他在游艇上一点也不引人注目。但是他度假的消息还是被电讯社记者知道了，便尾随而来。记者们先到一等舱去寻找卡耐基先生，然而他们失望了，他们发现几个有着富翁模样的人，但都不是他想要找的卡耐基。记者终于在二等舱的餐厅里遇见了正在进餐的卡耐基，赶紧抓拍几张快照后，便上去与卡耐基交谈起来。令记者感兴趣的是他吃得并不算很丰盛，虽然他很富有。卡耐基微笑着说道："节约是一种美德，也是我的一个重要致富方法。我有了钱，并不会去浪费，即使我拥有全世界的财富，我也不会多浪费一分一毫。"这种精神在卡耐基的一生中都得以保持，直至他逝世时。卡耐基先生一生一直保持着他节俭的作风。

卡耐基说："让我们不要模仿别人。让我们找到自己，保持本色。"模仿的结果是强迫自己的语言、表情、形态等外在行为发生变化，尽量和心中偶像保持相同，但不管你模仿的如何逼真终归是假，人们喜欢用惺惺作态、装腔作势来形容模仿者。任何一个成功人士的经验表明，要想成功，只有保持自我本色，而不应该让自己变成任何其他人。

爱默生也在他的随笔《自我信赖》中写道："一个人总有一天会明白，嫉妒是无用的，而模仿他人无异于自杀。因为不论好坏，人只有自己才能帮助自己，只有耕种自己的田地，才能收获自家的玉米。上天赋予你的能力是独一无二的，只有当你自己努力尝试和运用时，才知道这份能力到底是什么。"

在这个世界上，我们每个人都是独一无二的。我就是我，我们无须按照别人的眼光和标准来评判甚至约束自己，我们也无须总是效仿别人，保持自我的本色，做一个真正的自己，这是最重要的。

一个人抹掉自我本色等于“慢性自杀”。试想，一个人抹掉自我本色那意味着什么？意味着跟着别人的屁股后面跑，这样把别人的特色误以为是自己应该追求的东西，这样多半是不能成大事的，即使成了大事，也是没有自己的特色。学习别人长处，汲取别人的成功经验和失败教训，演义自己精彩的人生，这本是一件好事，也值得称颂，但是学习不能囫囵吞枣，应噎废食，更不要照搬模仿，要知道所有的成功和教训都是属于别人的，不是属于你的，你也无法学到，无法领会到其中的奥妙。世界是多姿多彩的，每个人都有自己的用武之地，应该尽量利用大自然所赋予你的一切，去创造属于自己的精神财富。

很多人在求职应聘时，所犯的最大错误就是不能保持本色。他们不以真面目示人，因为不能完全地坦诚而给对方一种不好的印象。这样的做法却使面试官生厌。因为没有人要伪君子，也从来没有人愿意收假钞票。有些人虽然表面上谦逊恭谨，笑容可掬，可是一旦登上宝座后，就露出了伪善的狐狸尾巴。但是事实证明假的真不了，真的假不了。

模仿其实是一种自卑心理，缺乏自信心的表现，是想引起人们的广泛关注，但是所获得的馈赠却是鄙视的眼神。现在有些年轻人试图通过学习和模仿别人来改变自己，以树立自己在社会公众中的形象，让自己变得酷或美，完全迷失了自我，成为新时期文化上的蛀虫。

在这个世界上，每个人都有自己存在的价值，大树有大树的作用，小草有小草的价值，如果要想成功的话，就必须收起的假面具，保持自己的本色，做一个真实的自我。

卡耐基有句忠告：寻找自我，保持本色，大凡成功的人都如此。

我们每个人在这世上都是个充满个性的个体。以前既没有像你一样的人，以后也不会有。

我们自己是这个世界上唯一的一个崭新的、独一无二的自己。不管好坏，我们只有好好经营自己的小花园，我们只有在生命的管弦乐中演奏好自己的一份乐器，才会活出自己的本色。一个人的成就大小，不是看他的能力和智商的高低，而是看他有没有将自己的个性充分展示出来，因为只有风格才能使你与众不同。也就是说：只有充分展示个性才能使你鹤立鸡群。

## ※　改变不良的工作习惯

你是不是也出现过这样的感受，对着满满的一桌资料，却不知道该如何下手。心里总是感觉有做不完的事情，却没有一个做事的思路。这时的你该怎么办呢？就请尝试一下把课桌收拾整齐，把所有的文件放起来，把重要的事情和紧急的事情放到桌面上，琐碎的小事先暂且搁置到抽屉里，再试试现在的感觉，一定感到轻松了很多吧。你也一定从中感受到良好的工作习惯多么重要，那就积极行动起来吧，向不良的工作习惯告别。

公司领导者要求卡耐基提供能用于工作上的领导技能，因此卡耐基十分注重对领导能力的研究。在一次上课时，卡耐基在黑板上写下了英国诗人波普的名句："秩序是造物者的第一法则！"他告诉学生们，这是悬挂在华盛顿国会图书馆顶棚上的几个大字。然后，一言不发地坐在一边，等待有人来解释。

这时候，罗兰·威廉斯站了起来，他说道：

"当我面对一张摆满回复信件、报告、备忘录的办公桌时，我就感到紧张、忙乱、烦恼。更糟的是，我满脑子惦记着：'事情太多，时间太紧’，我感到疲倦，长此以往甚至怀疑患有高血压、心脏病和胃溃疡。”

“有的人书桌上堆满了各种资料。如果他能把那些次等重要的东西全部收拾起来，他将会发现处理工作可以更轻松、更正确。我称之为家务料理，这是我的经验！”

“某报发行人告诉我，他的秘书清理他的一张办公桌时，竟然发现了两年前遗失的一台打字机。”

最后一个笑话，引来了满堂喝彩。卡耐基也站起来，连声夸耀，并接着说道：

“我本来决定让大家多说，自己少说几句话。但是这种轻松的故事使我想起了精神病医生威廉·沙特拉博士告诉我的一个故事，我把它讲出来供大家分享！”

学生们饶有兴趣地听着卡耐基引述的故事：

“芝加哥某大公司的总经理，患了严重的神经衰弱症，向沙特拉博士求医。”

“正在说话的时候，电话铃响了，医院有事找博士。他马上处理，刚放下话筒，另一部电话又响了，只好离席去接电话，又是很紧急的事，不久，又有位同事找博士征询对某一重病号的处置意见。博士只好把客人干晾在一边长达十分钟之久。当博士向总经理先生致歉时，奇迹出现了。”

“总经理回答说：‘没关系，没关系！’医生，从你的身上我一下子找到了自己的病根。回公司后，我将立刻改变自己的工作习惯。对了，临走前，可否让我看一下你的办公桌抽屉？”

“博士打开抽屉，里面只有一些纸笔之类的事务性用品，而且少得可怜！总经理疑惑地问道：‘你未处理完的文件呢？未回的信函呢？’

博士说：‘全都办完了！’”

“六个星期后，那位总经理盛情地邀请博士到他公司参观，他完全变样了，全身上上下下没有一点儿不适之处。他特地打开抽屉，对博士说：‘以前，我有两间办公室和三张办公桌，抽屉里堆满了未处理的文件，但既无暇也无心去处理它们。自从和你作一席谈之后，我即将那些旧文件或报告书，全部作了清理。现在，我只用一个办公桌，工作一来立即处理，绝不拖延积压。所以，现在我已全无因延滞工作而带来的紧张感和烦恼。’”

卡耐基说过：“人不会因为过度劳累而死，却会放荡和忧烦而去。”“没有人能永远按照事情的轻重程度去做事。但按部就班地做事，总比想到什么就做什么要好得多。”“不要忘记，快乐并非取决于你是什么人，或你拥有什么，它完全来自于你的思想。”

豪威尔先生曾经是美国钢铁公司的董事。起初，开董事会总要花很长的时间——在会议里讨论很多很多的问题，达成的决议却很少，结果，董事会的每一位董事都得带着一大包的报表回家去看。后来，豪威尔先生说服了董事会，每次开会只讨论一个问题，然后做出结论，不耽搁、不拖延。这样所得到的决议也许需要更多的资料加以研究，也许有所作为，也许没有，可是无论如何，在讨论下一个问题之前，这个问题一定能够达成某种决议，结果非常惊人，也非常有效。所有的陈年旧账都清理了，日历上干干净净的，董事也不必再带着一大堆报表回家，大家也不会再为没有解决的问题而忧虑。

这就是好习惯使人终身受益的道理。卡耐基也说过：“人并非生来就具有某些恶习和不良习惯，而是后天慢慢养成的。对于我们的生活和事业来讲，有些习惯虽然不好，但它可能无碍大事，不会产生直接的冲突和严重危害；而有些则是我们获得幸福与成功的大敌。对于后者，我们应该努力改正，并坚决摒弃，否则，这些恶习会影响我们终生。”

西北铁路公司总裁罗兰·威廉斯说过：“那些桌上老是堆满东西的人会发现：如果把你的桌上清理干净，只保留与手头工作有关的东西，这样会使你的工作进行得更加顺利，而且不会出错。我把这一点称为好管家，这也是迈向高效率的第一步。”

白手起家的查理·鲁克曼经过12年的努力后，终于被提升为派索公司总裁一职。当问及他成功的经验时，鲁克曼说：“就记忆所及，我每天早晨5点起床，因为这一时刻我的思考力最好。我计划当天要做的事，并按事情的轻重缓急做好安排。”

全美最成功的保险推销员之一弗兰克·内特格，每天早晨还不到5点钟，便把当天要做的事安排好了——是在前一个晚上预备的——他定下每天要做的保险数额，如果没有完成，便加到第二天的数额，以此推算。

很多时候，恐怕我们并没有弄清楚“忙”的真正意义。“忙”应该是在特定的时间段中朝着特定的目标进行不断努力地生活状态，忙碌可以使我们的生活充实，但是如果只是为了向别人表明“自己很重要”而去忙，那就失去了真正的含义。人很容易掉到自己给自己设置的陷阱里面去，通常这个陷阱都是由虚荣所造成的。

“一寸光阴一寸金”，很多人明白这个道理，只有高效利用时间，不让时间白白流逝才是最重要的。但是，人往往具有某些恶习和不良习惯，但是这并不是生来就有，而是后天慢慢养成的。因此，我们应该努力改正，并坚决摒弃，否则，这些恶习会影响我们终生。要想养成良好的工作习惯，需要做到以下几点：

1. 改变不良工作习惯

改变不良的工作习惯，要做到今日事今日毕，切忌今天拖明天，明天拖后天，导致最后一事无成。

2. 收拾干净办公桌

这样既可以使你心情舒畅，还可以知道自己到底有多少工作要处理，已经处理了多少，还有多少，做到心中有数。

3. 做事要分轻重缓急

重要的事情先处理，小的事情后处理，这样使有限的时间得到最合理地利用。

## ※ 学会放松，解除疲劳

大多数人都会出现这样的情况：在午餐桌上，还会看见他眉头紧锁，想着工作中还有一个问题没有解决，然后又是急匆匆地吃完饭，就跑回办公室。晚上回家，还是皱着眉头，想着明天有很多事情等着他去做，这种状态一直持续到睡觉，或许睡觉他也在思考。这样没有多久，他就觉得累了。事实上有句古话，会休息的人才会工作。这句话告诉我们，我们要学会轻松，解除疲劳。

卡耐基对他的学生们讲过这样一个的故事：

有一个居住在缅因州的人，他有一个“不幸”的儿子。儿子爱玩，邻居孩子爱学；儿子爱惹事，邻居的孩子常受到校方的嘉奖；儿子考试成绩不理想，邻居的孩子每次考试都是A。如此鲜明的对比，使得做父亲的大觉丢脸，他常常斥责儿子：人家与你同岁，却那么让人喜爱，而你却是这么一副没出息的样子！

儿子挨骂过了，也就习以为常了。可他居然想着办法来反击父亲。一天，他父亲正在收看州长发表的电视演说，儿子就斗胆对父亲说：

“看看，你不是和州长一般大的年纪吗？人家都当州长啦，你呢，还是一个小职员。”

这句话，让做父亲的下不了台。父亲气得怒发冲冠。

卡耐基的学生们听到这里，都会心地笑起来。

卡耐基又继续讲下去：

后来这位父亲静下心来仔细地想了一想，觉得儿子的调皮话也不无道理。他想：我一直要求儿子像别人那样，可我这个做父亲的又何尝不是一位凡夫俗子呢？虽然儿子学习成绩不好，但他获得了少年的欢乐，这不也挺好吗？我没有权，没有钱，这是真的。但是，我每天的生活都充满了阳光，这不是很值得安慰的吗？

儿子的一句调皮话，使这位父亲发现了他自己不曾拥有的东西。

“所以还是轻松些”，卡耐基最后说，“轻松下来，建立属于自己的新的生活状态。多看看自己的优点，比一比别人，原来别人有时也在学你。轻松些，并不是意味着沾沾自喜，狂妄自大，唯我独尊，而是不要钻牛角尖，不被生活中的那些无谓的烦恼所困惑。只要你自己在人生的道路上认认真真地走下去，你就无愧于自己，也无愧于身边的世界。”

卡耐基还说过：“一个坐着工作的人，如果他的健康状况良好的话，他的疲劳完全来自心理因素，也就是受情感的影响所致。得不到欣赏、孤立无助、过于匆忙、焦急、忧虑，这些感觉都会导致人精疲力竭。”

波普先生是位生意人，赚了几百万美元，而且也存了相当多的钱，但是似乎他从来就没有轻松过。波普刚刚下班回到家里，踏入餐厅中。餐厅中的家具都是桃花心木做的，十分华丽，有一张大餐桌和六张椅子，但他根本没去注意它们。他在餐桌前坐下来，心情十分烦躁不安，于是他又站了起来，在房间里走来走去。他心不在焉地敲敲桌面，差点被椅子绊倒。他的妻子这时候走了进来，在餐桌前坐下。他打了声招呼，然后开始用手敲桌面，直到一名仆人把晚餐端上来为止。他的两只手就像两把铲子，不断把眼前的晚餐一一铲进嘴中。吃完晚餐后，波普立刻起身走进起居室去。起居室装饰得十分美丽，有一张长而漂亮的沙发，华丽的真皮椅子，地板铺着高级地毯，墙上挂着名画。他把自己投进一张椅子中，几乎在同一时刻中拿起一份报纸，匆忙地翻了几页，急急瞄了一瞄大字标题，然后，把报纸丢到地上，拿起一根雪茄。波普一口咬掉雪茄的头部，引燃后吸了两口，便把它放到烟灰缸去。他突然跳了起来，走到电视机前，扭开电视机，等到影像出现时，又很不耐烦地把它关掉。他大步走到客厅的衣架前，抓起帽子和外衣、走到屋外散步。

波普这样子已有好几百次了。虽然他在事业上十分成功，但却一直未学会如何放松自己。他是位神经紧张的生意人，并且把他职业上的紧张气氛从办公室里带回家里。波普老先生之所以落下这种神经紧张的毛病，就是因为他不懂得掌握松弛自己的秘诀。

卡耐基说过："我们所感受的疲劳，绝大部分是由于心理因素的影响而导致的。纯粹由生理原因引起的疲劳，其实非常少见。"

那么，怎么才能消除精神疲劳呢？要在学习和工作的时候放松自己！

卡尔在一家公司销售汽车。由于在业务上的突出成绩，进这家公司才一年多，就被老总提拔为销售部经理。自从升为高级主管后，卡尔工作更加勤奋了，事必躬亲，每天忙得四脚朝天。有一天中午快下班的时候，老总叫卡尔中午去吃饭。卡尔去办公室想收拾一下，没想到又被一些事情耽误了，下楼的时候已经十二点过五分了。老板的奔驰车已经在发动，准备开走了。他跑过去对老总说："抱歉，老板，刚才我又听电话又送传真的，电话很多。""吃饭都跟不上，你还能做什么？”老总打断他的话，严厉地说，“放下！你没那么伟大，我说十二点吃饭你就得把它放下。”

那一顿饭，卡尔吃得疙疙瘩瘩，虽然表面若无其事，心里却很委屈，心想我这样为公司卖力，难道也错了吗？

过了一段时间，公司组织了一次旅游，大家来到一个名山古刹。同事们嘻嘻哈哈四处探奇，可是卡尔心里还一直在想着临行前手头没处理完的一大堆事务，还在考虑接下来要怎么做才能保证不会让整个部门的业绩下降，不知不觉地转到了后禅院。

忽然，卡尔看到一个身披袈裟的大师，举着一碗菜，对着一只狗大喊：“放下！放下！”他大为惊奇：“师父，这只狗的名字叫‘放下’吗？”大师说：“是的。”卡尔更诧异了：“人家的狗都叫小黑、小白、来福什么的，你的狗怎么叫放下？”“你以为我在叫它呀？其实我是在叫我自己。”大师笑着说，“我每天都这样叫自己放下，每天晚上收起脚上床后就打算第二天起不来了，这样该放下的东西也就要放下了。”

大师的话让卡尔突然一阵警醒，是啊，一个人永远不可能做完所有的事，世界上也没有做得完的事。一个真正有成就的人，做事要看大目标，不能天天只看小问题。就像游泳一样，要一边游一边抬头看目标，不要闷着游，撞了墙才知道痛。

后来，卡尔调整了自己的工作方式，教会每一个部下每天做好所有分内的事，而他只掌握大原则。卡尔终于有时间悠闲地端着咖啡上楼下楼了。

专家研究表明：仅仅是辛勤的工作很少会导致疲劳，尤其是那种经过休息或睡眠之后，都不能接触的疲劳。只有忧虑、紧张、心慌才是导致疲劳的三大原因，而我们却常常以为是身体或精神的操劳引起的。

卡耐基也认为：忧虑、紧张和情绪不安，是产生疲劳的三大因素。通常我们认为是由于操心劳力所产生的疲劳，实际上都可以归咎于这三个原因。请放松你那紧张的肌肉，放松你那正在工作的肌肉，储备好你的体力，以应付更重要的责任。

英国著名的精神病理学家哈德菲尔德在其《权力心理学》一书写道："大部分疲劳的原因源于精神因素，真正因生理消耗而产生的疲劳是很少的。"尤其是经过休息之后都不能解除的疲劳——忧虑、紧张、心乱才是导致疲劳的三大原因。大多数疲劳现象源于精神或情绪的态度；健康良好而常坐着工作的人，他们的疲劳100%是由于心理因素，或是我们所说的情绪因素。

紧张是一种习惯，放松也是一种习惯。要追求事业的成功，就要学会放松。我们怎么样学会放松呢？

1. 随时保持轻松。

懂得一点瑜伽术的人说过，要想精通"松弛术"，就要学学懒猫，大家从未见过疲倦的猫，或精神崩溃的猫。

2. 尽量在舒适的情况下工作。

身体的紧张会导致肩痛和精神疲劳。

3. 每天要坚持自省。

坚持自省，可以检验实行的成效，这样会使你养成一种自我放松的习惯。

## ※ 使自己的工作变得有意义

大家都知道，人生最大的乐趣就是做自己喜欢做的事情。歌唱家能从他自己的歌声中找到乐趣，画家能从他的画中感受到生活的美。

那么，我们如果能从工作中找到乐趣的话，那么我们的生活将非常美好，因为我们每天都要面对自己的工作。

一天晚上，卡耐基与朋友们聚会。一位曾是他学生的顾立区董事长问他最近是否有新的成就时，卡耐基端着酒杯满怀信心地说，不久的将来，他会出版另一本关于公共演说的书。这时宴会上一片欢腾，大家纷纷举杯向可爱的卡耐基庆祝，并要求出版后能一睹为快，卡耐基愉快地答应了。朋友散去之后，卡耐基看着写字桌上的那本初稿默默地沉思，为自己十一年心血和智慧而写成的书稿感到喜悦。

1926年，他自己编写的书在各方面的努力下终于出版了。这还是一本教科书，名字叫《公众演说——商用课程》。这本书的出版为卡耐基的教学又提供了走向未来成功的一步。历经数年，卡耐基的名声越来越响，人们对他的学说也表现出越来越接受的态度。

试想，如果卡耐基把传授演讲艺术当作一种枯燥的工作，当作一件重复性的工作，那么他也不会从他的工作中体会到乐趣，也不会取得如此巨大的成就。他深深地体会到自己工作中的乐趣，并且把自己的工作变成了有意义的事情。

卡耐基说过："能做他们喜欢做的事情的人，是最幸运的人。这种人之所以幸运，就是因为他们的体力比别人更充沛，情绪也更快乐，而忧虑和疲劳却比别人少。"

艾莉丝小姐是位打字员。这天晚上，艾莉丝回到家里时，已经筋疲力尽了。头痛、背痛，疲倦得连饭也不吃就想上床睡觉。她的母亲再三动员，才勉强坐到桌前。正在这时，电话铃响了。是她的男朋友打来的，约她出去跳舞。她的眼睛突然亮了，精神顿时振奋起来。她冲上楼去，换上那套心爱的天蓝色衣裙，一阵风似地冲出了家门。她一直跳到半夜才回来，不但不再感到疲倦，甚至兴奋得不想睡觉了。

八小时前她是那么疲惫不堪；八小时后，又是这般精神焕发，她是真的那么疲劳吗？是的。但这不是由于工作的劳累，而是由于对工作的厌烦。心理因素的影响，往往比肉体劳动更容易产生疲劳。

卡耐基还说过："你对自己的工作感到厌烦吗？那你为什么不跟自己玩一个'假装'的游戏，试着让自己喜欢它？那么你会从中获得意想不到的成就。"

卡耐基在加拿大矶山路易西湖畔度假，钓了好几天的鲑鱼。要穿过比人还高的树丛，跨过横七竖八的树枝，爬过很多倒下来的老树，但一点也不感到疲倦。为什么呢？因为钓鱼正是他的兴趣所在。如果觉得钓鱼是一件令人烦闷的事，那他恐怕早就会为了在那海拔七千英尺的高山上奔波而感到筋疲力尽了。

你兴趣所在的地方，也正是你能力所在的地方。如果你对自己的工作不感兴趣，你必须打起精神，想办法使自己的工作变得有意思。

哈南·霍华使一个没有意思的工作变得很有意思，以致完全改变了他的生活。他当时的工作的确没有意思，就是在高中的福利社里洗盘子、擦柜台、卖冰淇淋，而别的男孩子们却在玩球或是跟女孩子约会。可以想见，他是不喜欢这个工作的，但又不能不做。于是，他便利用这个机会来研究冰淇淋是怎样做成的，里面有些什么化学成分。结果使他成了高中化学课程的奇才。他对食物化学特别有兴趣，后来便进了麻萨诉塞州州立大学，专门研究食物与营养。最后还赢得了纽约的可可公司举办的可可和巧克力应用论文比赛的头奖。

所有员工的共同之处都在于，他们的工作内容要既能激发他们又能满足他们。也就是说工作要满足他们较高层次的需求。例如，商店里的店员，如何激发他们的热情，从而使他们感到他们的工作有意思呢？如果工作使员工有机会取得成绩、负担责任、得到成长和晋升，那么员工们就会有热情，就会对现有的工作感兴趣。

还记得无线电新闻分析专家卡腾堡吧？几年之前，年轻时的卡腾堡真是穷愁潦倒，分文不名。好不容易找到一份推销立体观测镜的差事。你知道这种立体观测镜吗？就是用两张相同的照片，透过观测镜的两个镜头，叠合成一张立体照片。卡腾堡开始在巴黎推销这个玩意的时候，觉得一点意思也没有。可是，他却成了一个十分出色的推销专家。他告诉卡耐基："我依靠的只有一点，就是决心使它变成有意思的工作。"他每天出门前，总是对着镜子给自己打气说："既然你非做不可，干吗不做得高兴一些呢？当你按人家的门铃时，干吗不假想自己是一名出色的演员，很多观众都饶有兴趣地看着你呢？"

做的东西只有引起自己的激动才能够使工作充满了乐趣，从而才能够有意思起来，从而才能够"可持续"。这个不应该教条化理解，我们的生活应该有无数的澎湃。

## ※ 活在今天的方格中

你曾经买了一件很时髦的衣服却舍不得穿，郑重得供奉在衣柜里，许久之后，当你再看见它的时候，却发现它已经过时了。你买了块漂亮的蛋糕却舍不得吃，郑重得把它供奉在冰箱里，许久之后，当你再看见它的时候，却发现它已经过期了。生命也有保存期，想做的事情该趁早去做。如果你只是把你的心愿郑重得供奉在心里，却未去实行，那么唯一的结果就是与它错过。

"我发现造成疲倦的主要原因，也是几乎所有人都相信愈是困难的工作，愈是要有一种用力地感觉。我也是如此，一旦走进货车专卖柜就集中精神，就皱眉头，耸起肩膀，要所有肌肉都来'用力'，进而使自己疲惫不堪！”卡耐基躺在床上，这样分析自己。

最后，在灯光下，卡耐基画出了自己的人生。他在一张白纸上写出了这样几个命题：

1. 用铁墙把过去和未来关闭，生活在“今天”的框框中。

2. 令我烦恼、忧郁的问题是什么？有何对应之策？怎么做？

3. 如果我把忧虑的时间，用来寻找事实，那么我会得到什么？我的梦想呢？

戴尔·卡耐基此刻在不停地写呀、画呀，夜深人静，一盏孤灯，他处身于若有若无的未明之境中，心境清静无比。直到破晓的时刻，卡耐基找出了自身的缺点及症结所在，一线曙光在他心头照亮！

卡耐基说过：“我们的命运完全取决于我们的心理状态。当你饱受各种烦恼困扰，整个人的精神都紧张不安的时候，我应该大胆地告诉你，你完全可以凭借自己的意志力，来改变你的心境。”

李寇克说过这样一段话：“我们人生的旅程是多么奇妙啊！小孩子老是说：‘等我长大了吧！’大男孩说：‘等我成年了吧！’成年后，他又说：‘等我结了婚了吧！’等他真的结了婚又怎样吧？他又想：‘等我退休吧！’终于，他退休了。当他回顾来处，心中不免涌上一股寒意，因为他已错过了人生中的一切，什么都没抓住。我们总是太晚才认清生命就是生活，就是每一天，每一小时。”

下面是关于奥斯勒爵士的故事。奥斯勒爵士创立了美国医学界最有名的约翰霍普金斯医学院，并获得英国国王颁授爵位。他永远不会忘记他在1871年所看到的二十几个字是：我们的首要之务，并不是遥望模糊的远方，而是专心处理眼前的事务。大家肯定认为，像他这样的名教授，又是医学院的创办人，大家一定认为他的能力应该是超人一等。多年后的一个春天，奥斯勒士在耶鲁大学向学生演说。他强调这是绝对不正确的。他告诉学生们，其实他资质平庸。他认为完全归功于那 20 几个字，清楚地提醒他要活在今天的方格中。

在演说前的几个月，奥斯勒曾搭船横渡大西洋。他注意到船长室有一个按钮，按下后会使所以舱内立即封闭，此隔绝以防止水涌进其他船舱。他开始对学生说：“你们在座的每一位，都是比轮船更精密的个体，而且有更遥远的航程。我督促各位在人生旅途上航行要确保航行安全，务必要学会活在今天的方格中。”记得要按下您心中的那个按钮，跟已逝的过去隔绝，并再按一次钮，与不可知未来隔绝，专心的把今天活好。

奥斯勒的意思是如果我们想要为明天作最佳准备，就要将自己所有的智慧、能力与热忱，积极地投入在今天该做的事务中。

有人说：“人们常为昨天与明天的面包涂果酱，却总忘了为今天的面包涂抹。”人性中有一种悲剧倾向，就是希冀未来。我们向往着地平线那一端的神奇玫瑰，却无法欣赏自己窗前盛开的野花。

卡耐基说：“我们内心的平静和我们从生活中所得到的快乐，并不取决于我们在那里，或我们有什么，或我们是什么人，而只取决于我们的心境如何，外在条件并没有多大的影响。我们应该竭尽全力消除思想中的错误想法，这比割除身体上的肿瘤和痈疮更加重要。”

生命流失得非常快，“今天”是我们最珍贵的遗产，也是唯一确定拥有的资产。“我们的首要之务，并非遥望模糊的远方，而是处理眼前的事务。”想想今天一去不复返，那么我们更应该把握今天。

## ※ 不要对敌人心存报复

你是不是还为朋友几年前说的一句让你不开心的话而耿耿于怀？甚至每天都在想这件事，并且试图找个机会，好好地报复朋友一下。朋友试想一下，这样值得吗？你每天都会问自己，我是像他说的那样不好吗？我真的有那么多缺点吗？我什么时候才有机会报复他呢？我们每天这样折磨自己，是不是很辛苦呀？那就听从劝告，不要对敌人心存报复了。

卡耐基的童年是不幸的，到了高中后，也一直受到同学的欺负，但是他从来没有想过要去报复，以至到开始当推销员时时，面对老板说过的挫败的话，他也没有想过要报复。

卡耐基认为，如果我们的仇人知道他们是如何让我们担心，让我们烦恼，让我们一心只想报复的话，他们一定会高兴得手舞足蹈。我们心中的恨意完全伤害不到他们，可是却使我们的生活变成了地狱。要是自私的人想占你的便宜，就不必理睬他，更不必报复他，当你想跟他扯平的时候，你对自己的杀害，远比对那家伙的杀害更多。怨恨之心甚至会毁坏我们享受食物的美味。“怀着爱心吃蔬菜，也会比怀着怨恨吃牛肉要好得多。”

基斯廷在几年前的一个晚上去游览黄石公园。当时他与其他几名观光客一起坐在露天座位上，面对着茂密的森林，共同期待看到森林杀手灰熊的出现。灰熊走到森林旅馆丢出的垃圾中找食物吃。骑在马上的森林管理员告诉大家，灰熊在美国西部几乎所向无敌，也许只有美洲牛和阿拉斯加熊例外。但当时，他们却发现有一只动物，而且是唯一的一只，跟着灰熊走出森林，并且灰熊还容忍它在旁边分一杯羹，它是一只很臭的鼬鼠。灰熊当然知道只需一掌就能毁掉它，但它之所以没去做，是因为经验告诉它划不来。

灰熊都明白不要报复别人这个道理。

莎士比亚说过：“不要让仇恨的怒火太旺以至烧到自己。”让我们不要向敌人报复，因为报复使我们伤害自己比伤害别人更多。

乔治在维也纳当了很多年律师，但是在第二次世界大战期间，他逃到瑞典，一文不名，很需要找份工作。因为他能说并能写好几国语言，所以希望能够在一家进出口公司里，找到一份秘书的工作。绝大多数的公司都回信告诉他，因为正在打仗，他们不需要用这一类的人，不过他们会把他的名字存在档案里……不过有一个人在给乔治的信上说：“你对我生意的了解完全错误。你既错又笨，我根本不需要任何替我写信的秘书。即使我需要，也不会请你，因为你甚至于连瑞典文也写不好，信里全是错字。”

当乔治看到这封信的时候，简直气得发疯。于是乔治也写了一封信，目的要想使那个人大发脾气。但接着他就停下来对自己说：“等一等。我怎么知道这个人说的是不是对的？我修过瑞典文，可是并不是我家乡的语言，也许我确实犯了很多我并不知道的错误。如果是这样的话，那么我想得到一份工作，就必须再努力学习。这个人可能帮了我一个大忙，虽然他本意并非如此。他用这种难听的话来表达他的意见，并不表示我就不亏欠他，所以应该写封信给他，在信上感谢他一番。”

于是乔治撕掉了他刚刚已经写好的那封骂人的信，另外写了一封信说：“你这样不嫌麻烦地写信给我实在是太好了，尤其是你并不需要一个替你写信的秘书。对于我把贵公司的业务弄错的事我觉得非常抱歉，我之所以写信给你，是因为我向别人打听，而别人把你介绍给我，说你是这一行的领导人物。我并不知道我的信上有很多文法上的错误，我觉得很惭愧，也很难过。我现在打算更努力地去学习瑞典文，以改正我的错误，谢谢你帮助我走上改进之路”。

不到几天，乔治就收到那个人的信，请乔治去看他。乔治去了，而且得到一份工作。乔治由此发现“温和的回答能消除怒气”。

当我们怨恨时，其实是给了对方控制我们自己的机会。他能够控制我们的胃口、血压、睡眠和健康，甚至心情。他控制了我们整个人的情绪，以及我们的喜怒哀乐，我们的生活都会被对方弄得很糟糕。相反，如果我们能够谅解对方，能够从宽容对方，我们就能从中体会到欢乐，和从未有过的轻松。

1918 年，密西西比州的松树林里一场极富戏剧性的事情，差点引发了一次火刑。一个黑人讲师苏伦斯·琼斯，差点被烧死了。苏伦斯·琼斯在 1907 年毕业于爱荷华大学，他那纯良的性格和学问，以及他在音乐方面的才能，使得所有的教师和学生都很喜欢他。毕业以后，他拒绝了一个旅馆留给他的职位，也拒绝了一个有钱人愿意资助他继续学音乐的计划，原因是他非常热爱教育事业。

发生这场变故的原因是一大群白人在教堂的外面，听见劳伦斯·琼斯对他的听众大声地叫着：“生命，就是一场战斗！每一个黑人都要穿上他的盔甲，以战斗来求生存和求成功。”于是告他激起种族叛变。这些年轻人趁夜冲出去，纠集了一大伙暴徒，回到教堂里来，拿一条绳子捆住了这个传教士，把他拖到一英里以外，让他站在一大堆干柴上面，并燃亮了火柴，准备一面用火烧他，一面把他吊死。这时候，有一个人叫起来：“在我们烧死他以前，让这个喜欢多嘴的人说话，说话啊！”劳伦斯·琼斯站在柴堆上，脖子上套上绳圈，为他的生命和理想发表了一篇演说。劳伦斯·琼斯告诉那些愤怒的人，等着要烧他的人，他所做过的各种奋斗—教育那些没有上过学的男孩子和女孩子，训练他们做好农夫、机匠、厨子、家庭主妇。他谈到一些白人曾经协助他建立这所学校—那些白人送给他土地、木材、猪、牛和钱，帮助他继续他的教育工作。

当时劳伦斯·琼斯的态度非常诚恳，也令人感动。他丝毫不为自己哀求，只希望别人了解他的理想。那一群暴民开始软化了，最后，人群中有一个曾经参加过南北战争的老兵说："我相信这孩子说的真话，我认得那些他提起的白人，他是在做一件好事，我们弄错了，我们应该帮助他而不该吊死他。"

后来当有人问起劳伦斯·琼斯会不会恨那些把他拖出来准备吊死和烧死他的人？他回答说：他忙着实现他的理想，没有时间去恨别人——他在专心地做一些超过他能力以外的大事。没有时间去跟人家吵架。他说："我没有时间可以后悔，也没有哪一个人能强迫我低下到会恨他的地步。"

因此，我们没有必要因为我们的敌人而浪费我们不应该浪费的时间。相反，如果我们的敌人知道我们每天都在为他们而活着，为他们而做着我们现在做的每一件事情，他们会多么高兴呀？他们会暗自叫好，拍手偷笑。当我们为了向敌人报复，而不幸患上心脏病时，当我们的身体一天天憔悴下去的时候，我们的敌人又是多么高兴呀？因此，即使我们没法爱上我们的敌人，最起码我们也应该爱自己，不能让我们的敌人控制住我们的幸福、健康和容貌。

### ※ 不要指望别人感激你

当你把办公室打扫干净了的时候，把大家的垃圾都倒了的时候，你是不是期望别人感激你呀？是不是希望别人对你说声谢谢？如果别人没有这样做，你是不是很生气呀？千万不要生气，你要记住，人们都是健忘的，不要指望别人感激你。

在卡耐基很小的时候，家人每一天晚上都会从圣经里面摘出章句或诗句来复习，然后跪下来一起念“家庭祈祷文”。他现在仿佛还听见，在密苏里州一栋孤寂的农庄里，他的父亲复习着耶稣基督的那些话：“爱你们的仇敌，善待恨你们的人；诅咒你的，要为他祝福；凌辱你的，要为他祷告。”当卡耐基离家之后，每年的圣诞节总会寄一张支票给父母，让他们买一点比较奢侈的东西。可是他们很少这样做，当他每个圣诞节前几天回到家里的时候，父亲就会告诉他又买了一些煤和杂货送给镇上一些“可怜的女人”——那些有一大堆孩子却没有钱去买食物和柴火的人。他们送这些礼物时也得到很多的快乐——就是只有付出，而不希望得到任何回报的快乐。他的父亲和母亲从来没有到那里去看过，或许也没有人为他们所捐的钱谢过他们——除了写信——可是他们所得到的报酬却非常丰富，因为他们得到帮助孤儿的乐趣，而并不希望或等着别人来感激。

卡耐基的父亲做到了这些，也使他的内心得到一般将官和君主所无法追求的平静。

卡耐基认为：“让我们永远不要去试图报复我们的仇人，因为如果我们那样做的话，我们会深深地伤害了自己。让我们像艾森豪威尔将军一样，不要浪费一分钟的时间去想那些我们不喜欢的人。”马尔是一个商人。十个月前发生了一件让他非常生气的事情。他发给 34 位员工一共 10000 美元的年终奖金，但没有一个人感谢他。“我实在很后悔，”他很尖刻地埋怨说，“应该一毛钱都不给他们的。”其实，他不应该这样生气。而应该扪心自问：为什么没有人感激他？也许他平常付给员工的薪水很低，而派给他们的工作却太多；也许他们认为年终奖金不是一份礼物，而是他们花劳力赚来的；也许他平常对人太挑剔，太不亲切，所以没有人敢或者愿意来谢谢他；也许他们觉得他之所以付年终奖金，是因为大部分的收益得拿去付税。

还有路易丝。路易丝常常因为孤独而不停地埋怨，她的亲戚里没有一个人愿意接近她。如果你去拜访她，她就会连续几个钟头不停诉说她做的各种好事。她会花几个钟头喋喋不休地告诉我，她侄儿小的时候，她是怎样照顾他们的。他们得了麻疹、百日咳，都有是她照看的，他们跟随她住了许多年，还资助一位侄子读完了商业学校，直到他结婚前，他们都住在她家。

她扶助过的侄子偶尔会来看看她，只是为了责任感。可是他们都很害怕来看她，因为他们知道必须坐在那儿好几个小时，听她拐弯抹角地骂人，还得听她那没完没了的埋怨和叹息声。后来这个女人无法威逼利诱她的侄子再来看她的时候，她还有一个“法宝”：心脏病发作。她是不是真发心脏病呢？是的，医生说她有一个“很神经的心脏”，才会发生心脏亢进症。可是医生们也说，他们一点办法也没有，她的问题完全是情感上的。

这个女人所真正需要的是爱和关注，可是她称之为“感恩图报”。而她永远也不可能得到感恩和爱，因为她去要求它，她认为那些是她该得的。

世界上像这样的人很多。这些人都因为别人忘恩、孤独和被人忽视而生病。他们希望有人爱她们，要求他们做的每一件事情都能得到回报。如果我们对他人付出了很多，而且对于他们来说也许可能是极为重要的，同时也是我们尽了最大的努力去帮助他们。可以这么说，我们这样做真的很无私，而且对他人充满了无限的爱，但我们千万不要指望他人来感恩我们的所作所为。如果真的那样做了的话，相信我们绝大多数都会很失望地发现，原来根本就没几个人会来向我们道声简单得不能再简单的“谢谢”。忘记感谢乃是人的天性，如果我们一直期望别人感恩，多半是自寻烦恼！要追求真正的快乐，就必须抛弃别人会不会感激的念头，只享受自己付出的快乐。付出是一种享受施与的快乐。

俗话说得好，“一个愤怒的人，浑身都是毒”。我们不该对那些不知感恩的人们抱怨或生气，因为那样对他人并无多大作用，只会给自己带来坏心情，而且还会使我们的身体产生各种毒素，这无异于我们自己服毒。

根据人寿保险公司的计算方法，平均来说，我们大概可以活到现在的年龄到 80 岁之间差距的 2/3 多一点点，所以我们不要浪费有限的时间，来埋怨怀恨一件早已过去的事情。

## ※ 盘算你所得到的恩惠

有些人常为自己不能拥有一双高贵典雅的鞋而苦恼；也有人为自己不能拥有一件华丽而优雅的风衣所困惑。当你看到路边有一个失去双腿的人，坐在一块有滚轮的小木板上，用双手支撑划动自己；也许会碰到一个没有双臂的残疾人，充满朝气向你微笑，你还会难过吗？人的一生中，不如意事常有，就看你怎么去看这些事。

1912 年，卡耐基以担任《公开演说》课的教师来开展他的事业时，还没有无线电广播，更没有电视，因此那个时候演说业非常发达，大家也就以能够精通演说术为目标。虽然大家希望能轻松而又自信地表达自己的意见，但是大多数人却不愿意花时间和金钱来学习说话发音的技巧、雄辩的原则和适当的姿态。卡耐基教授“有效的演说”之所以成功，是因为他确实可以使人立即获得他们所要的效果。

当然，让别人也能够学到高超的演讲技巧，并不是一件很容易的事情。卡耐基先生回忆说：“我教的第一个班人数很少，因为我传授的东西还是大学里学的那套传统的东西，但是我很快发现这不是学员所要的东西。我的学员一般是力求上讲的年轻人，从事种种职业，但只是帮助他们鼓起腮帮抑扬顿挫地背诵出莎士比亚戏剧中的独白，也无助于他们的推销工作。”

“我逐渐看出主要的问题是畏惧——害怕在一群人面前站起来，害怕一个人独自站在那里讲话。”

“我决定每一堂课里要求每一个人来讲话，不论讲的是短是长，以清除他们畏惧的心理。我很快就发现，他们教给自己的，十倍于我教给他们的。”

如果卡耐基不是这样想，而认为自己在上课仅仅是为了钱，他该是多么苦恼啊。相反，正是从上课的过程中，卡耐基积累了丰富的第一手的资料，日后他的书里的例子也是来自他上课的素材。因此，我们要学会看问题的视角，只有时刻盘算自己所得的恩惠，才会找到活着的乐趣和理由。

卡耐基说：“想想自己拥有老天赐予的恩惠，你就不会再有忧虑了。”

叔本华说，我们很少想我们所拥有的，却总是想自己缺失的。这种倾向实在是世上最令人不幸的事之一。它带来的灾难只怕比所有的战争疾病都重大。

我们的生活中90%的事情都进行得很顺利，只有10%的事情令我们头疼。如果我们想要快乐，就要把精力集中在那90%的好事上，不去看那10%就可以了。如果我们想要烦恼、抱怨，总把注意力集中在10%的不满意之处，而忽略了90%的开心的东西，那么他的人生就痛苦了。

哈洛德住在密苏里，以前经常担忧。不过1934年春的某一天给了他很大启发。哈洛德经营一家杂货店已经两年了，不但用光了所有的积蓄，还欠下了一大笔债，得7年才能付清。杂货店正是那天的前一个周六停止营业的。他正打算到银行借点钱，好动身到堪萨斯城找个工作。当时的他心灰意冷。忽然间，他看到对街过来一个没腿的人，坐在一块小木板上，下面用溜冰鞋轮做了四个滚轮，两手各拿一块木头在地面上支撑划动自己。当这个残疾人看到哈洛德时，粲然一笑，“早安，先生！今天天气真好，不是吗？”他的声音里充满了朝气。哈洛德看着他，不禁感到自己是多么富有。哈罗德本来只打算借 100 美元，现在他有勇气要求借 200 美元。本来他只打算看能不能找个工作，但现在，他有信心宣布我要去找个工作。

能看到每件事情的最好一面，并养成一种习惯，这真是千金不换的珍宝。

帕玛先生从陆军退役不久就开始自己做生意，情况很不错。可是接着麻烦来了，他就开始担心生意支持不下去，烦恼极了。直到有一天，一位年轻的行动不便的残疾人跟他说：“你不觉得羞愧吗？像你这个样子好像世上只有你一个人有麻烦似的。即使你真得停止营业一阵子，那又怎么样？供货正常后，你还可以再开始呀！你真该为你所得到的感谢了！可是你还老是怨天尤人，我多想能像你一样，看看我！我只有一条手臂，半边脸也被炮火毁容了，而我并不抱怨。你再不停止怨天尤人，你不但会丢掉生意，还会赔上你的健康，你的家庭及朋友！”

因此，当我们心情不好的时候，但我们遇到困难的时候，我们不妨看看我们的周围，看看支持我们的家人，想想家人的疼爱，朋友的支持，其实我们每个人都拥有一笔巨大的财富。

有一位双目失明的 50 岁的老妇人。她写道：“我仅存的一只眼上布满了斑点，所有的视力只靠左侧一点点小孔。我看书时，必须把书举到脸面前，并尽可能靠近我左眼左侧的视觉区域。”但是她并不打算接受怜悯，也不想享受特别的待遇。小时候，她想和小朋友一起玩游戏可是看不到任何记号，等到其他小朋友都回家了，她才趴在地上辨认那些记号。她把地上划的线完全熟记，并成为玩这个游戏的佼佼者。她在家自修，拿着放大字体的书，靠近脸，近得睫毛都挨得到书页。她修完了两个学位，明尼苏达大学的学士和哥伦比亚大学的硕士。后来，她开始在明尼苏达州一个小村庄教书，后来成了南达科他州一个学院的新闻学教授。她在当地任教了 13 年并常在妇女俱乐部演讲，上电台节目谈书籍与作者。她在书中写道："在我内心深处，始终不能祛除完全失明的恐惧。为了克服这一点，我只有对人生采取开心的态度。"

1943 年，她已经 52 岁，却发生了一项奇迹：极负盛名的梅奥医院的一项手术，使她的视力比以前好多了。即使在水槽边洗碗对她也是一件令人兴奋的事。她写道："我开始玩弄碟子上的泡沫，我用手指捧起一个肥皂泡泡，对着光看，我看到缩小的彩虹般的色彩幻影。"

她自己形容说从水槽上方厨房的窗口望出去，她看到的是振动着灰黑色的翅膀飞过积雪的一只麻雀。

看看老妇人的心态，她是多么的积极和乐观，从不抱怨生活中给她带来的痛苦，而是积极地面对生活，热爱生活。感恩、惜福，简简单单的四个字，却把人类最美的情感推而广之。无论何时，无论何地，每个人都应该拥有一颗感恩之心，一念珍惜之情。

## ※　将不利因素转化为成功的动力

当挫折发生时，是不是你的第一个念头就是："完了，这下没救了。"如果是这样的话，那就很难逃脱悲观的诅咒。一个有乐观积极思想修养的人，应该在挫折中找优势，并把它转化为进步的动力。

卡耐基在学校里观察到这样一个现象：学院辩论会及演说赛非常吸引人，胜利者的名字不但广为人知，而且还往往被视为学院的英雄人物，这是一个成名和成功的最好的机会。

不过，促使卡耐基走上演说这条道路还有其他因素。

刚进入学院的卡耐基对自己几乎不抱任何希望，对自己笨拙的外表和破烂的衣服感到自卑。

由于遭受洪水，卡耐基家的农场损失惨重，玉米和小麦几乎颗粒未收。当时的卡耐基已经深深地体会到，如果不改变自己的生活，就会像父亲那样狼狈和辛酸。不能重蹈父亲的覆辙，但怎样改变呢？

卡耐基陷入了深深的思索中。他想起了一年前母亲对他说的话：

“你怎么不想想在其他方面超过别人呢？”

的确，每个人都有优势和劣势，避开劣势发挥优势是最佳的人生选择。

最后，卡耐基选定了目标，并开始为之而不懈努力。

当然，要想在瓦伦斯堡州立师范学院的演说赛中夺冠并非是一件容易的事。首先，参赛者必须加入一个社区，只有当他赢得了社区内的所有比赛后，才有资格参加社区之间的比赛。

戴尔·卡耐基并非有演说的天赋，尽管当时曾有一位满怀信心的文化讲习会主讲人断定他将具有非凡的演说能力。

卡耐基参加了十二次比赛，却屡战屡败。经过一番艰苦的努力，卡耐基最终取得了伟大的成功。

卡耐基认为，聪明人拿到一个柠檬的时候，会说：“我可以从这件不幸的事情中学到什么呢？我怎么样才能改善我的状况，怎样才能把这个柠檬做成一杯柠檬汁呢？”而傻子却正好相反，要是他发现命运只给他一个柠檬，他就会自暴自弃地说：“我完了，这就是命，我没有任何机会。”

一位犹太作家认为：积极的自我形象是走出贫民窟、危机和不幸童年的门票。她认为只有将不利因素转化为有利因素，从苦难中找到成功的动力，才是人类成功的原因，它给人们以动力。

哥达·梅和艾恩·兰达都自年幼时便在俄国革命时不断地与死亡抗争；玛丽亚·卡拉斯从受战争蹂躏的希腊的饥饿线上挣扎过来；玛格丽特·撒切尔少年时代在“二战”炮火袭击的英格兰幸免于难。这些妇女都从年少时所失去的和所遭受的危机中学到了东西，并以此作为鞭策动力，她们能将不利因素转化为积极因素以构建伸缩自如的自尊。

可见，逆境本身并不是一种灾难，只要我们不屈从于逆境，它就会成为我们向上攀登的阶梯，成为人生的祝福。

拿破仑·希尔也是通过克服困难才走向成功之路的。在他还是孩子的时候，父亲就给他找了个继母。他的继母出身较好，而他家却很贫困。他的父亲向他介绍完继母的情况后，告诉他要尊重她。而希尔却在心里一点也不服气。等到第二天，他的继母亲切地走到他面前，托起他的小脑袋，和蔼地说：“你不要害怕贫穷，贫穷只是一时的，只要你对生活充满信心，生活就会慢慢好起来的。”

希尔内心的反感顿时烟消云散，冲着这句充满信任的话，他与继母友好相处。在此之前，没有人像她那样称赞希尔。也就是继母的这句话，帮希尔克服了贫穷造成的自卑的心理，成就了一位伟大励志学家的诞生。

压力可以转换成动力，但是压力变成动力，需要一个转化的条件，那就是压力的承受者有承受压力的能力。若是没有这个条件，压力就会变成真正的阻力。只有面对困难不怕吃苦的精神，才能有明天的成功。

卡耐基说过：“生活中最重要的，就是不要以你的收入为资本，任何一个傻子都会这样做。真正重要的，是从你的损失中受益。这就需要聪明才智，而这一点也正是聪明人和傻子的区别。生活中的快乐大部分并不是来自享受，而是来自胜利。这种胜利来自于一种成熟感，来自于一种得意，也来自于我们能将柠檬做成柠檬汁。”

因此不论是贫是富，人生总有一些责任是不可免的。给人生一副担子虽然沉重，需要毅力，但挑起来了，那里面便是希望。有了希望，也就有了未来。“奇迹总在厄运中出现”“以迂为直，以患为利”的思想，都给我们留下了一个思考的空间。伟人之所以伟大，关键在于当他与别人共处逆境时，别人失去理智，他则下决心实现自己的目标。

## ※　每天尽力取悦他人

在家里，你会不会因为家里的地板没有拖干净而抱怨，甚至一直叨唠。过些日子，你会发现，家里的地板除了你自己来清理之外，家里其他人再也不帮忙了？这是为什么呢？因为你的话语打击了家人的积极性。试想，如果你说：“今天的地板好干净啊？希望明天也这样。”那么，所得的结果就是另一个答案。因此，让我们学会去取悦别人，每天尽力去取悦别人。

一个酷热的夏天，卡耐基在火车餐车上吃午餐。餐车挤得水泄不通、闷热无比，而服务又很慢。服务生终于过来把菜单递给卡耐基，卡耐基一边看菜单，一边说：“在厨房做菜的那些人今天可惨了。”服务生开始咒骂，开始时卡耐基以为服务生生气了，结果他说：“老天啊！客人都在抱怨食物不好，他们埋怨服务太慢，又嫌这里太热、东西太贵。我听这些抱怨听了 19 年，你是第一位也是唯一一位对厨师表示过同情的客人。我祈祷有更多像你这样的客人。”

服务生只因为卡耐基把厨师当人看待就如此惊异。可见，我们不经意的一个赞美，会给别人带来多大的快乐，让我们不要吝惜自己的赞美之词了，每天尽力取悦别人吧。

还有一次在英国，卡耐基遇到一位牧师，卡耐基真心称赞他那只壮实聪明的牧羊犬。而且卡耐基请牧师告诉他是如何训练那只狗的。等卡耐基走开后，回头看见那牧羊犬搭在它主人的肩上，而它主人正在拍它的头。事后，卡耐基说："就因为对他人的狗表示感兴趣，就能让那牧人开心，那只狗也开心，当然我自己更开心。"

卡耐基说："我们每天都要做一件好事。什么才是好事呢？那就是能使别人的脸上露出开心笑容的事。"

安娜已是一个当祖母的人了。安娜家里以前是靠社会救济金过活的。安娜年轻的岁月中最大的悲剧就是贫困，她从来不能像别的少女们那样享受正当的社交生活。她衣着寒酸，而且常常太小，绷在身上，当然款式也都过时了，自己总是觉得无颜见人，常常哭着睡去。绝望中，安娜心生一计，每次在聚会里，她都请她的男伴谈谈他们的兴趣，实际上只是希望分散他们的注意力，不要看出她寒酸的装扮。可是，奇妙的事发生了：当她听这些青年谈话时，她学到一些东西，而开始产生了真正的兴趣。后来，她变得兴味盎然，也忘了服饰的问题，最令我惊异的是：因为她是个很好的聆听者，又鼓励他们谈论自己，他们跟她在一起时总是很快乐，她竟渐渐成为最受欢迎的女孩，有3位男士都要求安娜嫁给他。

在旁人看来，安娜其实什么也没有做。但是在3位男士心里，安娜就像他们的心中的天使。因为安娜能理解他们，取悦他们，让他们说出各自的烦心事，从而使他们心情舒畅。所以，有时候取悦别人并不像想象中的那样困难。只是倾听他人讲话，也可以起到取悦他人的目的。

同样，当我们试着使别人高兴的时候，我们自己也从中得到了乐趣。

为别人做好事并不是一种责任，而一种快乐，因为它能增加你自己的健康和快乐。多替别人着想，不仅能使你不再为自己忧虑，也能帮助你结交许多朋友，并获得更多的乐趣。

波顿 9 岁的时候，母亲有一天离家后就再也没有回来。波顿的父亲与人在密苏里州的一个小城开了一家咖啡馆。父亲出公差时，他的合伙人出售了咖啡馆携款逃跑了。父亲的一位朋友拍电报给父亲叫他尽快赶回来。仓促之中，父亲在车祸中丧生了，波顿从此流落街头。波顿最怕人家把他当孤儿看，但这种恐惧也是躲不过的。波顿在镇上一个穷人家寄居了一阵子，但那年头光景不好，一家之主失业了，他们再没有能力多养活波顿了。接着洛夫汀夫妇把波顿接到离镇 11 英里的农庄，洛夫汀先生已 70 岁高龄了，长年卧病在床，他告诉波顿只要不说谎，不偷窃，听话，就可以一直跟他们住在一起。这三条戒律成了波顿的圣经，他绝对恪守这些规则。波顿开始上学了，在第一个礼拜情况糟透了。其他小朋友都不断取笑他的大鼻子，骂他笨蛋，叫他“小孤儿”。波顿心里难受极了，真想打他们一顿。但洛夫汀先生对波顿说：“永远记住！一位真正的男子汉不会随便跟人打架。”所以波顿一直不跟他们打架，直到有一天，一个男孩捡起鸡屎丢到他的脸上，波顿才痛揍了他一顿，还交了几个朋友。

洛太太给波顿买了一顶新帽子。不料，有一天有个大女孩把它从他头上捡去，灌水弄坏了，还说把帽子灌了水要去淋湿波顿的木脑袋，让波顿清醒一点。

波顿从不在学校哭，不过，回家后就忍不住了。有一天，洛太太给了波顿一个化敌为友的建议。她说：“如果你先对他们感兴趣，看看能帮他们什么忙，他们就不会再逗你，或叫你小孤儿。”波顿听了她的话，用功读书，虽然波顿在班上功课最好，但没有人嫉妒他，因为他会帮助别人。

总之，只要我们每天试着去取悦别人，不去计较个人的得失。慢慢地，别人也会来取悦我们。大家都会从中得到快乐，找到生活的乐趣。

## ※ 将别人的嫉妒看成对你的恭维

大多数人都会有这样的感觉，本来大家在一起是好朋友，突然有一天，你得了个劳动模范的称号，你会发现所有的人都离你而去了，他们不像以前那样热情，和你谈天说地了。也不会主动叫你去吃饭了。你的心理会很迷茫，还会很失落。朋友，不必伤心了，将别人的嫉妒看成对你的恭维，你的心情就会变好了许多。

随着卡耐基财富不断增加，对卡耐基的批评声也在增加。当一个人成为公众注目的名人时，紧随于他不仅是鲜花和掌声，也有挥之不去的抨击和诽谤。卡耐基亦如此，但他对此显得十分超然洒脱。他有自己的整套看法。卡耐基讲述了这样一个故事。

“1929年，发生了一桩事件，轰动了全美教育界。”卡耐基讲道，“各地学者纷纷拥向芝加哥，介入这一事件。一位名叫罗伯特·赫金斯的青年，在半工半读的情况下，于几年前完成了耶鲁大学的学业。他做过服务生、伐木工人、家庭老师、推销员等。然而，8年之后，他年仅30岁，竟被任命为美国第四富裕的高等学府芝加哥大学的校长。资深的学界精英们纷纷大摇其头，抨击的炮口瞄准了这位年轻的大学校长：太年轻，太缺经验，教育观念有失偏差……新闻界也和学术界保持了同一步调。在罗伯特·赫金斯校长举行就职典礼那天，他的一个朋友对他的父亲说道：今天早上，我在报纸上读到攻击令郎的社论，我感到非常愤慨。老赫金斯不以为然，平静地说：是的，他们的批评很刻薄。不过，任何人都不会去踢一只死狗的。”

戴尔·卡耐基讲到这里并未停顿下来，他继续说："的确，越重要越勇猛越优秀的狗，去踢它逗弄它，才越有更大的满足感。英国皇太子——即后来的爱德华，现在的温莎公爵在少年时代也有过类似的经历。他年方 14 岁在德凡夏的达牧玛斯学院就读。"

戴尔·卡耐基评论道："所以，当你被批评时，完全可以认为，那是批评者企图借此体会某种成就感，这也就意味着你在从事着某一项值得世人瞩目的事业。世界上有许多这样的人，他们可以通过抨击成功人物或比自己受过更高教育的人，来获得某种野蛮的满足感。"

卡耐基曾经在电台上对英国宗教家、救世军的创立者布斯先生大加赞扬，所以收到了一位女士指责布斯将军的来信。她在信中指证布斯在募集的贫穷救济捐款中窃取了八百万美元。当然，这种指控是毫无根据的。她这样做并非为追求真实，而是想整垮一个居于高位的人，从而借以获得某种快感。

卡耐基的处理方式是：他把这封充满恶意的信放进了字纸篓。卡耐基说："这封信的唯一效果，就是暴露了写信者的缺点。"

卡耐基认为，如果你被别人踢了，或者是被别人恶意批评了，请记住，他们之所以这样做，是因为他们从中可以获得一种自以为重要的感觉；而这通常也意味着你已经有所成就，并且值得别人的注意或妒忌。因为，对这种批评没有什么好害怕的。如果我们因为遭受不公平的批评而忧虑的时候，请记住，这种不公平的批评通常是另一种恭维，是对你的成就的另一种认可。

佩瑞海军上将是震惊全球的探险家。佩瑞上将于 1909 年 4 月 6 日乘雪橇到达北极——几百年来，无数勇士为了实现这个目标而挨饿受冻，甚至送命。佩瑞上将也几乎因为饥寒交迫而死去，他的八个脚趾因为冻僵受伤而不得不切除，他在路上所碰到的各种灾难都使他担心自己会发疯。但是，在华盛顿的那些高级海军官员们却因为佩瑞大受欢迎和重视而嫉妒他。于是，他们开始诬告他，说他假借科学探险的名义敛财，然后“无所事事地去北极享受逍遥”。那些高级海军官员们可能真的相信这句话，因为人们不可能不相信他们想相信的事情。那些高级海军官员们想羞辱和阻挠佩瑞的决心是如此的强烈，以至于最后必须由麦金利总统直接下令，才使佩瑞上将能在北极继续他的研究工作。

试想，如果佩瑞上将当时只坐在华盛顿的海军总部办公桌边，他会不会遭到别人的批评呢？答案可想而知，肯定不会。因为那样他就不会变得如此重要，以至招来别人的嫉妒了。

叔本华曾经说过：“卑贱的人对伟大的人的缺点或愚行最感兴趣。”面对一些人对那些大人物的批评、辱骂，只能证明他们不如那些伟人，他们是庸俗者，其他的任何事实都无法改变。所以，如果我们想要获得平安快乐，请记住：不公正的批评通常是一种经过伪装的恭维。记住，从来没有人会踢一只死狗。

卡耐基认为，从来没有人会踢一只死狗。只有当这种狗越贵重时，踢它的人就越能获得满足。总之，在生活中，如果你被别人恶意批评了，请记住，他们之所以这样做，是因为这能使他们获得一种自以为重要的感觉，而这通常也意味着你已经有所成就，并且值得别人注意。你要合理地看待这些批评，千万不要被一些恶意的批评绊住了前进的脚步。

## ※　不让批评之剑伤害你

现实中的你会为了朋友不经意的一句话而苦恼吗？甚至一直追问对方，为什么这样说。甚至因为这句话，连食欲也减少了，也开始出现失眠的症状了。如果出现上述症状，你就被批评之剑伤害到了。那么怎样才能避免伤害呢？

卡耐基的课程受到了广泛的欢迎，赢得了较高的声誉。但并非所有人都认为卡耐基课程是有效的和实用的，在卡耐基课程不断发展的同时，也遭到了来自另一方面的非议和责难。

戴尔·卡耐基在青年会夜校的课程非常紧张，他无心兼顾身外的任何景物，哪怕是行人也不在意。他意识到自己不适合写小说，因为那本《大风雪》被许多人称为是“毫无价值的东西”，既然没有写作的才华，他需要的是日夜苦读，做好“卡耐基课程”的每一件事。卡耐基自己在不断完善他在夜校里的“卡耐基课堂”。经过较长时间的实践，卡耐基认为，他的课程不能只是沿用现在的形式，应当有所创新，让自己的课程形成一个比较清晰的内容体系。因此，卡耐基停止了讲课，躲到办公室里构思自己的课程安排，修改并制定新的课程表。这个时候，他发现虽然只讲授了所有课程的前三分之一，但学生们已经提高了演讲技巧，谈话方面也显示出高超的水平；并且，在其他方面也获得了不少的进步。

卡耐基由此打定主意，要以接受能力为课程基础，继而开设处理人际关系技能的课程，还有怎样摆脱忧郁的课程。

可是，正是由于一个晚上的停课，学生们不满了，闹到青年会的新主任那里。那位中年妇女主任，毫不客气地教育戴尔·卡耐基：“先生，你必须记着：你的课程，学生们并不怎样满意。你不能如此懒惰，不要以为你现在能拿到30美元一个晚上就很了不起！明天，我就可以让你永远告别青年会。如果你不能勤奋地工作的话！”

面对这样的警告，卡耐基并没有什么担忧。他平静地接受了因自己不上课而学生不满的事实，他知道问题出在哪里，明白应该怎么办。此时的卡耐基，又想到了“停止损失”法则。

卡耐基认为，不要害怕别人怎么说，只要你自己心里知道你是对的就行了。避免所有批评的唯一方法，就是做你心里认为正确的事情，因为“做也该死，不做也该死”，无论如何都是会受到批评的。

早在1909年，风度优雅的布洛亲王就觉得这么做极有必要。布洛亲王当时是德国的总理大臣，而德国皇帝则是威廉二世——德国的最后一位皇帝，他傲慢而自大——他建立了一支陆军和海军，并夸口可征服全世界。

接着，一件令人惊异的事情发生了。这位德国皇帝说了一些狂言和一些令人难以置信的话，震撼了整个欧洲大陆，引起了全世界各地一连串的风潮。更为糟糕的是，这位德国皇帝竟然公开这些愚蠢自大、荒谬无理的话，他在英国作客时，就这么说，同时不允许伦敦的《每日电讯报》刊登他所说的话。例如，他宣称他是和英国友好的唯一德国人。他说，他建立一支海军对抗日本的威胁；他说，他独自一人挽救了英国，使英国免于臣服苏俄和法国之下；他说，由于他的策划，使得英国罗伯特爵士得以在南非打败波尔人等等。

在一百多年的和平时期中，从没有一位欧洲君主说过如此令人惊异的话。整个欧洲大陆立即愤怒起来，英国尤其愤怒，德国政治家惊恐万分。在这种狼狈的情况下，德国皇帝自己也慌张了，并向身为帝国总理大臣的布洛亲王建议，由他来承担一切的责难，希望布洛亲王宣布这全是他的责任，是他建议君王说出这些令人难以相信的话。

“但是，陛下，”布洛亲王说，“这对我来说，几乎不可能。全德国和英国，没有人会相信我有能力建议陛下说出这些话。”布洛话一说出口，就明白犯了大错，皇帝大为恼火。“你认为我是一个蠢人，”他叫起来，“只会做些你自己不会犯的错事！”

布洛知道他应该先恭维几句，然后再提出批评；但既然已经太迟了，他只好采取次一步的最佳方法：即在批评之后，再予称赞。这种称赞经常会产生意想不到的效果。

“我绝没有这种意思，”他尊敬地回答，“陛下在许多方面皆胜我许多，而且最重要的是自然科学方面。在陛下解释晴雨计，或是无线电报，或是伦琴射线的时候，我经常是注意倾听，内心十分佩服，并觉得十分惭愧，对自然科学的每一门皆茫然无知，对物理学或化学毫无概念，甚至连解释最简单的自然现象的能力也没有。但是，”布洛亲王继续说，“为了补偿这方面的缺点，我学习了某些历史知识，以及一些可能在政治上，特别是外交上有帮助的学识。”

皇帝脸上露出微笑。布洛亲王赞扬他，并使自己显得谦卑，这已值得皇帝原谅一切。

“我不是经常告诉你，”他热诚地宣称，“我们两人互补长短，就可闻名于世吗？我们应该团结在一起，我们应该如此！”

他和布洛亲王握手，他十分激动地握紧双拳说：“如果任何人对我说布洛亲王的坏话，我就一拳头打在他的鼻子上。”

如果光是说几句贬抑自己而赞扬对方的话，就能使一位傲慢孤僻的德国皇帝变成一位坚固的友人，那你就可想象得到，在我们日常事务中，谦卑和赞扬对你我的帮助将有多大。

虽然不能阻止别人对我们进行不公正的批评，但我们却可以做一件更加重要的事情：我们可以决定是否让自己受那些不公正的批评的干扰。

闻名遐迩的心理学家史金诺经动物试验证明：因好行为受到奖赏的动物，其学习速度快，持久力也更长久；因坏行为而受到处罚的动物，不论学习速度或持久力都比较差。研究显示，这个原则用在人的学习行为上也有同样的结果。“用多把尺子衡量学生”“拿起表扬的武器”“好孩子是夸出来的”等提法永远闪烁着育人光芒。

卡耐基还认为，即使别人说了你一些无聊的闲话，或欺骗了你，甚至从后面捅了你一刀，也千万不要沉溺在自怜中，而是尽你最大的可能去做，让批评你的雨水流到身后去。假如一个人一开始就谦虚地承认，他也可能犯错误，并不是无懈可击的，那么别人再听他评断自己的过失，也许就不会难以入耳了。如果运用得当，它们在做人处世中将可制造真正的奇迹。

因此，面对无情的批评时，我们自己要做好选择，正确的批评我们要虚心接受，对于不切实际的批评，我们完全可以置之不理，千万不要让批评之剑伤害到自己。

## ※ 学会自我批评

大家还记得列宁的故事吗？列宁从小就知道主动承认错误，知道自我批评。其实，自我批评并不是降低自己的身份，如果能正确地做到自我批评，还会收到意想不到的结果。

这是卡耐基在青年会最后一次的情景。

“戴尔·卡耐基先生，你说的一切都与怎样演说无关，我们不需要心理医生，我们只要一位充满机智的教师，而不是像你这样只会胡说八道。”

面对这样的事情，班上的大多数人居然赞同他的看法，又吹口哨又拍桌子地闹了起来。这个班是百分之百的新生，而且年轻人占多数，他们充满了反抗色彩和挑衅性。卡耐基只有手足无措地面对像爆炸了似的教室里的人群，他想不出什么好方法来平息众人的争论。

非常凑巧的是，那位令卡耐基讨厌的青年会主任恰好碰见了这种情形。她满面怒容地走进教室，毫不在乎卡耐基的存在，宣布今天的课程到此为止，然后要求卡耐基到她办公室说清楚这件事。

卡耐基意识到自己在课堂上的情形将激怒青年会主任，所以，他未等主任开口，就直截了当地说："夫人，你不必说了，我明白我自己的行为。"

"先生，你也不用多说了，明天，你就可以自由地支配你的夜晚，不用到这里来活受罪。"主任生气地说道。

看来，事态已经无法挽回了，卡耐基只好一言不发地走出办公室。

卡耐基曾想过要离开青年会，但他完全没有料到自己在青年会的结局是这样，也没有想到自己竟是这样狼狈地离开青年会。这种局面，今天这样的场面，如此出其不意地降临于身。卡耐基心知自己没有别的办法，除了接受既成事实以外。可是他还是不甘心，他不甘心自己所试图创立的事业如此半途夭折。实际上甚至还没起步就失败了，像一个刚学步的孩童一下子摔成了残废一样。

卡耐基的天性中就有不屈服和抗争的成分，他要做出全盘的思考，重新确定自己的位置，在黑暗中，他不停地问自己：

我的课程失败了吗？我又陷入困境中了？我该怎么办呢？……

无数个问题缠绕着他，他又像以往那样一个又一个地解开它们：

"我的课程没有失败，我的许多学生都很满意。我的教法，没有失败的例子，今晚只是一个小小的闹剧。我不但教会了学生们学会演讲，而且教会他们怎样面对自己和别人，我了解他们的各种想法，我让他们说出来，他们就获得了认同感。"

“我早就摆脱了忧郁，忧郁对我只是一团白雾，太阳一出来就会散掉的。我要开创一项事业，现在最关键的是写出一本教材，用这本教科书来指导成年人如何演讲、推销和为人处世。”

“唯一值得反思的是，我不能照本宣科。我不应该事先确定我要告诉每一个学生的讲课内容，我应该仔细观察他们的内心，慢慢诱导他们。我必须帮助每一个学生解决问题，每一次授课内容一定要新鲜、实用，才能使他们有继续来上课的兴趣。”

这一晚上，卡耐基的思考一刻也没有停下来，直到东方发白。

在青年会的最后一次讲课，让卡耐基先生终生难忘。他虽然早有离开青年会的打算，但没有想到是如此狼狈。面对青年会的主任，卡耐基先生没有用他雄辩的口才去争辩，而是主动承认了自己的错误。在一次深深地自我批评之中，卡耐基也悟出了很多道理。

卡耐基认为，不要等我们的敌人来批评我们或我们的工作，我们要胜过他们，在这一点上我们要成为自己最严厉的批评者；我们还要在敌人有机会指责我们之前，就找出我们的弱点，并加以改正。

正是卡耐基先生做到了自我批评，所以他才能从容地面对一个个的考验。

唐是宾州威明市一所职业学校的老师，他有一个学生因非法停车而堵住了学院的一个入口。有一位导师冲进教室，以非常凶悍的口吻问道：“是谁的车堵住了车道？”当车主回答时，那位导师吼道：“你马上给我开走，否则我就把它绑上铁链拖走。”

这位学生是错了，车子不应该停在那儿。但从那天起，不只这位学生对那位导师的举止感到愤怒，全班的学生都与他过不去，使得他的工作更加不愉快。

如果当时唐换一种完全不同的方式处理的，或许结果就大相径庭了。假如他友善一点地问：“车道上的车是谁的？”并建议说，“如果把它开走，那别的车就可以进出了。”这位学生一定会很乐意地把它开走。而且他和他的同学也不会那么生气了。

另外，即使当时做错了，但是如果他能跟学生及时的承认错误，向学生说明他那天的讲话方式是不合理的，也不至于会使全班学生愤怒。

因此，卡耐基还认为，我以前常常把遇到的麻烦推到别人头上，可是随着年岁渐长，我发现几乎所有的不幸都应该怪我自己。很多人在年纪大了之后都会发现这一点。

亨利·韩克是印第安纳州洛威一家卡车经销商的服务经理。他公司有一个工人，工作状况每况愈下。但亨利·韩克没有对他怒吼或威胁，而是把他叫到办公室里来，跟他坦诚地谈一谈。他说：“比尔，你是个很棒的技工。你在这条线上工作也有好几年了，你修的车子也很令顾客满意。其实，有很多人都赞美你的技术好。可是最近，你完成一件工作所需的时间却加长了，而且你的质量也比不上以前的水准。你以前真是个杰出的技工，我想知道是不是我们公司的什么制度令你感到不开心，从而影响了你的工作积极性，还是我平时的工作有什么疏忽。如果是我们公司制度存在的问题或者是我领导的问题，我都先给你道歉。也许我们可以一起来想个办法改进这个问题。”比尔回答说，他并不知道自己没有尽好他的职责，并向他的上司保证，他所接的工作并未超出他的专长之外，他以后一定会改进它。

上面的处理方法就能使职工感到领导是重视他的，而且领导也不是做样子，而是真心地关心他的成长。领导的自我批评反而使亨利感觉不好意思，让他认识到了自身存在的不足，激励了他斗志。

总之，我们在生活中往往都是顾及自己的脸面的。遇到问题，总是会先找别人的过错。倘若我们能够站出来主动承认自己的错误，承担自己的责任，事情有可能就会出现信的转机。

这也正如卡耐基所说：每当我翻看当年我所做过的傻事，重读我对自己的批评时，它们都能帮助我解决我所面临的最困难的问题，教会我如何控制自己。

# 第二章　如何使人喜欢你

有很多人会为自己不招人喜欢而苦恼？会反反复复不停问自己为什么？

的确，朋友是人际关系中甚为重要的交际对象，有的人与朋友交际有始无终、半途而废；有的甚至反目成仇、相互暗算。其实，说到底这都是没有掌握与朋友成功交际的技巧。

那么怎么做一个受大家欢迎的人呢？做一个好孩子，让家长欢迎；做一个好自己，让自己欢迎自己；做一个好学生，让老师欢迎；做一个好伙伴，让同学欢迎；做一个好少年，让社会欢迎；做一名好公民，让祖国欢迎呢？

“真诚地关心别人”，告诉我们如果想结交朋友，就要先为别人做些事情。

它提醒我们，在现实生活中，微笑就是一种万能剂。笑，可以让自己的烦恼烟消云散；笑，可以消除双方的紧张局势；笑，可以传递出一种令人会意的情感……笑是一种生活态度，一种处世的法则。“牢记他人的名字”告诉我们：一个连他人名字都忘的人，当然不会引起对方的兴趣与好感，这样便直接影响你进一步与人交往。“学会倾听他人讲话”，说明了从人性的本质来看，我们每个人都最关心的是自己，喜欢讲述自己的事情。“迎合他人的兴趣”又是你交际成功的法宝。“让他人感到自己重要”才能更好地与朋友交流。

交友得法，友谊长久，反之，朋友之间的友谊就会如同昙花一现，稍纵即逝。但愿我们每个人都能掌握科学的交友方法，与朋友之间愉快相处。

我们日常生活中最常常忽视的许多美德中的一项，就是对别人表示欣赏和赞扬不知怎么回敬。当我们的儿子和女儿带回一份好的成绩单的时候，我们竟然忽视掉，而没有对他或她加以赞扬，或者是当他们第一次成功地做出一块蛋糕或做好一个鸟笼的时候，我们却没有给他们一番鼓励。没有任何东西比父母对子女的这种关注和赞扬，更能使他们感到快乐了。

卡耐基总向身边的人建议："下一次你在饭店吃到一道好菜时，不要忘记说这道菜做得不错，并且把这句话传给大师傅。而当一位奔波劳累的推销员向你表现出礼貌的态度时，也请你给他赞扬。"

每一位传教士、教师以及演讲的人，都曾经历过掏出肚子里所有的东西却没有得到听众一句赞扬的话的泄气情形。

这些人会碰到这种情形，那些在办公室、商店以及工厂的工作人员，还有我们家里的人和朋友，就更会遭遇这种情形了。

在人际关系方面，我们应该永远不要忘记我们所有的同事都是人，也都渴望别人的欣赏和赞扬。欣赏和赞扬是所有的人都欢迎的东西。

在你每天所到的地方，不妨多说几句感谢的话，留下一些友善的小小火花。你将无法想象，这些小小的火花如何点燃起友谊的火焰，而当你下次再到这个地方的时候，这友谊的火焰就会照亮你。

历史上，戴维和法拉第的合作是一个典范。虽然有一段时间，法拉第的突出成就引起戴维的嫉妒，但其二人的友谊仍被世人所称道。这份情缘的取得少不了法拉第对戴维的真诚赞美这个原因。法拉第未和戴维相识前，就给戴维写信："戴维先生，您的讲演真好，我简直听得入迷了，我热爱化学，我想拜您为师……"收到信后，戴维便约见了法拉第。

后来，法拉第成了近代电磁学的奠基人，名满欧洲，他也总忘不了戴维，说：“是他把我领进科学殿堂大门的！”可以说，赞美是友谊的源泉，是一种理想的黏合剂，它不但会把老相识、老朋友团结得更加紧密，而且可以把互不相识的人连在一起。

为什么赞美别人能有如此巨大的作用呢？这是因为，从心理学上讲，赞美能有效地缩短人与人之间的人际心理距离，渴望被人赏识是人最基本的天性。赞美是发自内心深处的对别人的欣赏，然后回馈给对方的过程；赞美是对别人关爱的表示，是人际关系中一种良好的互动过程，是人和人之间相互关爱的体现。

既然渴望赞美是人的一种天性，那我们在生活中就应学习和掌握好这一生活智慧。在现实生活中，有相当多的人不习惯赞美别人，由于不善于赞美别人或得不到他人的赞美，从而使我们的生活缺乏许多美的愉快情绪体验。

有一天罗斯福进白宫去见塔夫脱总统，正值塔夫脱总统，和夫人出去外面。老罗斯福是真诚地喜欢那些底下人，他对白宫里所有的旧役佣人，甚至做杂务的女仆，都叫出名字问好。

罗斯福看到厨房里女佣人爱丽丝的时候，问她是不是还在做玉蜀乘的面包。爱丽丝告诉他，有时候做那种面包，那是为了佣人们吃的，楼上他们都不吃了。

罗斯福听了大声说：“那是他们没有口福，我见到总统时，把这件事告诉他。”

爱丽丝拿了一块玉蜀季面包给罗斯福；他边走边吃的走向办公室，经过园丁、工友旁边，向他们每一位招呼。

罗斯福和他们每一位亲切的招呼谈话，就像他做总统时一样。有个老用人，眼里含着泪水说：这是我这几年来最快乐的一天，在我们中间，就是有人拿了一百块钱来，我也不会换的。

哈佛大学校长依利亚博士，对别人的问题，有深刻的关心和兴趣，所以他会受到学校里每一个师生所爱戴。

有一天，有个大学一年级学生克列顿，到校长室借用清寒学生贷款五十元。克列顿拿到钱后，心里非常感激，正要走出办公室时，依利亚校长把克列顿叫住，说："你请坐一会儿。听说你在宿舍亲手做饭吃，如果你吃得适宜、充足，我并不以为那对你有不好的地方，我过去在大学时，也这样做过。"克列顿听来感到很意外，校长接着又说："你有没有做过肉饼，如果把它弄得又烂又熟的话，那是一道很可口的菜，过去我就喜欢吃这个菜。他并详详细细地说出肉饼的做法。"这让克列顿心里感到非常高兴。

这里有一些赞美的原则，你可以应用在生活中，能避免在赞美别人的时候出现错误。

1. 要有真实的情感体验

这种情感体验包括对对方的情感感受和自己的真实情感体验，要有发自内心的真情实感，这样的赞美才不会给人虚假和牵强的感觉。带有情感体验的赞美既能体现人际交往中的互动关系，又能表达出自己内心的美好感受，对方也能够感受你对他真诚的关怀！

2. 注意观察对方

注意观察对方的状态是很重要的一个过程，如果对方恰逢情绪特别低落，或者有其他不顺心的事情，过分的赞美往往让对方觉得不真实，所以一定要注重对方的感受。

3. 凭你自己的感觉

一个好方法，每个人都有灵敏的感觉，也能同时感受到对方的感觉。要相信自己的感觉，恰当地把它运用在赞美中。如果我们既了解自己的内心世界，又经常去赞美别人，相信我们的人际关系会越来越好。

4. 对赞美的话要做好准备

说到这里，我想起有一次，一个同事对另一个同事上电视的表现赞不绝口。“你真是很棒，”他说，“真的、真的、真的很棒！”事实上，那次预定的电视采访已经取消了。

5. 不要在某件事显然已经出错时还去赞美

英国广播公司（BBC）制作人曾有一次特别可怕的“赞美”，在一次明显搞砸的广播录音之后，这位制作人评论说：“太棒了，这是你第一次吗？！”同样的，此时沉默会更好些。

最后，请记住，随便说几句人云亦云的客套话，赞美一个人或一个集体，并不难，更不可贵。贵在真心诚意，难在确有实效。

## ※ 如欲采蜜，就不要弄翻蜂房

曾经以为把家人和同事的错误指出来是一种苦口婆心的“帮助”，认为大家关系亲密也没有注意说话方式和方法，结果发现刚开始时大家还比较乐于接受批评，久而久之，大家就不太愿意接受；大家也会认为老师教育批评学生是天经地义的事情。但是如果我们尝试换一种方法，会如何呢？老师看见学生上课在睡觉，并没有像往常那样雷霆大发，而是轻轻地把他摇醒让其坐正注意听课，下课后与之谈话：“是我的课讲得不好没有引不起你的注意，还是昨晚睡得不好以致今天精神不振呢？”结果学生不仅能为自己没认真听课而感到惭愧，又能感受到老师的诚恳。因此，有时用微笑的批评比严厉的批评更有效。

这不禁让我们想起了卡耐基刚从事销售员工作时的一段痛苦经历。

卡耐基当推销员的一个差事就是推销货车。可是，在工作几个月后，卡耐基依然不懂自己所卖的货车。尽管他工作十分努力，可是那些发动机、车油和部件设计之类的机械只是仍然无法引起卡耐基的兴趣。

一天下午，卡耐基刚吃完工作餐，正拿着一瓶可口可乐喝的时候，公司的大胡子经理不知不觉地进来了，卡耐基在慌乱之中弄翻了手中的可乐，不知所措地站在一边，但经理并未理他，就忙别的去了。正在此时，来了一对年轻夫妇，男的有一头金发，女的提着个红色手提箱。卡耐基连忙上前招呼客人：“先生，欢迎光临！本店供应极为优质的派克自用车和货车，您看这辆车真漂亮！”卡耐基洪亮的声音在宽敞的售货大厅里显得瓮声瓮气。可是这两位顾客满脸不屑一顾的样子，没有理睬卡耐基。但是，卡耐基并未生气，他仍然热情地向他们介绍公司的各种产品，似乎要打动这二位的铁石心肠。可是，那位脸蛋漂亮的小姐数分钟后就不耐烦地拉着自己的丈夫或情人向店外走去，还说道：“先生，你并不懂汽车，更不懂机器，我敢肯定，让一个三岁小孩在这里面待上一天也会说得比你好！谢谢你的热心，我们从不和无知的人讨论，再见了！”

顾客刚出店门，大胡子老板就走了过来：“戴尔，你竟然这样不中用！我原以为那些顾客是在捏造事实呢！现在，我警告你，不要再和客人谈那些有关公创始人密斯特尔斯和威廉·派克尔德的事迹，你只要一心一意地为我卖掉这些汽车，否则你就会像那人一样！”经理一边说，一边用手指头指着那边街上的一位中年乞丐。卡耐基再也说不出什么话来，只有唯唯诺诺地不断点头。

此时，卡耐基的心里的郁闷是无法用语言来形容的。他在心里大声对自己说：“烦死啦！我都在做些什么呀？我怎么会如此不中用呢？竟然连一个简单的工作也做不了？”

卡耐基的人生的转变是从一次偶遇开始的。

一次，卡耐基按经理的吩咐来到“商联会”大厦为其儿子购买自行车。在这里，他认识了一位开升降机的年轻人，他发现那位年轻人原来是位残疾人，左手齐腕切断了。他走上前去，很亲热地寒暄，谈天说地。因为卡耐基觉得应该给予他一份同情和怜悯，更何况自己的左手也是残疾，只有 4 个指头。“我是在密苏里乡下农场长大的，小时候很活泼顽皮。一次和小朋友们玩耍时被铁钉钩断了第三个指头，中指从此没有了。我曾经以为自己会死了，现在也常想到自己是个九指人。你呢，兄弟？”很自然地，卡耐基说到自己的故事。

那位叫戴尼的操作员也热心地回答道：“忧郁的兄弟，我去年被轧钢机轧断了手腕。手腕和手是没有了，可我的命还在呀！”

“但是，你是否会使自己经常感到困扰呢？”戴尔·卡耐基又问道。

戴尼会心地笑了笑，说道：“不会呀，我几乎已忘了这回事，不过，只有在穿针缝衣服时，才会想到自己少了一只手。”

虽是短短的几句话，却给卡耐基很深的影响，当他回到公寓里时，他还在想这句话。这个叫戴尼的青年人使他深受启发：是呀！我们的精神态度对肉体能力具有莫大的影响——几乎是难以置信的影响；肉体上的某些障碍完全可以通过精神力量来弥补和克服，一旦习惯下来，肉体上的残疾就会忘却，而与正常人一样。

卡耐基是不幸的，因为他的生活曾经一度黑暗：在小学的时候被同学嘲笑，班里的女生也很少跟他说话；长大了，做推销员，也屡屡遭到失败，还经常被老板训斥，内心充满了痛苦困惑和自责；但是卡耐基又是幸运的，幸运的是他遇到了戴尼，戴尼的鼓励给了他强大的精神力量，使他的人生发生了转折。

因此，卡耐基在日后一直告诫自己：“批评是危险的，它常常会伤害一个人宝贵的自尊，伤害他的自重感，并激起他的强烈反抗。由批评引起的嫉恨，只会降低对方的士气和情感，同时批评的事情也得不到任何的改善”。

1908 年，罗斯福离开白宫，塔夫脱做了总统。当他从非洲回来的时候，矛盾就产生了。他不满意塔夫脱想要连任第三任总统，并且组织“勃尔摩斯党”，这几乎毁灭了共和党。在那次选举的时候，塔夫脱和共和党只获得了两州的赞助，这是共和党一次最大的失败。为此，罗斯福责备了塔夫脱，可是塔夫脱并没有责备自己。塔夫脱两眼含着泪水，说："我不知道怎么样做，才能和我所已做的不同。"

罗斯福的批评并没有使塔夫脱自己觉得不对，相反塔夫脱却觉得自己很委屈，一直尽力为自己辩护。其实通常我们大家也会一样，做错事只会责备别人，而绝不会责备自己。

卡耐基教给我们的方法是："我们不要去责怪别人，而是试着去了解他们，弄清他们为什么会那么做。这会比批评更加有效，而且这样做还能产生同情、容忍以及仁慈"。

一般来说，表扬要及时，批评要学会冷处理。及时的表扬，可以起到及时的放大效应，使受表扬者产生成就感、满足感、荣誉感，获得前进的动力。大文豪约翰逊博士曾说："即使是上帝，如果不到世界末日，他也不会轻易审判世人"。我们又何必轻易地批评别人呢？

批评是一门艺术，正确的方法非常重要。好的方法能够促进进步，不好的方法会使人们产生抵触情绪。如果通过批评，能够使他们主动认识到错误，这样会有利于他们对批评的认同感和接受度。但是，如果产生逆反心理，就会起到副作用。在任何时候，都要表扬的声音远远大于批评的声音，这样才能够散发出人性的光辉，才能提高业绩。心理学家斯琼纳曾经用实验证明：在训练动物学习掌握某种本领时，学习表现良好时给予奖励，要比学习不好就受到斥责的动物学的更快，而且能更好地记忆所学的东西。进一步研究表明：人类也存在同样的情况，我们采取批评斥责的方法并不能使人很好的改变错误，相反会引起对方的嫉恨。

不顾事实、言过其实，或者过高过低，都难以产生良好的效果。那么我们在日常生活中怎么样能避免批评呢？

1. 微笑。

用微笑的方式去批评学生，实际是动之以情的批评方法。在企业里，由于员工的过失，或者员工的不尽职等情况下，被领导批评应该来说是家常便饭，我们可以常常见到一些领导在会议上批评员工。如果我们领导能够在平时多关心一下职工，多去车间转转，发现问题时及时上前微笑地指出，将问题消灭在萌芽之中，又何须大张旗鼓地批评呢？或许许多领导还没有发现微笑的魅力，那就在以后的工作中试着尝试吧。

2. 鼓励。

有时候鼓励是一剂良药。鼓励能够使人燃烧起新的激情，能够给人以信心和力量，让人有继续奋斗的决心。某位员工没有按照工作进度完成工作，领导找其谈话说："我对你很是失望。"那么，这位员工听后，第一感觉是领导人不重视我了，一定是对我的工作不满意了。如果我们换一种方式来处理，让其了解你的意图和想法，按照你的意图和想法来工作这才是关键。因此，你可以说："你做事向来都是很积极的，从来都是按时完成的，一定有别的原因吧，我很重视这件事情。"

3. 商讨。

大家都希望在一种民主的气氛中学习和工作。因此，遇到别人做得不对的时候，不要轻易地批评别人，而要采取商讨的语气，跟同学或者同事朋友仔细讨论。

4. 提醒。

如果大家平时多一句提醒，很多发生的问题就会自然而然地避免。何乐而不为呢？批评是一个双刃剑。"运用之妙，存乎一心"。对批评艺术的巧妙运用可以使事情往往可以变得事半功倍。在日常生活中，我们要尽量避免批评，多从别人角度考虑问题，这样你才能成为一个受欢迎的人。

## ※ 激发他们的强烈要求

我们常常会遇到这样的例子。考试要来临了，我们的学习效率就会变得很高；找工作要面试了，我们就会疯狂地温习面试技巧等等，即使以前身边最懒的人也会抓紧行动起来。这是为什么呢？仔细分析一下，是因为只有当事情成为我们努力争取的对象时，才会引起我们的兴趣，激发我们的斗志，使我们为之奋斗。因此，在生活中，我们要清楚他人的需求，并且要激发他的需求。

虽然戴尔·卡耐基一直有写东西的习惯，但是那时还只局限于他自己的内心世界，他通过写来分析自己的烦恼，用自己的追问和回答解除心头的忧郁。然而，萌发写作的念头却源于他与一位顾客的相逢。

这一天，卡耐基碰上了一位头发斑白的老者，他那头黄发竟然变白了，这点引起了他的好奇心。老者想买车，卡耐基又背书似地背诵那套“车经”，可老人家并不怎么感兴趣：“无所谓的，我还走得动，开车只不过是尝一尝新鲜劲儿，因为我年轻时曾梦想成为汽车设计师，那时还没有汽车呢。密斯特尔斯和威廉·派克尔德和我一样在念中学……”

老者的话题，更加吸引了卡耐基。他详细地和老头探讨着公司创始人、汽车设计者的成功经历，两人对密起特尔斯形成了共同的评价，对威廉先生即有不同的看法。渐渐地，话题又转到了卡耐基的生活方面。在这样一位陌生的老者面前，卡耐基讲出了自己的成长经历、漂泊不定的生活和前些时间里的忧郁。

“那天凌晨，对着一盏孤灯，我才敢最终对自己说，我在做什么？我的梦想是什么？如果我想要成为作家，那为什么不从事写作呢？尊敬的老先生，您认为我的看法对吗？”

“好孩子，非常棒！”老人的脸上露出轻松的笑容，继而一脸正平地说，“你为什么要为一个你不关心又不能付你高薪的公司卖命呢？你是不是想赚大钱？写作，在今天也是门好行当呀！”

老头一口气举出了好几位有名作家，比如杰克·伦敦，富兰克·挪瑞斯及亨利·詹姆斯等人，还算出了1901年至1910年间的畅销书来，其中特别强调几本销售量超过了一百万册的书，比如杰克·伦敦的《野性的呼唤》、约翰·霍克斯的《寂寞松树的故事》、威金夫人的《阳光溪农场的瑞贝尔》及哈珞·贝尔的《山上的牧羊人》等等。

“不，老绅士，我对赚大钱不感兴趣，放弃工作是不可能的，除非我有别的事可做，但是我能做什么呢？有哪种天赋的能力能让我可以满意地赚钱和生活？”卡耐基连连否认自己赚大钱的幻梦。

但接下来老先生的谈话却使他受益匪浅。老先生说道：“你的职业应该是能使你感兴趣，并发挥才能的。既然写作很适合你，为什么不试一试？”卡耐基恍然大悟。在大学时代，他就有写作的梦想而且一想到写作就有一种冲动，那极强的表现欲促使他要写，不停地写。写那些乡镇上人们在工作后的闲谈，讲出一些幽默的笑话，传奇的英雄故事；写自己在农场里耕地和照料牲口的艰难；描绘出烈日和暴雨下辛勤劳作的农民形象来；还要写出具有勇气和强烈信仰的勇敢的男人和女人们，讲述他们为了建立美好家园而与所有的困难搏斗的故事……

戴尔·卡耐基的胸中一直奔涌着要创作的激情。这种状态一直深藏在他的内心深处，直到此时才被老先生的几句话又给激活了。卡耐基认为，作家的角色有助于自己解决困境，摆脱内心忧郁和恐惧的最佳办法就是提笔写。把它们写出来，把心头的万千话语写出来，能平衡自己的内心世界。更何况，他想捕捉西部密苏里农场的艰苦生活，抓住生活的真实感受，还有像他一样的农民的坚强个性以及玉米田地的气息，还有那些发生在玉米田里的故事。

卡耐基说过“世界上能够影响他人的唯一方法，就是谈论他的需要，并告诉他如何去获得、满足他的这种需要。”

在生活中也有很多这样的例子。

有一天，爱默生和儿子想把一头小牛弄进谷仓里。开始时，爱默生用力推，儿子用力拉，可是牛怎么不动弹，最后还有些生气了的样子，开始对他们产生敌意。后来，有个爱尔兰妇女见了，虽然她不会写什么散文集，却比爱默生更懂得“马性”或“牛性”。她把自己母性的指头放进小牛嘴里，一面让它吸吮，一面轻轻地把它推入谷仓里。从这个例子可以看出，刚开始爱默生和他儿子都忽略了牛的需要，只是一味地强迫，反而适得其反。岂不知那只小牛也正好和他们一样，只想到自己所要的，所以两腿拒绝前进，坚持不肯离开牧草地。而爱尔兰妇女从牛自身的需要考虑，轻松地将牛拉了回去。

这正印证了卡耐基的话，“如果说成功有什么秘诀的话，那就是站在对方的立场来看问题，并满足对方的需求。”

第一次世界大战期间，英国首相劳埃德·乔治正是采用了这种做法，才会使他在人们心目中的地位一直长盛不衰，而不像许多战时领袖——像威尔逊、奥兰多和克里蒙梭——都逐渐在人们心中褪色。当时有位士兵问起时，乔治是这样回答的：如果一定要归诸一个原因的话，那就是，你要钓到什么样的鱼，就得用什么样的诱饵。

因此，卡耐基认为“无论是在商界、家庭、学校中，还是在政治领域，我认为最好的建议，就是首先把握对方最迫切的需求。如果能做到这一点，就可以如鱼得水，否则就办不成任何事情。”

哈利·欧佛瑞在极具启发性的《影响人类行为》一书中写道：“行为乃发自我们的基本欲望，不论在商场、家庭、学校或政治上。对那些自认为‘说客’的人，有句话可以算是最好的建议：要首先引起别人的渴望。凡是能这么做的人，他就能左右逢源，永不寂寞。”

亨利·福特对处理人际关系所提出的忠言：成功的人际关系在于你能捕捉对方观点的能力；还有，看一件事须兼顾你和对方的不同角度。

既然了解一个人的需求这么重要，那么我们在日常生活中应该怎样激发他人的需求呢？

1. 要善于观察事物，做一个细心的人。

要想了解一个人的需求，首先要学会做一个有心人。只有善于观察事物，才能真正地了解这个事物，才能清楚这个事物的喜好，才能进一步了解他内心深处的需求。

2. 要找出合适的方法，激发他人的需求。

及时地了解一个人的需求非常必要，一旦我们了解到他的内心需求后，我们要想好办法争取地把他激发出来。这里，我们必须要做到及时，因为在不同的时候人的需求或许不同。在以前我们只是追求温饱，但是现在，我们却更加注重生活的品质。另外，需求如果藏在心里，长时间没有发现，那么有可能就会永久埋没。另外，我们要找到合适的方法，要他人内心的这种需求一下子爆发出来，达到一种非常想做迫切想做的程度，这样更加有利于他才能的充分发挥。

总之，我们要善于发现身边的人和事物，善于总结经验。有些需求有些潜力或许可能他本人也不知道，如果我们能够发现并且及早激发出来，就会更好的帮助到身边的人。

## ※　真诚地关心他人

在生活中，我们是否真诚地关心过我们周围的朋友？一位朋友生病了，你是不是抽出时间去看望朋友了呢？你是找了个借口认为自己工作太忙，没有时间，过两天有时间了再去看他而没有了踪影，还是及时地给朋友打电话，问他是否需要你的帮助？前者会使朋友之间的情意越来越淡，后者会拉近大家之间的感情，不仅使朋友体会到你的关心，而且你自己也因为有一个好的人际关系而高兴。事实就是如此，如果我们要想使自己快乐，就去真诚地关心我们身边的每一个人吧。

卡耐基不仅使自己的家庭幸福美满，而且也关心其他人的家庭。他委派他的助理去参观波士顿的一个特殊医疗教室。这位助理发现这个医疗“教室”附设于波士顿医院，每周上课一次，参加的患者必须预先接受定期的健康诊断。实际上，这个医疗教室是实施心理疗法，正式名称是“应用心理学治疗班”。

这里的大多数患者是存在情绪障碍的家庭主妇。

为什么设立这个医疗班呢?

卡耐基的助手了解到，曾受教于奥斯勒爵士门下的约瑟夫·布拉特博士发现，前来波士顿医院就诊的患者中，有许多人在肉体上并无任何异样，然而却出现各种疾病的症状。一般情况下，医生会认为，这是病人的心理或想象所导致的，因而一笑置之。而布拉特博士却深深了解，若例行性的、告慰性的对这些患者说：“回家好好休息，忘掉疼痛，就没事了”将是无济于事的。因为，这些妇女并不想生病，而且疾病也不是轻易就可忘却的，应当采取一些另外的措施。

于是，布拉特博士排除了部分反对和怀疑意见，开设了这种医疗教室。十多年来，成果辉煌，数千名患者在这里痊愈，有的患者怀着虔诚的心情，每年都来这里参加活动，为该班的医疗效果作见证。

卡耐基的助手与一个九年来一直参加课程的妇女进行了访谈。这位妇女表示，她最初来医院就诊时，深信自己患的是心脏病，紧张过度时会两眼昏暗、短暂丧失视力。但是，她如今对健康充满信心，日子过得很愉快。从外表来看，她年纪约有四十出头，其实她已做奶奶了。她说以前常被家庭琐事搞得不胜其烦，心想不如早死算了。但是，自从参加这个医疗班后，她明白了，烦恼于事无补，并学会了解除烦忧的方法，现在过着很平静的生活。

卡耐基非常赞同这个医疗班的顾问洛兹·希弗顿博士的看法。这位博士认为，减轻家庭主妇们烦恼的最佳途径是：在一个值得信赖的人面前，把心中的不快尽情倾吐出来。他说：“我们将这种方法称之为洗胃，亦即情绪净化。病人到这里时，我们先让她详详细细地说出她的忧虑，这样才能将它们从心中驱逐出来。倘若独自闷积在心，只能增加神经的紧张。我们必须让别人来分担我们的苦恼和忧虑。我们这个世界上必须有人愿意倾听以及理解自己的苦闷。”

卡耐基的助手当场观察到一个妇女在述说了苦恼之后，心情即转开朗的实例。这位妇女同大多数就诊者一样，她的不快情绪来源于家庭问题。开始叙述时，她显得有些紧张，然后情绪逐渐趋于稳定。当面谈结束时，她脸上竟然浮现出微笑。

那么，她的问题解决了吗？“当然没有”，卡耐基说，“她心境的转变只是因为她将心事倾吐了出来以及得到一些建议和同情而已。这就是说，这种巨大的治疗效果，完全在于把烦恼化为了语言。”

根据助手了解到的这些情况，卡耐基作了认真的分析和研究。然后，他提出了有益于家庭主妇的见解。卡耐基用自己的特长，真诚地关心着他身边的人。

卡耐基认为，多为别人着想，不仅能使你不再为自己忧虑，也能帮助你结交很多的朋友，并得到很多的乐趣。

你曾经招呼过圣诞夜里看到的一两个孤儿吗？如果我们本人在珍珠港的话，也会乐意去做玛格丽特·叶慈所做的事。我们会对帮助别人有兴趣呢吗？我们会不会一直思考这样做又有什么好处呢？

卡耐基回答说，不管你的处境多么平凡，你每天都会碰到一些人，你对他们怎样呢？你是否只是望一望他们？还是会试着去了解他们的生活？比方说一位邮差，他每年要走几百里的路，把信送到你的门口，可是你有没有费心去问问他住在哪里？或者看一看他太太和他孩子的照片呢？你有没有问过他的脚会不会酸？他的工作会不会让他觉得很烦呢？或者是杂货店里送货的孩子，卖报的人，在街角上为你擦鞋的那个人。这些人都是人——都有他们的烦恼，他们的梦想和个人的野心，他们也渴望有机会跟其他的人来共享，可是你有没有给他们这种机会呢？你有没有对他们的生活流露出一份兴趣呢？你不一定要做南丁格尔，或是一个社会改革者，才能帮着改善这个世界。你可以从明天早上开始，从你所碰到的那些人做起。

真诚地关心他人，会带给你更大的快乐，更多的满足以及你自己心中的满意。亚里士多德称这种态度为“有益于人的自私”。古波斯拜火教的始祖佐罗亚斯特说：“为别人做好事不是一种责任，而是一种快乐，因为这能增加你自己的健康和快乐。”纽约心理治疗中心的负责人亨利·林克说：“现代心理学上最重要的发现就是以科学证明：必须要有自我牺牲或者是约束，才能达到自我了解与快乐。”

总之，每一个人都有自己的烦恼，都有自己的痛苦。假若我们能真诚地关心我们周围的每一个人的话，我们会发现我们能够从中得到很多东西，我们会得到他们的感谢，在我们需要的时候，我们也会得到大家的帮助。从帮助他人中得到的乐趣，是人生最大的乐趣。

## ※　微笑待人

当你经过车站前的商店时，如果看到商店的老板娘对你笑了一笑，或许你会随手买一份报纸吧！当你进入郊外的公路餐馆买东西时，即使你已点餐完毕，如果笑容可掬的女服务员亲切地对你说：“你是否还需要些别的吗？”或许你会因此而再多点一两样餐点。在贩卖场上，亲切的笑容多少都具有提高销售额的魔力，所谓“积沙成塔”，以笑容面对顾客与板着一副晚娘面孔面对顾客，在销售业绩上其差别是显而易见的。这就是微笑的魅力。

有天下午卡耐基跟莫里斯·雪佛莱在一起。卡耐基感到失望，雪佛莱怏怏不乐，沉默寡言，跟卡耐基所期望的完全不同，直到他微笑的时候，卡耐基的观感才改变，就好像是太阳冲破了云层。如果不是因为微笑，莫里斯·雪佛莱可能仍然是巴黎的一位家具制造者，跟他的父兄一样。

卡耐基认为行动比言语更具有力量，而微笑所表示的是，“我喜欢你。你使我快乐。我很高兴见到你。”他认为，微笑对生活是十分必要的，微笑仿佛是在说，“我喜欢你，你使我觉得快乐，我很高兴看到你。”

汤姆先生就曾因为某个女性魅力的笑容，迷迷糊糊地从腰包掏出钱来。他非常赞成帮助社会贫苦无助的人，但因其中募金流向不明的欺诈亦时有所闻，所以对“街头募款”的劝诱通常都不加理睬。一天，在车站遇到一个为了救济外国灾民的募金活动的女性。正打算视若无睹侧身而过时，冷不防她却把个献金箱挪到他面前：“谢谢！”虽然他猛摇手“不！”她也不移开。他以不快的强硬语气：“我不会捐的！”，她一点也没有厌恶的神色。“这样子吗？那，还是谢谢你了！”说着，露出洁白的牙齿亲切地微微一笑。那笑容不仅爽朗而且深具魅力。他追上转身离去的她，掏出百圆大钞投入募金箱里。这不就充分地说明了魅力韵笑容较之能言善道的推销话术更具有说服力吗？

还有一次，汤姆先生诊所的患者中有一位推销保险的女业务员。年纪约三十五六岁，算得上是个活泼又富行动力的美女。说是：“由于自知齿形外观不雅，所以无法有足够的自信咧嘴而笑，希望能带给初见面的准客户更好的印象。”在齿形治疗的一个月中，他指导她做“微笑训练操”，同时告诉她笑的威力。三个月后，她以明朗快活的语调打电话到诊所来，想不到营业额竟然增了一倍。对于自己的笑容有了自信，就能带给客户好的印象，而自己也会因此变得更积极更有活力，这绝对不是偶然的侥幸。

此外，汤姆先生还曾被某个推销牙齿百科全书的业务员之笑容所惑，购买了一部近十万元的百科全书。不是他人特别好说话，一打听其他牙医朋友们也几乎全买了。据说他是贩卖该百科全书的外商公司里的超级业务员。汤姆私下请教，他才带点不好意思地说他魅力笑脸的秘密在于，在准客户的门前，一定先确认自己的笑容后才敲门拜访。

“笑招好运来”。想要赚更多的钱，亲切的笑容是无上的至宝。

笑能让你变成一个令人欢迎的人。如果一个人每天都是春风满面，笑容可掬，别人对他的感觉和印象肯定会特别深刻。无论你是应聘工作，洽谈业务，还是赶赴约会，出席酒宴，微笑都能使你魅力陡增，收到意想不到的效果。

而“经营之神”松下幸之助更说：“如果有人问，在我们卖给顾客的商品中，最重要的是什么，不知各位列举出什么样的商品？当然可以朝很多方面考虑，不过我认为应该是亲切的‘笑容’。”美国的百货大王——华纳麦克也强调“微笑与握手都不需花时间与金钱，但却可以使生意更兴隆。”

不管你是美的、丑的，只要你在工作中笑的时机好，笑的程度佳，那你的笑就会给你带来好的评价，会显露出你的风度与气质，人们会说你是一个有修养、随和而可亲的人。当你得到了周围的人对你这个评价后，你的前程也会跟着灿烂。

“我看过很多到银行来贷款的中小企业的总经理，但是能让我们放心地把钱借给他的，是那些即使资金周转不灵，他仍充满活力、笑逐颜开的人，反之，那些哭丧着脸的人就借不到钱了。”这是在某家大银行的贷款部门有多年事业经验的老行员所说的话。仔细观察那些擅长于拜托别人的女性，她们可能不是美女，但笑容却使她们看起来更讨人喜欢。难以启口的事，难以进行的事，但又必须拜托别人时，“笑容”可以发挥强大的力量，对于受委托的一方，会因你的笑容，而增加协助你的意愿，放心地与你交换意见。

有人说，笑容是支点，能力是杠杆，有了这两样，能撑起整个地球。

在现代社会，竞争愈是炽烈，胜负的关键与其说取决于能力，倒不如说取决于能让自己显得更出色的微笑。

有这样一句名言："人一悲伤就会哭；因为哭就是悲伤。"我们借用这句话，并把它改成："人一高兴就会笑；因为笑就是高兴"。的确，笑容不仅仅表示自己心情的好坏与否，那种亲切明朗的快乐会感染身旁的每个人。让我们尽情地展开笑脸吧。

## ※　牢记他人的名字

我们在跟同事的交往中可能会遇到这样的情况，大家在街上相遇，可是你使劲地怎么想也没有想起对方的名字，没有办法，只好避开。没有记住对方的名字，是件很尴尬的事情，它会使人误解为你不注重对方，从而疏远了对方，加大了你们之间的距离。

那么，卡耐基课程提供的记忆技巧是如何促进演说效果及人际关系的呢？卡耐基认为，他的课程比任何其他的演说技巧或人际关系技巧，都更重视自信问题。他意识到被人们冷落的记忆艺术其实是很有效的方法，能快速地建立起人们的信心。

在前两节课中，特殊的技巧可以收到立竿见影的效果，使学员能更深入地参与课程的教学。为促成这些技能的确立，卡耐基重新采用由希腊人最先教授的记忆技巧。

轨迹记忆法是由诗人塞门纳迪发明，由西塞罗记录下来的。有一次，塞门纳迪应邀参加一次宴会。当他在宴会厅外时，厅内的屋顶突然坍塌，遇难的尸体难以辨认。然而塞门纳迪却能借助于每个来宾的座位分辨出死者是何人。

这件事使得塞门纳迪以视觉记忆而闻名遐迩。此事引发了他的灵感。他认为人们可以借着某种特殊方位或轨迹来分类记忆事物。例如，一个演说者可以借助视觉来记忆演说中的重点，将提示物放在一座大建筑物的不同房间内，回想演说中重点时，只要在建筑内顺着来时的脚步回走即可。对多数人而言，视觉记忆胜于语言或身体记忆法，是一种免于使用笔记的简易方法。

卡耐基在课程中使用了称之为木桩系统的轨迹记忆法。在这个系统中，你无须走遍建筑物来回想重点和回想事前在支架中放置的事物，即可将它们设定在特殊的视觉影像中。

虽然木桩系统有相当的历史，并且能使每年上千名的卡耐基课程学员印象深刻。然而，一旦不再使用这项技能时，能力就消失了。除了记忆人名外，只有少数毕业学员需要每天使用记忆技能。

记忆在过去时代被看作是不容忽视的力量。西塞罗说：记忆是所有事物和宝藏的守护者。爱斯奇勒斯说〞记忆是智慧之母〞，这些说法绝非夸大片辞。但是在今天，当代美国人已经习惯于使用非正式的记忆技能了。

一个仍具相当重要性的记忆技能就是牢记姓名。自卡耐基时代起，许多优秀的商业和人际关系支持者都强调姓名记忆的重要性。

一位纽约大学的教授早在《影响力的本质》一书出版前的数年，就出版发行了一本《加强记忆面孔及姓名》的书，其中归纳提出了记忆姓名的价值：

那是希望该书能帮助更多的人并引起他们的兴趣。商业人士和专业人员在直接与人交往时，倘若能称呼对方的姓名就能获得较友善的反应。若能以一种较软性的、活泼的语调，如“某某先生”来取代诸如“喂！那边的”此类命令方式或商业口吻，便能获得较佳的合作态度。社会工作者、教师团体领袖们发现，他们若能记得身旁人们的姓名，则在引发人们的情感时，具有强烈的影响力。刚刚参与社交活动及初入社会的年轻人发现，记得别人的姓名相当有用，有助于增加与人相处时的自信与自在。

时至今日，理由仍然相同。当你欢迎某人而不记得他（她）的姓名时，谁不感到尴尬？谁不会因为无法记得会上或社交场所中与会者姓名而感到不自在呢？那种不自在使得许多人陷于拼命记忆姓名的努力之中。

不幸的是，这只是一个治标之法，而不是治本之道。戴尔·卡耐基于 1926 年首次撰写改善姓名记忆能力的文章时，记载了三则有关记忆的自然法则即印象、反复及联系。他提及的每个记忆系统都根据这些原则而来。无论你是从众多推销技术法则的记忆专家群中选修一门座谈课程，或者是重温亨利·洛瑞尼和杰瑞·卢卡斯的《记忆书篇》，还是在众多有关记忆的书刊中阅读其一，你都会发现，卡耐基的原则跟它们相去不远。

卡耐基认为，如果你要别人喜欢你或者想要达成某种意愿，牢记他人的名字，等于给予他一个巧妙而有效的赞美！

在美国总统的专业幕僚群中，有一位幕僚的工作内容，就是专门替总统记住每一个人的名字，然后每当总统在遇见某人之前，这位负责幕僚就会先一步告诉总统此人的姓名。而那位被总统叫得出名字的人，也就会因总统竟然会记得他，而雀跃不已，进而更坚定对总统的支持。

记住每个人的名字，是尊重一个人的开始，也是创造自己个人魅力的第一步。记住姓名的能力，在事业上、交际上和政治上是同样重要的。

法国皇帝拿破仑三世，即伟大的拿破仑的侄儿，他曾经自夸自己虽然很忙，可是，他能记住所见过的每一个人的名字。他有什么高招吗？其实很简单，假如他没有听清楚，他就说：“对不起，我没有听清楚。”如果是个不常见到的名字，他就这么问：“对不起，请告诉我这名字如何拼？”在与别人谈话中，他会不厌其烦地把对方姓名反复地记忆数次，同时在他脑海中把着人的姓名和他的脸孔、神态、外形连贯起来。

如果这人对他是重要的拿破仑就更要注意了。在他独自一人时，他会把这人的姓名写在纸上，仔细地看着、记住，然后把纸撕了。这样一来，他眼睛看到的印象，就跟他听到的一样了。

这些都很费时间，但爱默生说："良好的礼貌，是由小的牺牲换来的。"

二战期间美国民主当全国委员会主席、邮务总长吉姆是一位传奇人物。他小时候家里很穷，十岁就辍学去一家砖厂工作，他把沙土倒入模子里，压成砖瓦，再拿到太阳下晒干。吉姆没有机会受更多的教育，可是他有爱尔兰人达观的性格，使人们自然地喜欢他，愿意跟他接近。在成长过程中，吉姆逐渐养成了一中善于记忆人们名字的特殊才能，这对他后来从政起到了重要的作用。

罗斯福开始竞选总统前的几个月中，吉姆一天要写数百封信，分发给美国西部、西北部各州的熟人、朋友。而后，他乘上火车，在十九天的旅途中，走遍美国二十个州，行程一万两千里。他除了火车外，还用其他交通工具，像轻便马车、汽车、轮船，等。吉姆每到一个城镇，都去找熟人进行一次极诚恳的谈话，接着再开始一段行程。当他回到东部时，立即给在各城镇的朋友每人一封信，请他们把曾经谈过话的客人名单寄来给他。那些不计其数的名单上的人，他们都得到吉姆亲密而极礼貌的复函。

吉姆早就发现，一般人对自己的姓名感兴趣。把一个人的姓名记住，很自然的叫出来，你便对他含有很微妙的恭维、赞赏的意味。若反过来讲把那人的名字忘记。或是叫错了，不但使对方难堪。而且对你自己也是一种很大的损失。

像富兰克林·罗斯福这样的大忙人，都还不忘花时间去记一些与他们来往的市井小民的名字。就连一 个工匠，他都肯花时间将之牢记在心，以求让对方感觉到自己的友善和尊重。

爱默生曾经说："完美的品格，是得由无数的小小牺牲才能换来的。"要达到这个目标，绝非一蹴而就，定得相当时日之累积方可得。所以，别忘了：人最重视、最爱听，同时也是最希望他人尊重的就是他们自己的姓名。

名字是人们活动于人世间的一个个符号，作为个体而言，每个人都十分在意、重视自己的名字。记住一个人的长相并不难，但要铭记他人的名字却不是一件轻而易举的事。但是，若能牢记他人的名字并准确地、很自然地叫出口，这是一种最简单、最明显，而又是一种最能获得好感的方法。

## ※ 学会倾听他人讲话

在宴会上，你是喜欢侃侃而谈，还是喜欢聆听别人讲话，做一个好的听众呢？在大家交谈的时候，要认真听别人讲，不要轻易打断别人讲话，学会静听，就是最好的解决问题的良方。

卡耐基曾经应邀参加一场纸牌会。卡耐基个人不会打纸牌，另有一位美丽的女子也不会打。于是卡耐基与这名女子正好坐下来聊聊天。她知道卡耐基在汤姆土从事列线电事业之前，曾一度做过她的私人经理，帮助她预备要播发的讲解旅行的资料，所以她说："啊，卡耐基先生，我想请你告诉我所有你到过的名胜及所见过的奇景。"当他们在沙发上坐下的时候，她提到她同她的丈夫最近刚从非洲旅行回来。"非洲"卡耐基说，"多么有趣！找总想去看看非洲，但除在爱尔裘上停过２４小时外，其他地方还没到过。告诉我，你曾游历过野兽的乡间，是吗？多么幸运！我羡慕你！告诉我关于非洲的情形吧。"那次谈话谈了如指掌４５分钟。她不再问我到过什么地方，看过什么东西了。她不要听卡耐基谈论他的旅行，她所需要的不过是一个专注的静听者，以使她能扩大她自我，而讲述她所到过后地方。

在现实生活中，类似这位女子的人也有很多。他们只希望别人聆听。

卡耐基认为，专心致志地倾听正在和你讲话的人，这是最为重要的。认真倾听对方的谈话，正是我们对他人的一种最高的恭维。至于成功的商业交往，并没有什么神秘的，而且没有别的东西会比这更令人开心的。

卡耐基还认为，喜欢挑剔的人，甚至是最激烈的批评者，也常常会在一个具有忍耐心和同情心的倾听者面前，态度变得软起来——当怒火万丈的寻衅者像一条大毒蛇那样，想要张嘴咬人的时候，倾听者应该保持缄默，而且只是认真地倾听他的谈话。

在美国内战最黑暗的时候，林肯写信给在伊里诺斯春田的一位老朋友，请他到华盛顿来。林肯说，他有些问题要与他讨论。这位老朋友到白宫拜访，林肯同他谈了数小时关于释放黑奴的宣言是否适当。林肯对赞成及反对此事的理由都加以探究，然后才阅读一些谴责他的信件及报纸的文章，有的怕他不放黑奴，有的却因为怕他释放黑奴。谈论数小时以后，林肯与他的老朋友握手道声晚安，送他回伊里诺斯，竟然没有征求他的意见。整个谈话中所有的话都是林肯说的，那好像是为了使他的心境舒畅，“谈话之后他似乎稍感安适”。这位老朋友说，林肯没有要求得到建议，他只要一位友善的、同情的静听者，使他可以发泄苦闷。那是我们在困难中都需要的。

马克逊曾经这样说过：“有许多人之所以不能给别人留下深刻而良好的印象，就是因为他们不注意倾听别人的讲话。他们极其关心的是他么自己下面要说什么，他们从来都不会认真听别人要说什么……许多大人物曾告诉我，和那些善于谈话的人相比，他们更喜欢那些善于倾听者。但是，我们所具备的善于倾听的能力，好像比任何其他的人都要少。”

多年前，有一个从荷兰移居来美的贫穷儿童。在学校下课后，为一家面包店擦窗，每星期赚点美元。他家非常贫穷，他平常每天到街上用篮子捡拾煤车送煤落在沟渠里的碎煤块。那个孩子叫宝充，一生仅受过6年的学校教育，最后竟使自己成为美国新闻界一个最成功的杂志编辑。他是怎样成功的呢？

他13岁离开学校，充任西联的童役，每个星期工资6.25美元。但他每时每刻也未放弃寻求教育的意念。不但如此，他还自我教育。他把不坐车、不吃午饭的钱省下积攒起来，直到足够买一部《美国名人传全书》。他读了名人的传记后，写信给这些名人，请他们寄来有关他们童年时代的补充材料。他是一个善于静听的人，鼓励名人讲述自己的故事。他写信给那时正在竞选总统的加菲大将，问他是否确实曾一度在一条运河上做过重工，加菲回复信给了他；他写信给格莱德将军，询问某一战役，格莱德给了一位14岁的孩子一张地图并邀请这位孩子吃晚饭，并且和他谈了一整夜。他还写信给爱默生并鼓励爱默生讲述关于他自己的话。这位为西联送信的小孩不久便和全美最著名的人通信：爱默生、夏姆士、浪番洛、林肯夫人、爱尔各德、秀门将军及戴维斯。

他不只与这些名人通信，并且在他们假期的时候去拜访他们中间的好多位，成为他们家里受欢迎的一位客人。这种经验，使他产生了一种无价的自信心。这些名人激发了他的理想与志向，改变了他的人生。而所有这一切，就是因为他善于倾听他人的讲话。

所以，如果你希望自己成为一个善于谈话的人，首先就要做一个善于倾听他人说话的人。正如李夫人所说的：“如果你要想使别人对你感兴趣，那么首先就要对别人感兴趣。”

### ※ 迎合他人的兴趣

当你看见你的同事左右逢源，特别招人喜欢，你是不是特别羡慕啊？你是不是也想受到大家的欢迎呢？要想得到别人的欢迎，首先要赞美他人的爱好，迎合他人的兴趣，佯装和对方的兴趣保持一致，你就能成为一个受欢迎的人，成为一个被人所喜欢的人。

有一次，卡耐基在青年会试讲，就在他坐在讲桌后的座位上啃着自带的晚餐——黑面包的一瞬间，他改变了自己准备了很久很久的授课计划和内容。

原先，卡耐基准备给学生们讲授一些有关商业化社会里的社会状况、人群状态的知识，介绍一些社会学、心理学的知识，讲一讲某些人面对人生和社会所做的论断。但是，他一下子改变了。或许正是这一改变，才使得卡耐基有了发挥演讲才能的最佳时机。

人们对这位试讲老师的兴趣非常浓厚，黑压压的人群坐满了大厅里的每一张座位和每一个角落，教室后面还挤满了一些站立着的人们。大家都想来听一听这位经历丰富的年轻老师怎样告诉他们一些特殊知识，以帮助他们超越其他人。

戴尔·卡耐基在明亮的教室里一声不响地坐着，直到六点半时才站起来，向众人鞠了一躬，扫视了一下全体学生，才开口说话。

他以詹姆斯·怀特坎姆·董利的《徜徉在六月里》这首诗作为开场白：

某人午后，
总爱偷偷小憩片刻，
什么也不做。
我宁可待在果园里，
无拘无束！
头顶一片天，脚踏一方土，
有清新的空气供我呼吸，
有如茵的草地供我躺卧，
就好像有客来访时，

母亲在阁楼上布置的，

又软又厚的床！

当卡耐基朗诵完这首诗后，热烈的掌声响了起来！这些都市的平民沉浸在诗的意境中，幻想着乡间生活的优美宁静。卡耐基一下子就吸引住了学生们，人们听课的兴趣被想象的美丽所唤起。

“先生们，女士们，我给你们念这首诗，目的在于向你们讲述一个故事。”卡耐基挥了挥手，让大家静下来，又继续说道，“我要给你们讲一个关于我的故事！”听众不禁一怔，胃口被吊起来了，又满腹狐疑。但是，卡耐基讲完了自己成长的经历，言辞亲切又富有启发性和思辨性，他讲出了自己的困苦和忧虑，谈到了那些不眠的夜晚，涉及各种挫折和打击，还有自己不屈的奋斗。最后，他饱含深情地说道：

“我在农场里看到过这样的事情：我种了几十棵树，最初它们长得非常快，然而一阵风雪，每一根细小的树枝上都挂满了重重的冰。这些树枝却没有因重压弯曲着，相反地，都很骄傲地反抗着、支撑着，终于在沉重的压力下折断了——最后不得不被毁掉。这是悲剧啊！有时，我发现自己就像一棵小树，不同的是我深知在抗拒不可避免的事实和开创新生活之间，我只能在两个中间选择一个！

你们呢？你们可以在生活中，在那些不可避免的暴风雨之下弯下身子，或者因为抗拒它们而被摧折。如果每一个人在多难的人生旅途上，也能够承受所有的挫折和颠簸的话，就能够活得更长久，能享受更顺利的旅程。

如果我们不吸取教训，而去反抗生命中遇到的挫折的话，我们会碰到什么样的事情呢？答案非常简单，我们就会产生一连串内在的矛盾，我们就会忧虑、紧张、急躁而神经质。如果我们再进一步，抛弃现实世界的不快，退缩到一个我们自己所编织的梦幻世界时，那么我们就会精神错乱。这并不是危言耸听，因为事实将会这样发生，想一想你们的生活经历，难道不曾如此吗？”

教室里冷峻的气氛被卡耐基这番话激活了，学生们充满希望和生机的快活神情让卡耐基感到欣慰。他打开了自己的内心世界，也打开了听众的内心世界，让每一个人都觉得自己的心事被说中了，多年的困惑解开了，从此可以正确地面对自己的生活了。

掌声响起来了，他的试讲相当成功，长达两个半小时的演说结束了，人们都不想离开。有一些人走过来和卡耐基握手、拥抱和问候，周围是一片赞扬声四起！卡耐基更是满面春风地对待一个又一个前来祝贺的人。

卡耐基做到了，他的试讲赢得了全教室人的掌声。要我们来看看卡耐基先生是如何成功的吧。卡耐基在临上课前改变了原来的教学计划，而以一首甜美的田园诗歌开头，为什么以这首诗歌开头呢？因为他注意到了他的听众都是的贫民，这首诗歌描述的生活是他们所向往的。这就引起了大家的兴趣。正所谓万事开头难，卡耐基成功地做好了开头，就等于他成功了一大半。

大家都惊异于罗斯福先生在外交上的成功，那让我们分析一下罗斯福先生成功的要点。其实答案很简单，无论什么时候，罗斯福每接见一位来访者，他就会在这之前的一个晚上阅读有关这一客人所特别感兴趣的东西，以便于工作找到令人感兴趣的话题。罗斯福同所有的领袖一样，懂得与人沟通的诀窍，谈论他人最以为贵的事情。

卡耐基先生认为，接触对方的内心思想，通达对方心灵深处的妙方，就是和对方谈论他最感兴趣的事情。

但是，我们每个人都有各自不同的兴趣。但是如果你能找到对方的兴趣所在，并以此为突破口，那你的话就不愁说不到他的心坎上。

某房地产公司总裁的公关助理，奉命聘请一位特别著名的园林设计师为本公司的一个大型园林项目作设计顾问。但这位设计师已退休在家多年，且此人性情清高孤傲，很少有人能把他请动，这令总裁助理伤透了脑筋。为了博得老设计师的欢心，公关助理事先做了一番调查，他了解到老设计师平时喜欢作画，便花了几天时间读了几本美术方面的书籍。他来到老设计师家中，刚开始，老设计师对他态度很冷淡，但当公关助理发现老设计师的画案上放着一张刚画完的画时，便边欣赏边赞叹道："老先生的这幅丹青，景象新奇，意境宏深，真是好画啊！"一番话使老先生对他刮目相看，激发了老设计师的谈话兴趣。果然，他的态度转变了，话也多了起来。接着，公关助理对所谈话题着意挖掘，环环相扣。终于，公关助理说服了老设计师，出任其公司的设计顾问。

这是一个典型的迎合他人兴趣的做法。试想，如果不能迎合这个老设计师的兴趣，那么这位总裁助理也会和前面的那些人一样，白白跑一趟。其实，迎合他人兴趣的做法很多人都明白。

这个例子也正好印证了卡耐基说的这样一句话，要仔细研究你交往的对象，找到这个人的兴趣所在，寻找他最关心、最热衷的事业，谈论他最感兴趣的话题；否则，即使你再死磨硬泡，也一无所获！

杜佛诺公司是纽约的一家面包公司，杜佛诺先生想方设法想将公司的面包卖给纽约一家旅馆。为了达到这个目的，4 年以来，他每星期去拜访一次这家旅馆的经理，参加这位经理所举行的交际活动，甚至在这家旅馆中开了房间住在那里，以期得到自己的买卖，但他还是失败了。后来，杜佛诺先生仔细思考了很久，决定改变策略。他首先了解到这家旅馆的经理是美国旅馆招待员协会的会员，而且热心于成为该会的会长，甚至还想在为国际招待员协会的会长。因此不论在什么地方举行大会，他飞过山岭，越过沙漠大海也要到会。所以当杜佛诺先生再次见到他的时候，杜佛诺先生就开始谈论关于招待员协会的事。谁知，这样引起了这家旅馆经理的兴趣，令杜怫诺先生高兴的是，这个旅馆的经理竟然对杜佛诺先生讲了半小时关于招待员协会的事。在这次谈话中，杜佛诺先生根本没有提到任何有关面包的事情。但几天以后，这家旅馆中的一位负责人给杜佛诺先生打来电话，要杜佛诺先生带着货样及价目单去。

4年来，杜佛诺先生费了很大的工夫，却没有感动这家旅馆的经理。而前些天的一段讲话，却成就了杜佛诺先生几年来的梦想。这也充分展示了迎合他人兴趣的魅力。

因此，在交往中，如果我们想要成为受大家欢迎的人，我们在日常生活中就要多多地留意身边的朋友，仔细地揣摩他们的意图，迎合他们的喜好。相反，如果我们只顾自己的爱好，一旦自己的兴趣与他人产生冲突，就会给大家的交往设置一种障碍，影响大家关系的发展。要我们牢记卡耐基先生的这句话吧，迎合他人的兴趣，做个受大家欢迎的人。

## ※ 让他人感到自己重要

在现实生活中，我们应该怎样让他人感到我们很重要呢？难道只靠我们自己的夸大和吹嘘吗？显然不是。因为这样只会使别人更讨厌我们，还会落个爱吹牛的坏名声。要让他们感到重要，就要让他人感到你存在的意义。

毕业后的第一次应聘。1908年4月，国际函授学校丹弗分校经销商的办公室里，戴尔·卡耐基正在应征毕业后的第一次应聘。

经理约翰·艾兰奇先生看着眼前这位身材瘦弱，脸色苍白的年轻人，忍不住先摇了摇头。从外表看，这个年轻人显示不出特别的销售魅力。他在问了姓名和学历后，又问道：

“干过推销吗？”

“没有！”卡耐基答道。

“那么，现在请回答几个有关销售的问题。”约翰·艾兰奇先生开始提问：

“推销员的目的是什么？”

“让消费者了解产品，从而心甘情愿地购买。”戴尔不假思索地答道。

艾兰奇先生点点头，接着问：

“你打算对推销对象怎样开始谈话？”

“‘今天天气真好’或者‘你的生意真不错’。”

艾兰奇先生还是只点点头。

“你有什么办法把打字机推销给农场主？”

戴尔·卡耐基稍稍思索一番，不紧不慢地回答：“抱歉，先生，我没办法把这种产品推销给农场主，因为他们根本就不需要。”

艾兰奇高兴得从椅子上站起来，拍拍戴尔的肩膀，兴奋地说：“年轻人，很好，你通过了，我想你会出类拔萃！”

艾兰奇心中已认定戴尔将是一个出色的推销员，因为测试的最后一个问题，只有戴尔的答案令他满意。

那么卡耐基是怎么赢得了艾兰奇的信任呢？因为艾兰奇认为卡耐基能够成为一个出色的推销员，卡耐基对他的公司重要。

卡耐基认为，人类行为有个极为重要的法则，这一法则就是时时让别人感到重要。如果我们遵从这一法则，大概不会惹来什么麻烦，而且可以得到许多友谊和永恒在快乐。但是，如果我们破坏了这个法则，就难免招致麻烦。

著名哲学家约翰杜威也说过：“人类本质里最深层的驱动力就是希望具有重要性。”哈佛著名心理学家威廉詹姆士认为人类本质中最殷切的需求是：“渴望得到他人的肯定。”

玫琳凯公司的创始人玫琳凯讲述过她的一段经历。有一次去听一个销售经理的讲演，非常鼓舞，于是她等了三个小时排队要跟那名销售经理握手，但是当那名销售经理跟她握手的时候，他的眼睛却看着队伍的长度，这让玫琳凯感觉自己受到了侮辱。因此她在以后的工作中经常提醒自己要认真地对待每一个人。

其实，在我们每个人的心中，自己都是非常重要的，也都希望得到别人的尊重和认可。同样，我们身边的每一个人也想得到我们的认可。所以要学会认真地对待每一个人，学会像对待自己一样去对待别人。只有这样，别人也才会认真地对待你。

美国总统林肯，是一位鞋匠的儿子。在他当选总统的那一刻，整个参议院的议员都感到尴尬。因为美国的参议员大部分都出身于名门望族，自认为是上流、优越的人，他们从未料到要面对的总统是一个卑微的鞋匠的儿子。

但是，林肯却从强大的竞争中脱颖而出，赢得了广大人民的信赖，这除了他具有卓越的才能外，与他从平民中来，走平民路线，把自己融于广大百姓之中的平民意识是分不开的。

当林肯站在演讲台上时，有人问他有多少财产。林肯却扳着手指这样回答："我有一位妻子和一个儿子，都是无价之宝。此外，租了3间办公室，室内有一张桌子、三把椅子，墙角还有一个大书架，架上的书值得每人一读。我本人又高又瘦，脸蛋很长，不会发福。我实在没有什么依靠的，唯一可依靠的财产就是——你们！"

"唯一可依靠的财产就是你们"，这正是林肯取得民心的最有效的法宝。

林肯的话让我们觉得我们每个人都很重要。我们每个人需要的就是别人的赞同。林肯给了他的人民最高的评价，他的人民也会真诚地支持他的。

下面这个例子是发生在邮政局里的一件小事。但是却给我们带来很多的思考。

约翰在纽约第32街和第8道交口处的邮局里排除等候寄一封挂

号信，显然柜台后面的营业员显然对工作感到不耐烦：秤重、拿邮票、找零钱、写收拢，年复一年都是同样单调的工作。所以约翰对自己说："我要让办事员喜欢我。而要让他喜欢，我显然必须说些好话，不是关于我自己，而是有关他的。"我又自问："他又有什么值得上我称赞一番的呢？"对方是一个陌生人，这的确是一个难题。但是，约翰仔细一想，终于找到了可以令他称赞的地方了。

当这位工作人员为约翰的信件称重时，约翰殷切地对他说："我真希望能有你这样的头发。"这位工作人员抬起头，惊讶地看着约翰，脸上泛出微笑："它已经不像以前那么好啦！"他谦虚地应答。

约翰敢打赌这位先生出去吃午饭的时候，一定步履生风，晚上回家的时候，一定会将此事告诉太太，也一定会照着镜子对自己说："这头发多么漂亮！"

有时候对别人一个赞美，就会改变一个人生活的态度。只有让别人感到快乐，别人才能觉得你重要。

鲍勃是一家保险公司的经纪人。他年轻时就凭借其杰出的表现得到了业内人士的认可。有一年，他应邀同其他一些高级经纪人出席全国营销会议，并发表讲话。

在众多的听众之中有一位叫龙尼的人，也是一位具有传奇色彩的经纪人，比鲍勃年长 30 岁，而且也一直从事保险事业。

可是，就在鲍勃发言的时候，有一件事引起了他的注意，并使他久久不能忘怀。龙尼，这个经验丰富的老经纪人，在他发表讲话时竟一直在认真地做着笔记。他不仅仅是在听鲍勃的讲话，而且是在认真地学习。

这本来是一件小事，但这位高级经纪人的举动竟使鲍勃受到莫大鼓舞，让他感到自己是一个重要的人。这件事给鲍勃增加了自信，令他感到存在的价值。自那天起，龙尼成了鲍勃的良师益友。

爱姆赛尔的公司，打算在长岛的皇后村，买一栋房子，开设分公司。

那房子正好跟那铅管技师的房子为邻，因此他很熟悉房子的情形。所以，这一次他去见那铅管技师时，就这样说："先生，今天我不是来跟你谈买卖的，我是想请你帮一个小忙。如果你方便的话，那只需要一分钟的时间就够了。"

那铅管匠嘴上叼着一只浑粗的雪茄，一副财大气粗的模样，说："好吧。你有什么话？快说吧！"

爱姆赛尔说："我的公司想在皇后村开一家分公司，你对这里的情形，相信比任何人都清楚，所以我来讨教你一点意见，你看这是不是一个很好的计划。"

这是过去从没有发生过的情况！这些年来这个铅管技师对推销员，都是咆哮怒喝，使他获得一种高贵感。可是现在，有个大公司的推销员来请教他、征求他的意见。

他拉过一张椅子，指了指说："你坐下。"这次，他花了一小时的时间，详细告诉爱姆赛尔，关于皇后村铅业方面的情形。

他不但赞成在这里开设分公司，同时替爱姆赛尔计划出购置地产的程序，和购买货物、开业的一切情形。他为一家有规模的铅业公司指示营业方针……从这方面他获得了高贵感。从公事谈到私事，他变得十分友善，同时还告诉爱姆赛尔关于他家庭中困扰的事和冲突。

那天晚上，爱姆赛尔临走的时候，他口袋里不但装进大批订货合同，而且还建立了巩固的商业友谊的基础。爱姆赛尔现在和这个过去对他狂吠、咆哮的人，一起打高尔夫球，过去那种态度已完全改变，这是由于爱姆赛尔请他帮了一件，使他感到重要的事。

其实，人类本质里最深层的驱动力就是希望具有重要性。每个人都希望得到别人的关注、赞同和支持。但是，如何才能做到这一点呢？你需要记住一个原则，那就是你要别人怎么待你，就得先怎样待别人。我们只要时时处处这样想，就可以得到自己想要的答案。

# 第三章　如何赢得他人的赞同

与人相处是一门艺术，是我们在这个社会中生存的一种必然行为，也是我们每天生活中的重要内容之一，我们几乎每天都与周围的人有着千丝万缕的关联。

懂得与人相处的艺术，就能营造出和谐、快乐的氛围，不仅愉悦自己还会愉悦对方，并能够得到别人的尊重与友善，同时还获得了帮助。相反，尽管我们为人善良、动机也纯正，却处处不讨人喜欢，关系一团糟，自己不但很难有所作为，而且也不利于工作的开展，更谈不上成功了。

我们身边有很多这样的人。他们人品不错，而且口才也不错，在这个推崇智商的年代，有着人们羡慕的“真本事”。但是，性格有些倔强，在哪里都与周围的人不能和谐相处，令别人反感。究其原因，就是不懂得与人相处的智慧，不知道如何去赢得别人的赞同。

首先，良好的心态是与人和谐相处的重要基础。其次，在与人相处的时候，我们也不能丢失自己的尊严，同时也要保住别人的面子。如果你希望别人尊重你，那么你首先要学会把别人放在心上。

## ※　永远不要与人狡辩

我们周围有很多这样的人。每当别人指出他的错误时，他都会反击一句“我以为……”，而不会说“对不起，我再试一试！”人们往往会为自己做错的事情找到各种理由。其实错了就是错了，我们就要从内心深处主动地想办法解决问题。

卡耐基课程的教学引起了人们的注意。同时也有许多人站出来否定他、攻击他。当然卡耐基自己也清楚地知道自己教学中的弱点，一个人所从事的工作不可能总是完美无缺的。

对卡耐基的诘难首先来自于一些评论家评论卡耐基的教学方法。而正是这个时候，卡耐基总结了一些其他演讲秘诀，如：勿事先写演讲词，切莫逐字背诵，讨论中应穿插解说及范例、著作，与朋友对话时训练你的演说，不必担心你的演说，不要试着模仿他人，要忠于自己等。

不少学员遵循卡耐基的方法，取得了一些成功，但正因为此引起了评论家的争议。

评论家莫卡因认为卡耐基的课程造就了一些社会投机分子，他的毕业生能巧妙地处理事物而爬上那些不曾学习过卡耐基基本方法的伙伴头上，造成社会的不平衡。

卡耐基则反驳说，他的课程是解决一些人处理问题上的方法，而且每个人都有富有的权利，不应该贫穷。社会本来是不平衡的，无须他来制造不平衡。他还邀请许多评论家听听他的教学课程的一节或两节。该课程的目的是让参与者解除戒心。在几节课后，有些人可能认为这像一场精神振奋的集会游行，但若对这种课程做出评价，那就是观察者感受到教室内充满诚挚的气氛。

又有些评论家则批评卡耐基对于有关真诚的问题似乎显得过于天真。例如在《影响力本质》这本书中，他描述约翰·洛克菲勒对于历时两年的流血、痛苦的罢工事件，仍是以善待罢工者的方式取得喜剧收场。卡耐基只提到他的友善使罢工者回到工作岗位，而只字未提罢工所提出的加薪问题。

这位评论家说卡耐基把问题的事实作简单化的评价。他提出洛克菲勒的确对工人发表直接且具有信心的演说，但是，他也提出了实际解决之道游说罢工者支持他，那便是很有威力的一项对新工资、工作生活气质及训练雇员的特别契约。

对于这种批评，卡耐基承认他对洛克菲勒罢工事件的确存在器重，但这种器重恰恰反映出卡耐基的信念。他说他相信洛克菲勒取得优势的原因在于善用人际关系技巧。

卡耐基认为和平地处理罢工问题就是成功。工人们是否获得提高工资可以不问，因为结果不如方法来得重要。如果工人在相同的友善方式下加了两倍的工资而停止罢工，他认为洛克菲勒仍然是赢家。

为了进一步说明自己的观点，卡耐基又举出了许多实例来驳斥这位评论家的观点。

从上面的例子可以看出，卡耐基虽然受到很多抨击，但是他从不狡辩，如果是对方观点有错误，卡耐基会用实例来说服对方，如果真是自己的观点错误，卡耐基也会欣然地接受，自己主动找原因改正错误。

卡耐基认为，如果你争强好胜，喜欢与人争辩，以反驳他人为乐趣，或许能赢得一时的胜利，但这种胜利毫无意义和价值，因为你永远得不到对方的好感。

下面是发生在茶馆里的一件事情：一对夫妻在谈论关于近期自家买什么样的轿车。男的说："买本田 2.4 好，因为适合自家的经济条件，并认为自己应当开本田才有气派"；而女的说："买帕萨特 1.8 好，因为油省、修理费省，并且实用。"就为这个话题，男人谈本田的好处和气派，女人谈帕萨特的实用……声调是越来越高，最后女人说了一句："从嫁给到现在，从来都是你说了算，你从来没听过自己一句，你非要买本田和我来说什么？你自己定好了，你就去买，反正又不是我出的钱，我也没想过要坐！"男人一听火气上来了："早知道不和你说了，就知道你会反对，反正跟你说了也白说，不如不说。"为此，夫妻俩真的不说话了！过了一会，女人说自己有事，先走了。留下那男的一个人在茶楼……

从上面的例子可以看出，狡辩并不能真正地解决问题，还会使双方变得不愉快。要想真正解决问题，就要避免狡辩。

胡顿在纽华城的一家百货公司买了一套衣服。这套衣服穿起来实在使人太失望了，上衣会褪色，且把衬衫领子弄黑了。

他把这套衣服，拿回那家百货公司。找到那个当时跟他交易的店员，告诉他经过的情形。那店员反驳说："这种衣服，我们卖出去已经有几千套了，这是第一次有人来挑剔。"

正在争论激烈之时，另外一个店员插嘴进来，那店员说："所有黑色的衣服，起初都会褪一点颜色的，那是无法避免的。那种价钱的衣服，都有这种情形，那是料子的关系。"

那时，胡顿先生满肚子的火都冒了起来：第一个店员，怀疑他的诚实；第二个店员，暗示他买的是次等货。胡顿先生恼怒起来，正要责骂他们时，那家百货公司的负责人走了过来。

这负责人似乎懂得他的职业，他使胡顿先生的态度完全改变过来。他把一个恼怒的人，变成了一个满意的顾客。这位负责人从从头到尾听胡顿先生讲了经过，没有插进一句话。当胡顿先生讲完那些话后，那负责人，站在胡顿先生的观点考虑问题。认为衬衫领子，很明显的是这套衣服染污的。他坚持表示，这种不能使客人满意的东西，是不应该卖出去的。他承认不知道这套衣服会这样的差劲，可以依照胡顿先生的要求去办。

数分钟前，胡顿先生还想把这套讨厌的衣服退掉，可是现在却征求这位负责人的建议。

胡顿先生同意把这套衣服带回去再穿一星期，看看情形如何。

满意地离开那家百货公司，那套衣服经过一星期后，没有任何问题发现，对那家百货公司的信心，也就恢复过来了。

卡耐基认为，在你与人争辩的时候，或许你是对的，甚至绝对正确；但你若想改变对方的想法，你可能会一无所得，正如你错了一样。

某家公司的财务总监因为一项 30 万元账目发生了问题，与税务局的一名税收稽查员争论了一个多小时。财务总监认为：这 30 万元其实是应收账款的一笔呆账，时间已有 3 年多了，是永远也不可能收上来了，按我国税收免征标准三年以上的呆账可以免征税收，所以不应征税，并拿出一部分国家关于呆账的免征税收政策和税务局对记录。而那个稽查员不同意财务总监的看法，认为这种说法没有依据，这税款必须缴纳。作为一名稽查员，可以通过争论中对方的疑点来分析该公司是否存在着“偷税漏税”的概念。作为财务总监，从公司的目前利益来考虑，有据可争也不是没有道理。就这样，一个人征税，另一个要免征税。最后吵到公司老总也出来了，老总一方面和稽查员的上司沟通情况，一方面和稽查员说到税务局核查档案，再来决定是收还是不收，另一方面又示意财务总监少说几句。

从上面的例子同样可以看出，自以为是地争辩丝毫没有解决问题。最后要不是老总出来协调，这个问题可能会发展地越来越严重。

卡耐基认为，你赢不了争论，要是你输了，你当然也就输了；如果你赢了，可你还是输了，真正的推销精神不是争论。人的内心不会因为争论而有所改变。

在生活中，每个人都有自己的做事风格，每个人有每个人的处事习惯，所以我们不能用自己的标准来要求别人。当大家的观点不一致时，我们要多从对方的角度思考问题，这样就可以避免无意义的争辩。狡辩的胜利不是真正的胜利，真正的胜利是让对方心服口服。所以，让我们平时在日常生活中，尽量放下自己的理论，多听听别人的意见，这也正是退一步海阔天空的道理。

## ※ 千万不要指责他人的错误

当我们发现别人错误的时候，我们会毫不犹豫地指出来。可是，如果有人告诉我们所犯的错误，我们却会感到懊恼和怀恨，当有人要抹去我们那股意念时，我们会固执地反对。并非是我们对那份意念有强烈的偏爱，而是我们的自尊受到了损伤。将心比心，当我们能毫不顾忌地去指责别人时，别人也会难受。因此，我们千万不要过分地指责别人的错误。

卡耐基认为，即使在最温和的情况下也不容易改变别人的主意，那为什么要使它变得更加困难呢？承认自己或许弄错了，就可以避免争论；而且可以使对方和你一样宽宏大度，承认他也可能会出错。

杰克是一位刚毕业的大学生，应聘到了一家贸易公司。他能力很强，也很上进，工作十分努力，但一直干了几年，他还是没有提升的机会，当时与他一起进公司的人有的都做了主管，可他还是一个最底线的员工。周围的同事们都知晓其中的原因，只是他老是想不清楚。有一次，他的主管正和公司老板一起检查工作，当走到他的办公室时，他突然站起来，对自己的主管说："经理，我想提个意见，我发现咱们部门的管理比较混乱，有时连一些客户的订单都找不到。"也许他说的是事实，但此事的后果就可想而知了。

也许你会认为，他这样做是为了公司的利益，想增加公司的工作效率。但是，他却选错了方法，谁也不愿让人当众出丑，也许有些人能做到前仇不计，但忘不掉当众受辱的难堪的凡人更多！这样做不但不能帮助公司改进工作，还得罪了自己的领导，显然是不值得的。如果有意见，一定要找到一种妥善的方式和上司沟通，最好出之以礼，即使内心不服，也不能当众指责，如果你羞辱他人，只说明你显得还不成熟，缺乏理性。

卡耐基认为，如果可能，应该比别人聪明；但绝不能对人说你比他聪明。

上面的例子虽然简单易懂，但是它传递的道理却很深刻。如果想改变别人，那就不要指责他人的错误。

## ※ 勇敢地承认自己的错误

我们都会遇到这样的情况：当我们发现我们存在的问题的时候，我们还不认为我们已经错了。在冷静思考以后，我们会发现原来是我们的虚荣心和自尊心在作怪。所以当我们发现自己的错误时，我们就要主动承认它，只有改掉了坏习惯，我们每个人才可能进步。

费丁南·华伦，一位商业艺术家。有一次任务的对象是一位喜欢鸡蛋里挑骨头的艺术组长。费丁南每次离开他的办公室时，总觉得心里不舒服，不是因为他的批评，而是因为他攻击费丁南的方法。最近这个组长交了一件很急的稿子给他，后来又打电话给费丁南，要费丁南立刻到他办公室去，说是出了问题。当费丁南到组长办公室之后，麻烦就来了。组长满怀敌意，终于有了挑剔的机会。在组长恶意地责备费丁南一顿之后，费丁南说："组长，如果你的话不错，我的失误一定不可原谅。我为您工作了这么多年，实在该知道怎么才对。我觉得惭愧，我应该更小心一点才对，"费丁南继续说，"您给我的工作很多，照理应该使你满意，因此我打算重新再来。""不！不！"他反对起来，"我不想那样麻烦你。"他告诉费丁南只需要稍微修改一点就行了，又说一点小错不会花他公司多少钱，不值得担心。

结果组长邀费丁南同进午餐，分手之前组长开给费丁南一张支票，又交代费丁南另一件工作。费丁南成功地使用这个技巧，赢得了一位暴躁易怒的艺术品顾主的好印象。

从上面的例子可以看出，只要一个人主动承认错误，那么谈判的结局就比较愉快。而且，主动承认错误的一方并不一定就是谈判中失败的那方。

新墨西哥州阿布库克市的布鲁士·哈威，错误地给一位请病假的员工发了全薪。在他发现这项错误之后，就告诉这位员工，必须纠正这项错误，他要在下次薪水支票中减去多付给的薪水金额。这位员工说这样做会给他带来严重的财务问题，因此请求分期扣回他多领的薪水。但这样做，哈威必须先获得他上级的核准。“我知道这样做，”哈威说，“一定会使老板大为不满。在我考虑如何以更好的方式来处理这种状况的时候，我知道这一切混乱都是我的错误，我必须在老板面前承认。”

布鲁士走进老板的办公室，告诉他犯了一个错误，然后把整个情形告诉了他。老板大发脾气地说这应该是人事部门的错误，但布鲁士重复地说这是他的错误，他又大声地指责会计部门的疏忽，布鲁士又解释说这是他的错误。最后老板看着布鲁士说：“好吧，这是你的错误。现在把这个问题解决掉吧。”从此，老板就更加看重布鲁士了。

布鲁士解决了问题，而且并没有给其他人带来麻烦。老板正是看中的这一点。

E·H. 李特，是CPP肥皂公司的董事长，他常常请别人来批评他。当他刚开始为柯盖公司推销肥皂的时候，订单来得非常慢，他很担心会失去他的工作。他知道肥皂和价钱都没有什么问题，所以问题一定出在他自己的身上。每次生意没有做成的时候，他就在街上走来走去，想弄清楚问题到底出在哪里。是不是他说的话太含糊？是不是他的态度不够热诚？有时候他会回到客户面前说："我之所以回来，不是想再向你推销肥皂。我回来是希望能得到你的忠告和批评，可不可以麻烦你告诉我，几分钟以前我向你推销肥皂的时候有什么地方做得不对？你的经验比我多，也比我成功，请你给我批评，请你很坦诚地、不加掩饰地告诉我。"

这种态度使他赢得了很多朋友和很多无价的忠告。经过一系列的挫折之后，今天他已成立——这是全世界最大的肥皂公司。

批评我们自己，因为我们不可能做到完美的程度，让别人给我们很坦白的、有用的、建设性的批评。

天空能容纳每一片云彩，不论其美丑，所以天空广阔无比；高山能容纳每一块岩石，不论其大小，所以高山雄壮无比；大海能容纳每一朵浪花，不论其清浊，所以大海浩瀚无边。我们也要敢于承认自己的错误，做一个心胸宽广的人。

## ※ 学会善待他人

当我们走到路上，看见一位老人正在费力推一辆车子上坡，我们会主动走上前去帮助老人吗？当我们看见一位腿脚不方便的人走在泥泞的路上，我们会主动上前搀扶吗？如果我们做到了，我们就学会了善待他人。每个人都需要关心，如果我们想得到别人的关心，那就让我们学会关心别人，善待别人。

1919年汤姆斯返回纽约市时，带回了许多战时在中东历险和旅行的照片。这时，有一个很好的计划在汤姆斯心中形成。

汤姆斯在电报中希望卡耐基能帮他准备一些相关的文稿，他雄心勃勃地想以一种兴奋、乐观、激动的第一手资料表达方式，发表题为"与爱伦拜在巴勒斯坦及阿拉伯的劳伦斯"的演说。他的想法宏大、成功的可能性很大。

汤姆斯打算利用骆驼队、开罗、印第安人品兵及伯特印人的非正规军、耶路撒冷等栩栩如生的照片来开展演说。不过，汤姆斯虽拥有丰富的资料，但他仍需要一名能为他整理资料的人。

在汤姆斯脑海中涌现出的第一个人便是戴尔·卡耐基，这个曾经帮助他获得巨大成功的真正朋友。

汤姆斯在电报里说离演讲日只剩两周时，卡耐基内心相当激动，他也非常想摆脱一下周围的沉闷空气和内心存在的丝丝忧郁。

接到电报后，卡耐基略一思考后，便匆匆地收拾行装，他什么也没有注意，凡是他认为有用的东西通通塞进旅行包里，整个人和整个行动处在一种狂乱之中，到达伦敦时，他发觉他把床单和塞进床单里的臭袜子一同带来而遗忘了他最喜欢用的那个烟斗。

整个演说的第一场准备工作非常烦琐。卡耐基、汤姆斯及其摄影师足足忙了几个昼夜，辛勤地劳动着。特别是卡耐基，似乎又重新获得了工作的热忱，对生活更加充满了信心。他忘我地工作着，以前抽烟喜欢用烟斗，现在把香烟点燃往嘴里一塞，猛吸几口，精神便又恢复过来了。

汤姆斯在回忆当时的工作情形时说：“整天，甚至整夜，戴尔、蔡斯（摄影师）和我仍在投影机及文稿前商议。在开演前两周，我们一直处在极度的压力下工作。”

第一场演出由卡耐基全权负责。前前后后的事务使卡耐基度过了几个不眠之夜，终于把一切都准备好了。

功夫不负有心人，第一场演出取得了很大成功，伦敦的新闻界对此作了大量的报道。

这是卡耐基生活中的一次新的尝试，他心甘情愿做朋友的助手，帮助朋友的事业取得成功。

当然这种成功也离不开卡耐基在技术上与艺术上的处理，他把演讲效果处理得相当好。尤其汤姆斯，人们为他的声音所吸引，初次的成功带给了他们极度的喜悦。

他们开了一个小小的庆功会，汤姆斯端着一杯酒对卡耐基说："为我们的友谊而干杯，为我的事业成功而干杯！"卡耐基举杯回祝。

第一场演出就获得成功，演出效果非常好，这种情形像是罗威尔·汤姆斯以雷霆万钧之势冲击着英国的戏剧市场。伦敦戏剧界甚至顺延六周，以使汤姆斯能够继续演出。

这给卡耐基带来更多的繁忙工作，他边工作边改进，不断完善此次演出的艺术水平。

以后的演出更是吸引了观众，情况越来越好，汤姆斯吸引了许多群众前往皇家阿柏尔特大厅。由于演讲的轰动而引起伦敦许多市民前往观看，甚至从英国其他城市也有不少人赶来观看演出。卡耐基后来回忆说：

"我看伦敦的群众站着队等候数小时，就是为了买票听汤姆斯的演说，那种情形一夜接着一夜，一个月接着一个月地发生了。"

演出任务完成后，卡耐基满怀喜悦地返回了纽约。

在节目演出数月后，汤姆斯又电传卡耐基让他返回英国，并请他为爱伦拜——劳伦斯组织两个巡回表演公司。此时罗威尔·汤姆斯表演公司应邀在全美、全英及加拿大巡回演出。

汤姆斯不想亲自演出，他想与其子一起去澳大利亚度假，但他希望卡耐基能担任他巡回演出公司的经理人。

卡耐基毫不推却朋友的盛情，他把友谊看得极为重要。他自己也似乎投入到汤姆斯的事来中去了。他积极调动着内心的积极性，以使得自己能够完成工作。

他答应了汤姆斯的要求，便着力于征募足以能代替汤姆斯舞台演出的人。这件事情非常棘手，因为像汤姆斯那么杰出的人才在美国暂时还很难找到，但经历千辛万苦后终于找着一位替代者。

尽管卡耐基努力工作，希望这一演出能继续下去并获得比以前更好的效果，但是，卡耐基失败了。这使得卡耐基的精神受到了沉重的打击。

对于这次失败的情况，罗威尔·汤姆斯的解释可能是正确的。他说："卡耐基雇用了能干的人并给予良好的训练，但是该场演出全以罗威尔·汤姆斯号召，没有了汤姆斯就没有办法吸引群众。"

有些报道中说卡耐基已精神崩溃可能过分夸大了卡耐基的健康状况。卡耐基在当时尚未出现那么严重的后果，他乐观的情绪一直在支持着他，但无论怎样，他对不成功的演出感到烦恼。

经营两个巡回表演公司的工作，可能使技巧纯熟的经理人的锐气被消耗殆尽。况且，罗威尔·汤姆斯不仅具备适于演出的性格、音质及演出方法，而且对其中的每一个场景更加熟悉，也能随兴而谈，除了汤姆斯，无人能拥有如此多功能的效果。因此，以汤姆斯的替身是不能取得意想效果的。

汤姆斯回忆道："我们损失了很多的钱。可怜的戴尔，生病了还在责备自己，当时我能做到的只是自一万里外以电报表达我有绝对的信心，相信他已做了所有人所期待的事情。"

虽然事业遭到挫折，两人间的友谊却没有消减。数年后，汤姆斯再度邀请卡耐基撰写罗斯·史密斯先生的台词，而罗斯·史密斯将在二十八天内从英国搭机飞往澳大利亚。

汤姆斯和卡耐基都彼此善待对方。当汤姆斯需要卡耐基为其准备稿子时，卡耐基义不容辞地答应了。当卡耐基把演讲会搞砸了，汤姆斯也没有责怪卡耐基，而是替他辩护。这是这两个人互相谅解，互相善待，才能成为好朋友。

卡耐基认为，“一滴蜂蜜比一加仑胆汁，能捕捉到更多的苍蝇。”与人相处也同样如此，用一滴蜂蜜赢得了别人的心，你就会使他走向通达明理的道路。

下面是一个关于林肯的例子。有一次，爱德华·史丹顿称林肯是“一个笨蛋”。史丹顿之所以生气是因为林肯干涉了他的业务。为了要取悦一个很自私的政客，林肯签发了一项命令，调动了某些军队。史丹顿不仅拒绝执行林肯的命令，而且大骂林肯签发这种命令是笨蛋的行为。结果怎么样呢？当林肯听到史丹顿说的话之后，他很平静地回答说：“如果史丹顿说我是个笨蛋，那我一定就是个笨蛋，因为他几乎从来没有出过错。我得亲自过去看一看。”

林肯果然去见史丹顿，他知道自己签发了错误的命令，于是收回了成命。只要是诚意的批评，是以知识为根据而有建设性的批评，林肯都非常欢迎。

林肯做到了善待史丹顿，同样也得到了大家的爱戴。

卡耐基认为，如果你要让别人同意你的观点，你就要友善地对待他，先使他相信你是他真正的朋友。

我们大家都不愿改变自己的想法，我们不能勉强迫使他们改变想法，因为这样反而更糟糕。但如果我们温柔友善，我们就能引导他们和我们走向一致。

## ※ 让对方多表现自己

我们每个人都希望得到他人的认可。我们每个人都希望在工作上多多表现自己。但是如果所有风头都被一个人占尽，那么大家肯定会很不高兴。知道这一点，那就给别人一次表现的机会，让别人多表现自己吧。

戴尔·卡基在“青年会”取得了试教的成功，有一份安稳而固定的收入。从此，他白天写作、读书和备课，晚上在青年会里授课。只要他一站上讲台，他就可以启发他的学生，尽管他的学生中很多是商人。许多商人都精于赚钱，却不能侃侃而谈，他们急切地想获得演讲的技巧。卡耐基就成了众望所归，他的课程被冠名为“卡耐基课程”，他的教室被称为“卡耐基教室”。

最初，卡耐基每周上两次课，对人们讲授一点演讲的方式方法。所有的人都十分感兴趣，因为他们不仅可学得自己所缺的演讲技巧，而且能够在卡耐基课程里看到这个青年教师的成长经历。因此，他不得不每个晚上都上课，学生太多了，几乎每次都要挤破教室。

但是，卡耐基在有天晚上发现自己的授课陷入了一种十分尴尬的境地。每一次都是他在台上讲得天花乱坠，学生们在下面听得津津有味；一旦他要求某位同学站起来讲一点点的时候，那个人准会说“对不起，先生，我怕我还没准备好”或者“我怕我说不好”“我实在没法运用这些原则”。

“怎么办呢？”卡耐基忧心忡忡地想，“在瓦伦斯堡有效地指导同学的方法对这些成人一点都岂不了作用！教他们学习爱德华·柏克，对于他们事业上的成长并无益处。我要如何启发学生呢？怎样才能唤醒他们呢？”

卡耐基在自己公寓内踱来踱去，双手不停地搓动，满腹忧思：“我的学生大多数是商人，是各种管理者，是成年人。他们要的是成果，我要教给他们一种站立的姿势，一种谈话的方式，使得这些人在一场展示会或者会议中有效地表达自己的观点和想法。”卡耐基心想，“可是，我做的一切都没有什么成效，怎么办呢？”

一瞬间灵感爆发了，也决定了卡耐基的课程安排。

通过自我暴露内心的方式，卡耐基发掘出人们演讲的潜能。就连那些拙于言辞的人仿佛也一夜之间变得口齿伶俐起来。

卡耐基在第一个月的授课中，摸索出一套使学生开口说话的经验来，他让每一个人都谈一些关于自己的事。有一天，青年会的主任问他：

“戴尔，你是用什么方法促使人们开始演讲的？听你讲课的人越来越多了。”

卡耐基说：“我也没有特殊的方法，我只是让他们谈一些最简单的话题，诸如孩提时代的经历、令人生气的事情以及一生中最悲伤的事等等。由此，我引出话题，让他们自由地倾诉心中的感慨。事实上，很多人不善于表达，是因为他们内心深处有一种惧怕一惧怕表现自我。”

卡耐基的解释是很有道理的，“恐惧是造成不能有效演讲的基本因素。”卡耐基的方式也是别出心裁又相当有效的，一旦人们谈到自己内心深层的感受就会滔滔不绝，那时的人们说话全是在跟着感觉走。卡耐基也发现自己的课程受到空前的欢迎，一批又一批的人来听他讲课，有时人们甚至驱车一百多英里前来，只是为了听一次。一班接一班，一夜又一夜的课程，使卡耐基赚取了大量的薪金。

卡耐基认为，如果你想结下仇人，就要比你的朋友表现得更加出色；但如果你想结交朋友，就要让你的朋友表现得比你更出色。

美国最大的汽车制造公司之一，正在洽谈订购下一年度所需要的汽车坐垫布。三个重要的厂家已经做好了垫布的样品。这些样布都已经得到汽车公司高级职员的检验，并发通告给各厂家，说各厂家的代表可以以同等条件参与竞争，以便公司最终确定申请方。

其中一个厂家的业务代表史密斯先生在抵达时，正患着严重的喉炎。这本来对于谈判是一件极糟糕的事情，因为谈判就是用嘴来说话。史密斯先生被领到一个房间，与纺织工程师、采购经理、推销经理以及该公司的总经理当面会晤了。他站起来想尽力说话，但只能发出嘶哑的声音。史密斯先生在纸上写道：各位，我的嗓子哑了，我不能说话。为了公平起见，对方总经理只能帮他展示史密斯先生所在公司的样品，并根据他们先前所给的材料做了简要说明，列举了它们的优点。由于那位总经理现在代替史密斯先生代表说话，因此在这场讨论中，总经理一直站在史密斯先生这一边，而史密斯先生在整个过程中只是微笑、点头以及做几个简单的手势。令人惊讶的是，会议的结果竟然是史密斯先生得到了这份合同，和对方签订了 50 万码的坐垫布，总价值为 160 万美元。如果史密斯先生的嗓子没有哑，或许他就会失掉那份合同。让别人多说话是多么有益！

其实，我们每个人都有每个人的长处和优点。那别人表现，给别人一次锻炼的机会，你会发现许多没有发现的问题。让对方自己说话，不仅有利于在商业方面赢得订单，而且有助于处理家庭当中的一些纠纷。

芭芭拉・威尔逊和她的女儿洛瑞的关系一直很糟糕。洛瑞以前是个乖巧、快乐的小孩，但到了十几岁时，反叛心理越来越严重，犯了错误从不承认，还每次都为自己辩护。威尔逊夫人曾用各种办法教训她，但无济于事。后来有一次，我决定和女儿调换角色，我说你当一天妈妈，我当一天女儿，你要大胆地表现自己啊。那天，她并没有让我扫地、擦玻璃，做很多家务事，相反，都是她在做。从此，她改变了，不跟芭芭拉对抗了。

因此，让别人多表现并不是一件坏事情。你要自己多从别人那里总结经验，以一颗平常心对待就好了。不让太计较个人的得与失。

## ※ 使对方一开始就说“是”

我们与对方矛盾的激化往往是第一次就形成了，结果大家都不肯彼此让步，于是关系越来越糟糕。假如我们能让对方一开始就说“是”，一开始就认可我们，对我们有个好印象，那么以后的相处就容易多了。

这是卡耐基毕业后的第一份推销员工作。但经过艰辛的劳作，戴尔·卡耐基终于取得了初步成功，卖出了一套教学课程。

一天，戴尔吃早餐后，在回到住处的路上，刚好有一位架线工人在电线杆上作业，忽然他的钢丝钳掉到了地上。戴尔把它捡起来，抛给这位工人。

“先生，干这个可真不容易。”戴尔找机会与架线工人搭讪。

“那还用说，既艰苦又危险！”架线工人漫不经心地应道。

“我有个朋友也干这行，但他却觉得很轻松！”

“他觉得轻松？！”

“是的，不过他以前也同你看法一样，轻松的转变只是近期的事！”

卡耐基继续说：

“有一门课程，他学了以后，工作起来就容易多了。”

戴尔·卡耐基终于说服那名架线工答应购买一门电机工课程。

我们可能都有这样感受，在经历了数次失败后，一次小小成功的滋味也显得妙不可言，戴尔也是如此。他兴高采烈地回到分公司办公室报告成果，并收取佣金。

“年轻人，不错！继续努力。”艾兰奇先生笑容可掬地夸奖着戴尔。

戴尔·卡耐基这时才想起自己已经经历了一连串失败后才取得一个小小成功，如此艰辛的工作成绩还能算是不错？

其实，艾兰奇的赞扬是由衷的，因为分公司派出的十名推销员中，只有戴尔·卡耐基在这周内推销出一套课程。但此时的卡耐基并不满足于这一点小小的成功，他雄心勃勃。

卡耐基觉得在这家公司混不出名堂了，因为少得可怜的成功与太多的失败相较，显得是太不成比例了。

虽然最后卡耐基还是决定离开这家公司，但是卡耐基在这家公司的表现是优秀的。卡耐基的成功，也使他明白了一个道理，一开始就要让对方说“是”。

卡耐基认为，在与人交谈时，千万不要一开始就讨论你们意见有分歧的事。刚开始时应先强调你们都同意的事。继而强调你们双方都在追求的同一目标，你们之间的唯一差别只是在方法上，而不是在目标上。

大不列颠首相马克米兰向南非联邦国会的两院发表讲演时，南非当局推行的是种族隔离政策，而他却必须在立法团体之前陈述英国无种族歧视的观点。他是否一开始便对这种基本歧异展望一番？没有。他开始时强调南非在经济上有了不起的成就，对世界有重大的贡献。然后他巧妙而机智地提出观点歧异应该根据各国的情况而来。他的整场讲演精妙无比，“身为不列颠国的一位公民，”首相说，“我希望给予南非支持和鼓励，不过希望各位不介意我直言不隐：在我们自己的领土上，我们正设法给予自由人政治前途。这是我们至深的信念，我们无法在支持和鼓励各位的当儿不违反自己的信念。我以为，我们应如朋友，不论谁是谁非，共同面对一个事实，那就是当今之世，我们间存在歧义。”

正是这种一开始就使用“是”的方法，使得马克米兰的演讲取得了成功。

卡耐基认为，善于讲话的人，常常会在谈话一开始时，就使对方说“是”，从而将对方的心理导向肯定的方向。如果我们要告诉别人他是错误的时候，不要忘了赤足的苏格拉底。你应该问一个温和的问题——一个能得到“是，是”的反应的问题。

艾伯森先生在银行工作。一天，有位年轻人来开户，于是，艾伯森先生就给了他一些平常表格让他填。有些问题他心甘情愿地回答了，但有些他则拒绝回答。那天，艾伯森先生决定采取一点实用的普通常识。他决定不谈论银行所要的，而谈论对方所要的。艾伯森先生对他说：“你拒绝透露的那些资料，并不是绝对必要的。”“是的，当然，”他回答。“你难道不认为，把你最亲近的亲属名字告诉我们，是一种很好的方法，万一你去世了，我们就能正确并不耽搁地实现你的愿望吗？”“是的”。那位年轻人的态度软化下来，当他发现我们需要那些资料不是为了我们，而是为了他的时候，改变了态度。在离开银行之前，那位年轻人不只告诉我所有关于他自己的资料，而且还在艾伯森先生的建议下，开了一个信托户头，指定他母亲为受益人，而且很乐意地回答所有关于他母亲的资料。

所以，一开始很多人心理都有警惕性，不愿意将更多的一些信息透漏给我们。但是当他们发现我们是为他们着想时，他们的态度就会发生很大的变化。因此，让我们记住这个原则，一开始就让他们说“是，是”，他们就会忘掉我们所争执的事情，而乐意去做我们所建议的事情。

### ※　把你的意见变成对方的

戴尔·卡耐基抵达南达克达后，就去拜访当地各家零售商。他与零售商们攀谈，从天气到农作物收成，接着再把话题绕到阿摩尔公司及其所提供的瘦腊肉等各种产品上。

卡耐基总是设法让对方相信他所推销的产品。“为什么你该选择阿摩尔的产品呢？”当戴尔的话题吸引了店主的兴趣后，就会采取问答的方式向他们赞赏阿摩尔公司超级优良的服务态度和产品的高质量，并且，他还非常肯定地告诉店主，公司的货品任何情况下都能准时送到。如此的反复说明和推销，令顾客完全满意。

在整个商品宣传的过程中，戴尔·卡耐基大量地运用了父亲养猪和养牛的经验。并且，所有的演说，戴尔都以带有鼻音及充满密苏里口音的语言发表。这使他深受南达克达商人的信赖，而不把他当作一名偶尔行经此处的棋子。

戴尔·卡耐基就是凭着热心的态度和真诚的笑容，凭着坚韧不拔的意志和随机应变的能力，在南达克达取得了一连串的成功。

卡耐基认为，不论你用什么方式指责别人，如用一个眼神，一种说话的声调，一个手势等等，或者你告诉他错了，你以为他会同意你吗？绝不会！因为你直接打击了他的智慧、判断力、荣耀和自尊心，这反而会使他想着反击你，决不会使他改变主意。即使你搬出所有柏拉图或康德的逻辑，也改变不了他的己见，因为你伤了他的感情。

毛里斯·高柏莱是个演说家。有天我们一起围在午餐桌旁。他安详地开始演说了，他首先感谢我们对他的邀请。他说他想谈一件严肃的事，如果打扰了我们，要请我们原谅。接着，他倾身向前，双眼将我们牢牢地盯住。他说：“你们瞧瞧四周，彼此互瞧一下。你们可知道，现在坐在这房间里的人，有多少将死于癌症？五十五岁以上的人四人中就有一人。”

他停了一下又说：“这是件平常却严酷的事实，我们其实可以想出办法。这个办法即是谋求进步的癌症治疗方法。你们愿意协助朝向进步努力吗？”在我们每个人的脑海中，这时除了“愿意”之外，还会有别的回答吗？别人也有同我一样的感觉。

一分钟不到，毛里斯·高柏莱就赢得了我们的心。

演讲人也有演讲人的技巧。他要获得听众的掌声，就要捕获听众的心，而不能把自己的思想强加给听众。我们处理日常生活中的问题，跟演讲一样，只有将自己的意见变成对方的，我们才可以取得对方的赞同。我们只有掌握了这个技巧，才可能与他人和睦相处。

## ※ 从对方的立场看问题

如果你曾三番五次跟对方争论，他都没有理会你，但你却不以为然，依然我行我素，只会更加令你烦恼。这时你应该从中吸取教训，想与对方据理力争，不如试着从对方的立场看问题。

卡耐基对艺术非常向往，他希望自己能成为一位出色的演员。在从事两次推销工作的中间一段时间，他决定尝试着去当一名演员。

抵达纽约的第二天早上，戴尔·卡耐基找到了位于西弗尔提斯的美国戏剧艺术学院。

卡耐基从别人那里得知，要想学习艺术，就得去纽约。于是，他第一次到了这座大都市。

新生的入学评审员富兰克林·沙尔特是一位高大魁梧的中年人，一副宽边眼镜的后面是闪烁着智慧的眼睛。他是当时美国戏剧艺术学院的院长。

他给卡耐基出的考试题目是现场模仿一张椅子的形状。

通过短暂的接触，戴尔·卡耐基已明白沙尔特是属于那种用行动来证明语言的人。他不多说话，径直走到表演台上，恰当的弯曲双膝，举直手臂，模仿出一张椅子的样子。

沙尔特满意地点头。

戴尔·卡耐基没有意料到如此轻松地就通过评审，取得了美国戏剧艺术学院的入学资格。后来，他曾以开玩笑的口吻说及这次评审：

“或许是母亲虔诚的的祷告感动了上帝，当我在沙尔特先生面前颤抖时，万能的主便让我跨进了学院的大门。”

美国戏剧艺术学院创立于1886年，是当时世界上最好的演艺学校。它造就了一大批享誉世界的戏剧艺术人才，堪称美国当时戏剧艺术家的摇篮。

卡耐基之所以能够被戏剧艺术学院录取，是因为他懂得从对方的立场看问题。

卡耐基认为，站在对方的立场看问题，不要表现得比别人聪明，这是成功者立身处事的黄金法则。

汤姆和乔治原来是很好的同事和朋友，可最近却关系十分紧张。不明真相的人以为他们之间肯定是发生了什么天大的事情，否则形影不离的两个人绝不至于搞成这个样子。可事实上远没有想象的那么严重，他们只是为了一只纽扣，一只最多价值几分钱的纽扣。事情的起因是这样的。乔治最近买了一套非常满意的高档西服，刚穿不到一周就丢了一只关键部位的纽扣，惋惜之余偶然发现整日挂在洗手间的那件不知是哪位清洁工的工作服上的扣子，与自己丢失的纽扣简直如出一辙，遂乘人不备悄悄地扯下了一粒，打算缝到自己的衣服上，并得意地将此“妙计”告诉了汤姆。不料没过几天，多数同事都知道了乔治的这个笑料——汤姆竟然在大庭广众之下拿这件事跟乔治开玩笑，弄得当时在场的人都笑做一团，而乔治也终因太没面子而恼羞成怒，反唇相讥，大揭汤姆的许多很令其丢面子的“底牌”，于是后果也就不难想象了。

本来这是一件小事，但是却让两个好朋友反目成仇。如果汤姆从乔治的方向看问题，就不会把这个笑话告诉大家，而是应该告诉他这样做不对。而乔治因为自己被讥笑，然后转而让汤姆出丑，使汤姆觉得乔治这人就爱记老账。如果两人都从对方的角度来看问题，汤姆想一下，告诉大家后，乔治会怎么样，就不会出现这个闹剧了。

卡耐基认为，失败者的一个重要原因是：他们从来都不懂得站在对方的立场看问题。在各种交往中，要么伸出理解的援手，要么防范对方的恶招，这是你唯一的选择。

戴尼和露丝是一对夫妇。有一天，男人失业了，他没有告诉女人。他仍然按时出门和回家，并不忘编造一些故事欺骗女人。他说新来的主任挺和蔼的……

每天，男人夹了公文包，挤上公交车，三站后下来，坐在公园的长椅上，愁容满面地看广场上成群的鸽子。到了傍晚，男人换一副笑脸回家。他敲敲门，大声喊："我回来啦！"男人就这样坚持了5天。

5天后，他在一家很小的水泥厂找到一份短工。那里环境恶劣，飘扬的粉尘让他的喉咙总是干的。劳动强度很大，干活的时候他累得满身是汗。组长说："你别干了，你这身子骨不行。"男人说："我可以。"他紧咬了牙关，两腿轻轻地抖。男人全身沾满厚厚的粉尘。

下班后，男人在工厂匆匆洗个澡，换上笔挺的西装，扮一身轻盈回家。他敲敲门，大声喊："我回来啦！"女人就奔过去开门。满屋葱花的香味，让男人心安。饭桌上女人问他："工作顺心吗？"他说："顺心。"

饭后，女人说："水开了，要洗澡吗？"男人说："洗过了，和同事洗完桑拿回来的。"女人轻哼着歌，开始收拾碗碟。男人想：好险呢，差一点被识破。疲惫的男人匆匆洗脸刷牙，然后倒头就睡。

就这样，男人在那个水泥厂干了20多天。快到月底了。他不知道那可怜的一点工资能不能骗过女人。那天晚饭后，女人突然说："你别在那个公司上班了吧，我知道有个公司在招聘，帮你打听了，所有要求你都符合，明天去试试？"男人一阵狂喜，却说："为什么要换呢？"女人说，"换个环境不很好吗？再说这家待遇很不错呢。"于是第二天，男人去应聘，结果被顺利录取。

那天，男人烧了很多菜，也喝了很多酒。他知道，这一切其实都瞒不过女人的。或许从去水泥厂上班那天，或许从他丢掉工作那天，女人就知道了真相。但是女人却没有说，而是默默地鼓励他，帮他找工作。如果女人没有从男人的角度来看问题，而是逼问他为什么把工作搞丢了，工作丢了为什么没有告诉她？试想这样，不仅会使男人感到疲倦和压力，而且也会使整个家庭蒙上阴影。正是女人的宽容，正是女人懂得从男人的角度看问题，才使男人有了现在的成功。

人人都有自尊心和虚荣感，我们要学会尝试了解对方的难言之隐，站在对方的立场看问题，才能知己知彼，百战不殆。站在对方的立场看问题，有助于我们知彼，也大大有益于我们知已。

## ※ 给对方以同情

其实每天在我们所遇见的人当中，有四分之三都渴望得到我们的同情和关心。生病的同事希望我们关心他们的病情，健康的同事也需要我们的关心。给他们同情吧，他们也会同样爱我们。

斯虎脱总统曾经经历过这样一件事情。一位住在华盛顿的夫人，有一天跑来见他，缠了他六个多礼拜，要求他任命她儿子出任某项职位。这位夫人的丈夫具有一些政治影响力，因此，她得到许多参议员及众议员的协助，并请他们一起来见斯虎脱，重申对她的保证。由于这项职位需要具备某些技术条件，于是斯虎脱总统就根据该局局长的推荐，任命了另外的一个人。后来，斯虎脱总统接到那位母亲所写来的一封信，内容是批评斯虎脱总统是世界上最差劲的人，因为斯虎脱总统的拒绝使这位夫人成为一个很不愉快的人，这位夫人在信中更进一步抱怨说，她已跟她的州代表商讨过了，将投票反对一项斯虎脱总统特别感兴趣的行政法案。当斯虎脱总统接到这封信时，平静地坐了下来，写了一封回信给她，语气尽可能有礼貌，说他自己能理解作为母亲的一定十分失望，但是，事实上，任命一个人并不是凭总统个人的喜好来决定，必须选择一个有技术资格的人，因此，必须接受局长的推荐。并表示，希望她的儿子在目前的职位上能好好工作。这封信使这位夫人化解了怒气，并对于她前次所写的那封信表示抱歉。

卡耐基认为，你要想说服别人，别忘了先要学会设身处地地去替别人想想。

满古是吐萨市一家电梯公司的业务代表。这家公司和吐萨市一家最好的旅馆签有合约，负责维修这家旅馆的电梯。旅馆经理为了不给旅客带来太多的不便，每次维修的时候，顶多只准许电梯停开两个小时。但是修理至少要八个小时，而在旅馆便于停下电梯的时候，他的公司都不一定能够派出所需要的技工。在满古先生能够为修理工作派出一位最好的技工的时候，他打电话给这家旅馆的经理。他不去和这位经理争辩，他只说："瑞克，我知道你们旅馆的客人很多，你要尽量减少电梯停开时间。我了解你很重视这一点，我们要尽量配合你的要求。不过，我们检查你们的电梯之后，显示如果我们现在不彻底把电梯修理好，电梯损坏的情形可能会更加严重，到时候停开时间可能会更长。我知道你不会愿意给客人带来好几天的不方便。"经理不得不同意电梯停开八个小时。因为这样总比停开几天要好。由于满古表示谅解这位经理要使客人愉快的愿望，他很容易地而且没有争议地赢得了经理的同意。

其实同情别人，就是设身处地地为他人着想。其实有时，大家都知道这件事情必须做，或者只能这样做，但是大家却不愿意接受这样一个现实。所以如果你按照原来方法，不能变通的话，你的建议肯定是不会被人接受的。所以，要懂得变通，从他人的角度看问题，对他人抱着同情的思想，这样才可以把事情做好。

这也正像卡耐基说的那样，如果你希望人们接受你的思想方式，就应该“对他的想法和愿望表示同情。”

我们每一个人都是理想主义者，都喜欢为自己做的事找个动听的理由。所以，我们不能强迫别人改变观点，这对他来说确实非常困难。但是若是我们能找个合适的出发点，能从他人的角度出发，同情他人，能够挑起他人的高贵动机，就可以说服他人。但是如果一个人没有苦难的感受，就不容易对他人给予同情。因此，你要有救苦救难的精神，就得先受苦受难。

## ※ 戏剧化地表达你的想法

每个人都希望自己能够有个快乐的人生。快乐的人生离不开戏剧化的生活。你要想使自己的生活变得和谐幽默，你在日常生活中就要学会戏剧性地表达自己的看法。这样开玩笑就不易伤害别人的心，使他人和自己的生活时时刻刻地充满了风趣。

但戴尔·卡耐基却沉浸于创造一种与之相较显得更自然的一种表演方式。

这是发生在喜剧学院的一幕。“忧郁小室”是卡耐基和他的同学们实演的场地。

一天，戴尔·卡耐基邀请了一名叫黛丝的女生来到忧郁小室，搬来一张折式椅子，让黛丝坐在上面。然后，卡耐基身着一身剪裁合适的深色西服走到她的跟前。

卡耐基计划与黛丝表演一场关于爱情的激情戏。

卡耐基的双手在空中紧握，叫道：

“黛丝，黛丝，我只是爱你，黛丝，我要紧紧抱着你而死去。”

忧郁小室的其他几位同学一时都傻了眼，他们并不知道卡耐基为什么要这样做，还以为卡耐基患了精神病，接着便大笑起来。黛丝也显得很窘迫，但卡耐基早已告诉了她自己的计划，所以，尽管如坐针毡，她还是没有站起来离开。

卡耐基听到同学的笑，知道自己的表演还不够逼真，没有令他们进入那种理想的氛围之中。

于是，他站起来回到原地，再快步跑到黛丝跟前，猛然一声跪下：

“黛丝，噢，黛丝，我就是……爱你。黛丝，我可以紧紧……紧紧地抱着你……直到我死去。”

忧郁小室顿时鸦雀无声。

卡耐基还在认真地表演着。他双手紧握着高举着，头埋得很低，而黛丝的头则缓缓地低下来，把一对深情的目光投在卡耐基身上……

卡耐基凭直觉知道自己的表演实验成功了。当他起身后，忧郁小室里立即爆发出热烈的掌声。

戏剧化地表达自己的观点，有时会让双方更容易接受。卡耐基正是用了这种方法，才使黛丝和自己快速地投入到了角色之中。

卡耐基认为，这是一个富有戏剧色彩的时代，仅仅叙述事实还远远不够，必须使用更容易吸引人的方法，电影如此，广播也是如此。所以，如果你想引起别人的注意，也必须这样做。

大家都知道日本有不少人是世界上著名的谈判专家，被称为谈判高手。他们谈判成功的诀窍之一就是表达问题具有戏剧性。有一次，日本一家航空公司就引进法国飞机的问题与法国的飞机制造厂商进行谈判。为让日方了解产品的性能，法国方面做了大量的准备工作，各种资料一应俱全。谈判一开始，急于求成的法方代表口若悬河，滔滔不绝地进行讲解，翻译忙得满头大汗。日本人埋头做笔记，仔细聆听，一言不发。法方最后问道：“你们觉得怎样？”日本代表有礼貌地回答说：“我们不明白。”“不明白？这是什么意思？”

法方代表焦急地问道。日方代表仍然以微笑作答："不明白，一切都不明白。"法方代表看到一切都要前功尽弃，付之东流，沮丧地说："那么你们希望我们怎么办？"日方提出："你们可以把全部资料再为我们重新解释一遍吗？"法方不得已，又重复一遍。这样反复几次的结果，日本人把价格压到了最低点。

日方抓住法方代表急于达成协议的弱点，以"不明白"为借口，不急于表达自己的意见，像演戏一样，仿佛已经知道结果就是他们胜利一样，喜剧性地表达自己的看法。这正像卡耐基先生说的那样，仅仅平铺直叙地讲述事实还不足以打动别人，必须使事实更加生动，更加有趣，并富有戏剧性地表现出来，才能够有效地吸引人们的注意力，才能最终达到自己的目标。

其实，这种戏剧化的手法也适用于家庭生活中。露西夫妇就是经常利用这种方法来说服对方。遇到问题时，他们会把自己装扮成两个小丑，然后开始想象他们若采取了这个措施会有什么后果。在轻松的气氛中，可以让大家思想放松，敞开心扉，有利于问题的解决。

因此，当你的工作和生活中遇到难题的时候，你千万不要钻牛角尖，好像只有一条路才能解决问题，你不妨放松一下，换个方式考虑问题，把相同的问题用戏剧性的方式表示出来，以一种情动愉快的方式表达出来，让对方乐于接受。

## ※ 向对方提出有意义的挑战

现在我们都有这样的经验，仅仅靠高工资是很难留住员工的，还需要让他的工作具有挑战性。因为我们每个人内心都有一种求知欲，一种挑战欲，一种满足欲。只有当我们的这三种愿望得到满足时，我们的生活才会快乐。

随着卡耐基事业的蓬勃发展，他的书籍也被越来越多的人购买，他因此而变得十分的富有。卡耐基多年的教学实践使他有充分理由让人相信，他使那些曾经不幸的人改变了命运，使得他们的生活更加美好。他们也因接受自己的课程和教育而在社会中一展身手，去追求人生的目标。但是卡耐基也有自己的烦恼，面对一些诘难卡耐基做出了反驳，但他还是处于深深的困惑之中。

这种困惑可以从他的一篇文章中体现出来。1938 年，他为《矿工》杂志撰写的启发性文稿中，标题非常的简单，叫《拉你的鞋带》。从这篇文章中让人体会到一种愉悦感，这种愉悦感是因为在他的生命中融入了成功，从而荡涤了他原先的抑郁生活。

他在这篇文章中以亲身经验证明，任何人都能超越贫困和精神沮丧，倘若失败了，那只能说是他们自己的过失。

也就是因为有这些反对的声音，才使卡耐基不停地反省自己，使自己在演讲方面以及人际关系方面的才能更加突出。这种直面困难的勇气不仅是他自己成功的基础和生活的信心，同时也是他鼓舞别人的方法。因此，有时候挑战并不是一件坏事。

卡耐基认为，每个人都有害怕的时候，但是勇敢者会将畏惧放置一边。继续勇往直前，结果或许会走向死亡，但更多的则是通向胜利，还有什么东西比克服困难更具有挑战性的呢？

查尔斯·史考伯手下的一名工厂经理由于他手下的员工一直无法完成他们分内的工作而异常苦恼。有一天，卡耐基给他出了一个主意。

当日班已经结束，夜班正要开始。“给我一根粉笔。”史考伯说。然后，他转身面对最靠近他的一名工人，问道：“你们这一班今天制造了几部暖气机？”

“六部。”

史考伯不说一句话，在地板上用粉笔写下一个大大的阿拉伯数字：

“6”，然后走开。

夜班工人进来时，他们看到了那个“6”字，就问这是什么意思。

“大老板今天到这儿来了，”那位日班工人说，“他问人们制造了几部暖气机，我们说六部。他就把它写在地板上。”

第二天早上，史考伯又来到工厂。夜班工人已把“6”擦掉，写上一个更大的“7”。

日班工人早上来上班时，当然看到了那个很大的“7”字。

原来夜班工人认为他们比日班工人强，他们当然要向夜班工人挑战。他们加紧工作，那晚他们下班之后，留下一个颇具威胁性的大“10”字。情况显然逐渐好转。

不久之后，这家产量一直落后的工厂，终于比其他的工厂生产得更多。

其实，在现实生活中，大家都有一种永不服输的精神。可以说你所遇见的每一个人——甚至你在镜子中看见的那个人——总是把自己看得很高，在作自我评价时，总认为自己是个很能干和很有才能的人，这是人的本性。因此，我们要想调动他们的积极性，就要从这一点出发，给他们具有挑战性的工作，让他们来实现自身的潜能。

法里尔先生有一个对房子很不满意并且威胁要搬家的房客。这位房客的租约还有四个月才到期，每月房租是五十五美元；尽管租约尚未到期，房客通知法里尔先生，他马上就要搬出去。但是，这个人已在法里尔先生的房子内度过了整个冬天——也就是一年当中，房租最贵的一段时间。法里尔先生不想让那位房客离开，因为以后的房子并不好出租。法里尔先生本来也可以对房客指出，如果他搬家，他房租的余款将立刻到期，法里尔先生可以把那些款项全部收回。但是，法里尔先生并没有那样激动，反而决定试试其他战略。法里尔先生一开始就这么说："先生，我已经听过你的话了，我仍然不相信你打算搬走。从事租赁业多年，已使我学会了观察人们的本性，一开始，我就仔细把你打量了，我认为你是一个信守诺言的人，对于这一点我深信不疑，因此，我很情愿来冒个险。现在，我有一个建议，把你搬家的事摆在桌上先放几天。再仔细想一想，如果你在月初房租到期之前来见我，并告诉我你仍然打算搬家，我向你保证，我一定接受你这项决定。我会给你搬家的权利，并承认我的判断错了。但是，我仍然相信你是一个遵守诺言的人，你一定会住到租期届满为止。毕竟，我们是人，这项选择全在我们自己！"法里尔先生向这个房客提出了挑战，因为他认为这位房客是位守信用的人。那么他又怎么能不接受这个挑战呢？当新月份来到时，这位房客亲自付清了房租。

卡耐基认为，超越对方的欲望！挑战！这才是激励人的精神的绝对的方法。

我们每个人都不希望我们的生活天天像白开水那样平平淡淡，我们希望迎接新的挑战，我们也时刻准备着迎接新的挑战。所以只要我们的要求不是太过分，大家都会非常乐意地接受，抓住了这点，你就掌握了使人更努力地工作的要点。

# 第四章　如何更好地说服他人

生活中，我们作为社会中的一个个体，每个人都有请人帮忙做事的时候。但问题是有的人只要向别人提出请求，就想得到他人满心欢喜的应答，并且希望对方乐意为他做事；但是也会有这样的情况，有的人要求还未说完，就有人闻而远之，即使别人答应做了，也并非发自内心的心甘情愿。当他人不大愿意为你效劳时，你大可不必请求，也没有必要威逼他人，这样不仅达不到做事的效果，也影响了人际关系的发展。

当你与人交往时，我们应该怎么更好地说服他人呢？下面给出答案。

从称赞与真诚的欣赏开始；间接地指出他人的错误；在指责别人之前，先想想自己的错误；以提问的方式来代替命令；保全他人的面子；称赞每个人的进步，即使十分微小，要“诚于嘉许、宽于称道”；给人一个美名，并使之努力保全；鼓励的办法更容易使人改正错误；使对方乐于做你所建议的事。

只要我们能够正确领会上面几条建议的真正含义，那么我们也就掌握了捕获他人内心的方法，我们也就知道了说服他人的技巧。

## ※　赞美和欣赏他人

我们每个人都有自己的优点，找到并发自内心赞美他人的优点，会让我们交到很多朋友。但是，我们必须记住，赞美并不等于阿谀奉承，赞美是发自内心的，是真实存在的优点。如果我们说一个人错了，那就是扼杀了他的努力和激情。反之，对别人多加鼓励，使对方相信我们对他的信任，他就会废寝忘食，使事情更容易办到。

“卡耐基课程”不仅在纽约、华盛顿盛行，而且，还被推销到费城、底特律、亚特兰大、达拉斯等大城市，遍布全美各地，普遍地受到人们的欢迎。这个时候，卡耐基发觉自己完全成了一个领导者，他开始有了很多吩咐或者命令，有了社交场合的应酬，尽管他不习惯于此。这个时候，他开始研究人际关系，试图为学员们找到一套到处受人欢迎的方法。

在这期间，他通过研究发现：一个人只要对别人真心感兴趣，在两个月之内，他所得到的朋友，就比一个要别人对他感兴趣的人在两年内交的朋友还要多。

为此，他动员属下的老师给那些知名人物写信，每一封信都收集大约一百五十名学生的签名。并且，在信中说，自己知道那些人很忙，忙得无法准备一篇演讲，因此附上一些问题请他们回答，没过多久，很多著名的小说家、政界要人纷纷来到“卡耐基课堂”发表演说。

后来，卡耐基深有感触地谈到这些，说，“行动比言语更具有力量。当那些大人物来时，我给他们以真诚的微笑，并记住每一个人的名字，因为我深知笑容能照亮所有看到它的人，像穿过乌云的太阳一样能带给人们温暖；记住对方的名字并把他（她）叫出来，等于给对方一个很巧妙的赞美。”

赞美他人就是给对方加油，倾听他人就是给对方加油，给他人授予相应责任就是给对方加油，对他人的信任就是加油……这些欣赏他人的举动，并不需要我们付出什么，却给他们的油箱加满了油。

卡耐基认为，我们听到别人对我们优点的称赞以后，再去听令人不愉快的话，心中总会好受些，这就好像理发师在给客人刮脸之前，先要在客人的脸上涂肥皂一样。

与人相处过程中，当你对他人采取热情的态度，对方会产生心理共鸣，以更多的热情和注意力去对待你。

凯恩酷爱诗，所以他将大诗人罗斯迪所有的诗都读了一遍。他还写了一篇演说辞，来歌颂罗斯迪在诗歌方面的艺术成就，并将它送给了罗斯迪本人。罗斯迪当然十分高兴。“对我的才华有如此高深见解的青年，”罗斯迪说，“一定是个非常聪明的人。”

于是，罗斯迪将凯恩请到家中来，让他担任自己的秘书。这对凯恩来说可是改变人生道路的难得机会——因为他凭借这一新的身份，接触了许多当代著名的文学家，从他们那里接受有益的建议，并受到他们的鼓励和激发，开始了他自己的写作生涯，最终名闻世界。

凯恩的故乡是英国曼岛的格里巴堡，它现在已经成为世界各地旅游者观光赏景的胜地。他留下来的财产高达 250 万美元。可是，又有谁知道，如果他当初没有写那篇真诚赞美罗斯迪的演讲词，他或许会穷困潦倒地死去呢？

这就是发自内心地真诚赞美的力量，这是一种伟大的力量！

卡耐基认为，用赞美的方式开始，就好像牙科医生用麻醉剂一样，病人仍然要受到粘身之苦，但麻醉却能消除这种痛苦。

弗利辛根的成功秘诀是：他懂得如何给下属的油箱加满油，令他们充满干劲，动力十足，自动自发。在工作中，他非常善于授权他人，非常懂得欣赏他人。他坚持了这样的用人观念：帮助下属造势，激发他们的巨大潜能，在工作中成为真正的英雄。在他看来，给下属的油箱加满油，其实也就是在给自己的油箱加满油。上司能够授予下属一些权力，就会得到回报，给下属承担的责任很多，他们就会展翅飞翔。

美国钢铁大王卡耐基曾以年薪一百万美元，聘请查尔士·斯科尔特担任美国钢铁公司总经理。对于钢铁，斯科尔特是一位外行，然而他却把公司的每一位员工都激励得工作热情高涨，工作效率与效能都大幅度提高。那么，他是如何取得成功的呢？谜底就在他说的一句话里：“我认为，能够鼓舞人们热忱的能力是我最大的资产，而激发出人们内在的能力必须靠欣赏与鼓励。”美国伟大的心理学家威廉·詹姆斯也指出：人类本性最深的需要是渴望得到别人的欣赏。所以，要想激发别人的潜能，给别人的油箱加满油，最好的办法就是欣赏和鼓励别人。

是的，苏联著名作家加里宁曾说：“如果想使你的语言感动别人，你就应该先把这种感人的语言注入自己的血液里。”要给别人的油箱加满油，首先要懂得如何让自己的油箱加满油。要感动他人，首先要感动自己；要激励他人，首先能够激励自己。

作为世界上最大的摩托制造企业，本田公司在创始初期，只有一间破旧车间。那个时候，员工们都看不到成功的希望，尽管企业的主人本田宗一郎信心十足。他经常会站在一只破旧的箱子上对众人高喊：“我们要造出世界上第一流的摩托车。”他的这份热情感染了员工，他对员工们的信任深深地感动了员工。本田充满信心，一直以这个的目标去鼓舞、激励每一位员工。于是，本田公司上上下下，同心同德，每个人都为自己的油箱加满了油，共同朝着这个目标奋斗，最终使本田产品跻身到了世界一流水平的行列。

因此，在与他人交往或沟通之前，为了能给对方的油箱加满油，我们就要学会鼓励别人，赞美和欣赏别人。这样，别人才能感受到我们的热情，才会在工作的过程中一直保持着较高的热情。

## ※ 委婉地提醒对方的错误

假如你觉得你身边的同事脾气不好，你会怎样告诉他呢？你会说："你的脾气太坏了，应该改一改，要不我们大家就不敢理你了。"你还是会说："你很好，'但是'脾气再好一点就好了。"换做你，你觉得大家会接受哪种观点呢？大家肯定会接受第二种说法。因此可以看出，批评有时并不能解决问题，我们应该委婉地提醒对方的错误。

有一天中午，卡耐基坐在一家咖啡馆，被前面几个人吸烟的人呛得直咳嗽，他看见在咖啡厅的墙上贴着"禁止吸烟"的字样，但是他们却熟视无睹。卡耐基是不是应该坐在后面，指着那几个字，向前面那些人说："你们是不是不识字？"但是，卡耐基绝不会这样做。

他走到那些人面前，拿出烟盒，给他们每人一只雪茄，并且说道："嗨，弟兄们，别谢我给你们雪茄，如果你们能到外面吸烟，我就更高兴了。"那些人已知道自己犯了错误，可是他们钦佩卡耐基先生，不但没有责备他们，而且还给他们每人一只雪茄当礼物。像这样的人，你能不喜欢他吗？

委婉的提醒对方的错误，对那些不愿意直接接受批评的人，会产生神奇的效果。直接的批评解决不了任何问题，只会引起批评者的反抗。相反，如果能委婉地提醒对方的错误，对方会感激在心，并会按照你的建议去做。

卡耐基认为，在与别人相处时，应该学会尊重别人，尽量减少对别人的伤害。一个和谐的人与人关系的基础是彼此之间互不伤害。当面直接批评别人，只会引起对方的强烈反感，而巧妙地让对方注意到自己的错误并加以指正，将会使对方乐意按照你的建议去做。

当你希望别人朝着你期望的方向前进时，千万不要在赞扬他之后说“但是”。而是要说“而且”，这两个词的效果将会产生巨大的差异。

北卡罗来纳州王山市的凯塞琳·亚尔佛德是一家纺纱工厂的工业工程督导，她很会处理一些敏感的问题。她职责的一部分，是设计及保持各种激励员工的办法和标准，以使员工能够生产出更多的纱线，从而使她们同时能赚到更多的钱。在只生产两、三种不同纱线的时候，所用的办法还很不错，但是最近公司扩大产品数量和生产规模，一旦生产十二种以上不同种类的纱线，原来的办法便不能以员工的工作量而给予她们合理报酬，因此也就不能激励她们增加生产量。

于是，凯塞琳又设计出一个新的方案，能够根据每一个员工在任何一段时间里所生产出来的纱线的等级，给予她适当的报酬。设计出这套新方案之后，她参加了一个会议，决心要向厂里的高级职员证明这个办法是正确的。凯塞琳说他们现在还使用过去的办法是错误的，并指出过去的办法不能给予员工公平待遇的地方，以及她为他们所准备的激励员工的新方案。但是，由于一开始她就公开地指出了他们的错误，使她的新方案受到大家的反对。后来，她只是忙于为新办法辩护，而没有留下余地，让他们能够不失面子地承认老办法上的错误，于是这个建议也就胎死腹中了。

可见，当你发现一个错误必须指出时，那你必须找出一种合适的感觉能让别人接受的方法才可以，否则你的批评就不会被别人接受，而且还会使大家之间的关系变得异常紧张。只要我们采取适当的方法，加以引导，我们就会达到原来的目的。

有一次，一位女士怒气冲冲地走进食品商店，向营业员喝道：“我儿子在你们这儿买的果酱，为什么会缺斤少两？”

服务员一愣，待她想出其中的原因之后，就有礼貌地回答：“请你回去称称孩子，看他是否长重了。”

这位妈妈恍然大悟，脸上怒气全消，心平气和而又很高兴地对服务员说：“噢，对不起，误会了。”

这位服务员小姐认定了自己不会称错，那么就只剩下一种可能，就是小孩把果酱偷吃了。但是如果服务员直接说：“我不会搞错的，肯定是你儿子偷吃了”，或者“你不找自己儿子的麻烦，倒问我称错没有，真是莫名其妙”，这样就非但不能平息顾客的怒气，反而会引发一场更大的争论。

再如，德国公共汽车内对于逃票的乘客并无文字警告的标语，只用了鲜艳的色彩画了一个双手捂住脸的人，他正在为逃票被发现而害羞。伦敦地铁内有这样一个广告：“如果你无票乘车，那么请你在伦敦治安法院前下车。”这些幽默而含蓄的批评，收到了很好的效果。现在，我们也可以看到，在我们的公园里，花草旁，街道侧，也出现了一些这样的提示：公共设施是大家的，它靠每一个人的爱心来维护；花草给人们以美丽，可它们也是有生命的；孩子的眼睛在看着你，你要教他们把杂物扔到该去的地方。这些温和又意味深长的提示，要比以前那些“乱扔果皮罚款二十元，践踏草坪折花草罚款五十元”等生硬、冰冷的警告和训斥有效得多。

因此，用委婉的语气指出别人存在的问题，这样既维护了他人的信誉，又避免了一场争吵，赢得同事们的赞赏。

## ※　先谈你自己的错误

我们每个人都讨厌听到批评的话语。但是，如果能在批评对方之前先承认自己的错误，再指出别人的错误，那么情形就会好很多。自我恭谦，称赞对方，无论是谁，都可以成为你的朋友。一个人即使没有改正他的错误，只要在谈话前承认了自己的错误，就可以改变他。

那天卡耐基的表演获得了成功。但是，也给卡耐基带来了一次小小的麻烦。

或许是表演得太投入，也许是由于同学们的过度渲染，卡耐基与他的搭档黛丝之间发生了一场不应该有的误会。

一个星期日的下午，戴尔·卡耐基一踏进忧郁小室，就觉得气氛有异，室友们显然以极不友好的目光对着他，同时，还有几个陌生的年轻男子气势汹汹地坐在他的床位上。

在辨明卡耐基的身份后，那几个年轻男子便开始谩骂起来，并扬言要揍他。

没想到瘦骨嶙峋的卡耐基怒不可遏时简直就是一头雄狮，八面威风。那几个人原来的嚣张气焰被彻底压下去了，匆匆忙忙地逃走了。

事后卡耐基才弄清了原委。由于他与黛丝逼真的表演，使得黛丝的男友比尔误以为他们之间有什么不轨，而采取了这次行动，不明真相的戴尔·卡耐基却把他们当成了校园黑社会组织。

第二日黄昏，黛丝满脸不快地走进忧郁小室。

“戴尔，我们去谈谈好吗？”

“好极了，黛丝，我非常抱歉，我也正想找你，”卡耐基满面愧色地对黛丝说道，“这完全是一场误会”。

在忧郁小室通往学校教学楼的林荫道上，卡耐基与黛丝并肩长谈。

“黛丝，我真的误会比尔了，我把他当作了黑社会成员。”

“真的，戴尔，我没想到你们会这样，我当你是朋友，明白吗？”

“我真的惭愧，黛丝，我想，我想当面给比尔道歉”。

“这不行。比尔对你误会很深，他昨晚对我说过分手了”。戴丝看着卡耐基，郁郁不快地说，“真没想到会这样”。

卡耐基停住脚步，以一种坚毅的神情说道：“相信我，黛丝，我会和比尔解释清楚，我们还是朋友，我的戏剧还在等着你的角色呢！”

当天晚上，戴尔·卡耐基和比尔手挽着手走进了校内的奥图斯酒吧。一场误会引起的冲突使他们两人坐在了一起，喜剧性地成为一对莫逆之交。

戴尔·卡耐基戏剧性地化解了由于误会和比尔产生的冲突后，又顺理成章地把比尔和黛丝都拉进了他的实验戏剧。

从这件事情中，也使卡耐基总结出了一个道理：一个人即使还没有改正他的错误，但只要他承认了自己的错误，就有助于帮助另一个人改变其行为。

马里兰州提蒙尼姆的克劳伦斯·周哈辛最近发现他15岁的儿子也正在试着抽烟。克劳伦斯先生当然不希望大卫抽烟，可是克劳伦斯夫人和克劳伦斯先生都抽烟，一直都给他做了不好的榜样。克劳伦斯解释给大卫听，说在跟他年龄一样大的时候就开始抽烟，并且让尼古丁战胜了，使他现在几乎不可能不抽了。克劳伦斯先生提醒大卫说：“你看现在我咳嗽咳得多么厉害。我真后悔当时没有听取别人的劝告，否则也不会像现在这样痛苦。”

那次谈话的结果，不仅使他的儿子停止了对吸烟的尝试，而且，由于家人的支持，他也成功地戒了烟。

卡耐基总结道：要改变一个人又不致伤害感情，或引起憎恨，就要遵守这样的规则：“在批评他人之前，先改变你自己的错误。”

如果我们能够在批评别人之前，先承认自己的错误，这样我们就拉近了和他人的距离，让他们感觉到我们提出的问题是有益的，是为了他们着想，是真心地关心他们。他们一旦有了这样的思想，就不会排斥我们，反而会欣然地接受我们的建议。

## ※ 不要命令别人

当你有天突然身体不舒服，想要请假。你战战兢兢地走到主任办公室，跟她说自己想要请半天假。假如主任不懂人情，直接对你说："你不能请假，明天必须准时上班，这是命令。"你心里会是什么感受？现代社会，大家越来越讲民主，越来越强调人性，他这种命令的口吻肯定会使员工无法接受。因此，想要搞好关系，就不要命令别人，没有人喜欢接受命令。

多年来，卡耐基经常在他家附近的一处公园内散步和骑马，他跟古代高庐人的督伊德教徒一样，只崇拜一棵橡树，因此，当他看到那些嫩树和灌木，一季又一季地被一些不必要的大火烧毁时，觉得十分伤心。那些火灾并不是疏忽的吸烟者所引起的，它们几乎全是由那些到公园内去享受野外生活、在树下煮蛋或烤热狗的小孩们所引起的。有时候，火势太猛，必须出动消防队来扑灭。

在公园的一个角落里，立着一块告示牌说，任何人在公园内生火，必将受罚或被拘留。但那块牌子立在公园偏僻角落里，很少人看到。有一个骑马的警察，他应该照顾公园才对，但他并未尽职，火灾继续在每一季节里蔓延。有一次，卡耐基慌慌张张地跑到一位警察面前，告诉他有一场火迅速在公园里蔓延，希望他赶快通知消防队。但他竟然漠不关心地回答，这不关他的事，因为这不是他的管区！卡耐基很失望，所以后来他到公园里去骑马的时候，其行为就像一位自封的管理员，试图保护公家土地。刚开始的时候，他不会试着去了解孩子们的看法，一看到树下有火，心里就很不痛快，急于要做件好事，结果却做错了。他总是骑马来到那些小孩子面前，警告说，他们可能会因为在公园内生火，而被关进监牢去，并以权威的口气命令他们把火扑灭；如果他们拒绝，就威胁叫人把他们逮捕起来。卡耐基说他自己只是尽情地发泄某种感觉，根本没有想到他们的看法。

结果呢？那些孩子服从了，心不甘情不愿而愤恨地服从。

等卡耐基骑马跑过山丘之后，他们很可能又把火点燃了，并且极想把整个公园烧光。

随着年岁的增长，卡耐基对做人处世有更深一层的认识，变得更为圆滑一点，更懂得从别人的观点来看事情。于是，他不再下命令，他骑马来到那堆火前面，说出了下面的这段话：

“玩得痛快吗？孩子们，你们晚餐想煮些什么？我小时候自己也很喜欢生火——现在还是很喜欢。但你们应该知道，在公园内生火是十分危险的。我知道你们这几位会很小心；但其他人可就不这么小心了。他们来了，看到你们生起了一堆火；因此他们也生了火，而后来回家时却又不把火弄熄，结果火烧到枯叶，蔓延起来，把树木都烧死了。如果我们不小心，以后我们这儿连一棵树都没有了。你们生起这堆火，就会被关入监牢内。但我不想太啰唆，扫了你们的兴。我很高兴看到你们玩得十分痛快；但能不能请你们现在立刻把火堆旁边的枯叶子全部拨开，而在你们离开之前，用泥土，很多的泥土，把火堆掩盖起来，你们愿不愿意呢？下一次，如果你们还想玩火，能不能麻烦你们改到山丘的那一头，就在沙坑里生火？在那生火，就不会造成任何损害……真谢谢你们，孩子们，祝你们玩得痛快。”

这种说法有了很不同的效果！使得那些孩子们愿意合作，不勉强，不憎恨。他们并没有被强迫接受命令，他们会觉得很舒服，我们也会觉得舒服。

卡耐基指出，用“建议”，而不用下“命令”，不但能维持对方的自尊，而且能使他乐于改正错误，并与你合作。我们不要动不动就给别人下这“命令”，也不要告诉对方如何去做，这样不但维持对方的自尊，而且能使他乐于改正错误，积极合作。

卡耐基曾经很荣幸地和美国最著名的传记作家伊达·塔贝尔小姐一起吃饭。他告诉塔贝尔小姐自己正在写有关“如何做人处世”这本重要的书。塔贝尔小姐告诉卡耐基，在她为欧文·扬写传记的时候，访问了与扬先生在同一间办公室工作了三年的一个人。这人宣称，在那段时间内，他从未听见过欧文·扬向任何人下过一次直接命令。他总是建议，而不是命令。欧文·扬先生从来不说“做这个或做那个，”或是“不要做这个，不要做那个。”他总是说，“你可以考虑这个，”或“你认为，这样做可以吗？”他在口授一封信之后，经常说，“你认为这封信如何？”

在检查某位助手所写的信时，他也总是说：“也许我们把这句话改成这样，会比较好一点。”他总是给人自己动手的机会；他从不告诉他的助手如何做事；他让他们自己去做，让他们从自己的错误中学习成功的经验。这种方法，使他的公司的所有员工都易于改正自己的错误，而且维持了人们的自尊，使他自以为自己很重要，使他希望和你合作，而不反抗你。

这也这是卡耐基先生所要强调的，他认为向对方征求意见，问对方的一些东西，不但能得到理想的答案，有时还能激发对方的创造力，为你创造更多的奇迹。如果处处命令别人，反而会使大家像机器人一样，毫无生气。

不但在职场中大家不愿意听到命令，在我们的家庭中也是如此。

洛瑞是塔西夫人的女儿。塔西夫人总是埋怨罗瑞不听话。有一次，罗瑞的家事还没有做完，就离家去看她的朋友。在洛瑞回来的时候，塔西夫人非常生气，对她一番大吼："洛瑞，为什么会这样？"洛瑞这次也不示弱，决定告诉母亲："你真的要知道？"塔西夫人点点头，于是洛瑞就一股脑说出了所有实情。她告诉塔西夫人："你从来没有听过我要说的话，你总是告诉我该做这该做那，你给了我太多的命令，使我不知道应该怎么做你才会满意。"

塔西夫人开始认识到，洛瑞需要的不是一个忙碌的母亲，而是一个密友，让她把成长所带给她的苦闷发泄出来。

从此以后，塔西夫人也注意了说话的语气，不再用命令的口气，而是学会了遇事与洛瑞商量，母女之间的关系也发生了很大的变化。

可见，每个人都有自己的自尊心和自己的行为准则，他们不希望别人用命令的口气来指责自己的行为，在同事之间是这样，在家人之间也是如此。

## ※　给对方留面子

生活中，我们总是要和许多人打交道。特别是在社交活动中，总有人不可避免地会陷入尴尬境地，要是我们能为这些人提供一个恰当的"台阶"，使他们避免丢面子，这不仅能使你获得对方的好感，而且也能助于你树立良好的社交形象。

著名教育家戴尔·卡耐基经历了过这样一件事。在一次宴会上，某客人引用了"谋事在人，成事在天"的格言，并说此话出自《圣经》。卡耐基为了表现自己的渊博学识，便指出那客人错了，此话出自莎士比亚的戏剧。那客人听了恼羞成怒，与卡耐基争辩起来。当时卡耐基的老朋友葛孟也在座，而且葛孟是研究莎士比亚的专家。卡耐基便向葛孟求证，葛孟却在桌子底下踢了他一脚，说："你错了，这位客人是对的，这句话出自《圣经》。”

后来，在回家的路上，卡耐基很不服气地说：“那句格言明明出自莎士比亚的戏剧嘛。”葛孟回答：“当然，是出自莎士比亚《哈姆雷特》第五幕第二场，可是为什么非要去证明他错了呢？我们大家都是宴会上的客人，为什么不给他留点面子呢？”

卡耐基由此事得到了深刻启发：假如我们是对的，别人绝对是错的，我们也会因为指出别人的错误而使他失去颜面，毁了他的自尊。我们没有权力贬低一个人的自尊。

我们在生活中都是顾及自己的脸面的。因此，一句或两句体谅的话，对他人的态度表示一种宽容，都可以减少对别人的伤害，保住他的面子。生活中需要智慧，也需要机智的幽默。只有这样，我们才可以避免毫无必要地“树敌”，才可以做到“化干戈为玉帛”，也只有这样，我们才可以减少许多麻烦，把更多的精力和时间投入到我们感兴趣的有意义的工作中。

几年前，通用电器公司面临一项需要慎重处理的工作：免除查尔斯·史坦恩梅兹担任的某一部门的主管。史坦恩梅兹在电器方面有超过别人的天才，但担任计算部门主管却遭到彻底的失败。不过，公司却不敢冒犯他，公司绝对少不了他——而他又十分敏感。于是他们给了他一个新头衔，让他担任“通用电器公司顾问工程师”——工作还是和以前一样，只是换了一项新头衔——并让其他人担任部门主管。

对这一调动，史坦恩梅兹十分高兴。

通用公司的高级人员也很高兴。他们已温和地调动了这位最暴躁的大牌明星职员的工作，而且他们的做法并没有引起一场大风暴——因为他们让他保住了面子。

让他有面子！这是多么重要，多么极端重要呀，而我们却很少有人想到这一点！

美国经济学家，总统罗斯福的私人顾问亚历山大·萨克斯，在1939年受爱因斯坦等科学家的委托下，企图说服罗斯福重视原子弹研究，以便赶在纳粹德国前面制造原子弹。尽管有科学家们的信件和备忘录，但罗斯福反应冷淡，他说："这些都很有趣，不过政府若在现阶段干预此事，看来为时过早。"但他为表示歉意，决定邀请萨克斯于第二天共进早餐。

早餐开始前，罗斯福就提出，今天不许再谈爱因斯坦的信。但萨克斯含笑望着总统，说："我想谈一点历史。英法战争期间，在欧洲大陆上不可一世的拿破仑在海上却屡战屡败。这时，一位年轻的美国发明家富尔顿来到了这位法国皇帝面前，建议把法国战舰上的桅杆砍掉，撤去风帆，装上蒸汽机，把木板换成钢板。但是，拿破仑却想，船若没有帆就不能航行，木板换成钢板船就会沉没。他嘲笑富尔顿：'军舰不用帆？靠你发明的蒸汽机？哈哈，这简直是想入非非，不可思议！'结果富尔顿被轰了出去。历史学家们在评论这段历史时认为，如果当初拿破仑采纳富尔顿的建议，19世纪的历史就得重写。"萨克斯说完后，目光深沉地注视着总统。

罗斯福沉思了几分钟，然后斟满一杯酒，递给萨克斯，说道："你胜利了！"萨克斯终于说服了总统，揭开了美国制造原子弹的第一页。

卡耐基认为，假使我们是对的，别人绝对是错的，我们也会因让别人丢脸而毁了他的自我。传奇性的法国飞行先锋和作家安托安娜·德·圣苏荷依写过："我没有权利去做或说任何事以贬抑一个人的自尊。重要的并不是我觉得他怎么样，而是人觉得他自己如何，伤害人的自尊是一种罪行。"

众所周知，斯大林在晚年逐渐变得独裁。"唯我独尊"的个性使他不能允许世界上有人比他高明，更难以接受下属的不同意见。在“二战”期间，斯大林的这种过分的“唯我独尊”，曾使红军大吃苦头，遭到了本可避免的巨大损失和重创。一度提出正确建议的朱可夫曾被斯大林一怒之下赶出了大本营。但有一人例外，他就是华西列夫斯基，他往往能使斯大林在不知不觉中采纳他的正确的作战计划，从而发挥着杰出的作用。

华西列夫斯基的进言妙招之一，就是在潜移默化地在休息中施加影响。在斯大林的办室里，华西列夫斯基喜欢同斯大林谈天说地的“闲聊”，并且往往还会“不经意”地“顺便”说说军事问题，既非郑重其事地大谈特谈，讲的内容也不是头头是道。但奇妙的是，等华西列夫斯基走后，斯大林往往会想到一个好计划。过不了多久，斯大林就会在军事会议上宣布这一计划。于是大家都纷纷称赞斯大林的深谋远虑，但只有斯大林和华西列夫斯基心里最清楚，谁是真正的发起者，谁是真正的思想来源。

正是在这些闲聊中，华西列夫斯基用自己的思想启发了斯大林的思想，甚至连斯大林本人也认为这些好主意正是他自己想出来的。但不管怎样，从效果上看，华西列夫斯基达到了他的目的，使他的建议能够被斯大林所采纳，并成为斯大林最为倚重的人之一。

沃恩每年都会受邀参加某单位的杂志评审工作，这个工作虽然报酬不多，但却是一项荣誉，很多人想参加却找不到门路，也有人只参加一两次，就再也没有机会了！沃恩年年有此“殊荣”，让大家都羡慕不已。

他在年届退休时，有人问他其中的奥秘，他微笑着向人们揭开谜底。

他说，他在公开的评审会议上一定会把握一个原则：多称赞、鼓励，而少批评。但会议结束之后，他会找来杂志的编辑人员，私底下告诉他们编辑上的缺点。

因此，虽然杂志有先后名次，但每个人都保全了面子。也正是因为他顾虑到别人的面子，因此承办该项业务的人员和各杂志的编辑人员，都很尊敬他、喜欢他，当然也就每年找他当评审了！

过分地挑剔别人的错误，非但不会让别人知道自己错了，反而会使他产生逆反心理；相反，让别人保住面子，对方会在心里感激你，对你有求必应。

其实，不仅在工作中需要给对方留面子，夫妻之间也要留面子。

夫妻吵架，本来是一件很正常的小事。假如你又去寻求外援，又是找单位领导去“说理”。理亏的一方往往会因为在外人面前“丢了面子”，不仅不会乖乖承认和改正错误，说不定会让事情变得更加糟糕。

给对方面子，其实也就是给自己留下余地。常言道，退一步海阔天空。所以凡事都要有个度，即使是对方做错了，也不要把事情做绝了，给对方一个台阶下，也会让你前面的道路变得平坦。

## ※ 称赞他人最微小的进步

我们每个人都希望听到别人的赞美。称赞别人一个最微小的错误，也会使他对未来的工作充满信心。所以让我们善于观察周围的生活，随时给大家以称赞。

《影响力的本质》这本书出版以后，许多人读了这本书后，都觉得获得了益处，或多或少地帮助他们改变自己的行为和态度。

有天，有位朋友前来探望卡耐基。这位是从卡耐基老家玛丽维尔来的，卡耐基请他到一家餐馆吃饭，这位朋友告诉卡耐基，他读完了《影响力的本质》这本书，一有进步就作个记录，而且这个记录越来越高。

卡耐基听了之后心中大喜，认为这个方法非常好，于是建议每位读者请他们的友人每周在他或她有进步之处便做标记。

建议推出后，大家非常高兴，认为这样对他们的帮助更大了。这是为什么呢？其实人们的内心每天都在对比，我今天比昨天有进步吗？我今天是不是比昨天获得了更大的成功？而卡耐基的这个方法正是运用了这一点，它能够及时地发现他的读者的最微小的进步，并及时地赞美他们。

卡耐基认为，假如我们愿意鼓励我们所接触的每一个人，使他认识到并挖掘自己拥有的内在宝藏，那么，我们不仅可以改变他本人，甚至可以使他脱胎换骨。

从前，有个十岁的孩子，在“那波尔斯”一家工厂里做工。那孩子从小就怀着一个理想，希望将来成为一个歌唱家。可是，他的第一位老师，就给了他一个打击。那位老师说：“你不能唱歌，你的嗓子很坏，所发出来的声音再难听也没有了。”老师的这番话，给了孩子很大的打击。可是，孩子的母亲，一个贫苦的农家妇女，搂着自己的孩子，称赞他，告诉儿子，说他能唱歌，她已经看出他在进步了。母亲光着脚去做工，为的是省下钱来给儿子付音乐班的学费。那位农家母亲对儿子的鼓励和称赞，改变了这孩子的一生。这孩子就是当代杰出的歌王——卡罗沙。

卡耐基说，称赞对方哪怕是最微小的进步，对方也将铭记在心，以此来激励自己走向成功。

其实，我们每个人都会遇到挫折，每个人都希望得到对方的鼓励，尤其当我们面临是坚持还是放弃这两种选择的时候，我们尤其需要对方的鼓励，哪怕是一句关切的话语，也会改变一个人的一生。

许多年前，伦敦有个年轻人，渴望自己能成为一位作家。可是他所有的遭遇，都事与愿违，好像处处都跟他作对似的。他所受到的学校教育，不到四年。他父亲因为还不起债而入狱，使这个年轻人饱尝饥饿的滋味。最后，他找到一份工作，他的工作是在一间老鼠满地跑的货仓里，粘贴墨水瓶上的签条。

夜晚，他跟另外两个来自伦敦贫民窟的顽童，住在楼顶的一小间暗房里。他对于写作的自信心很薄弱！当他第一篇稿子完成时，生怕会给人家讥笑，只得在夜间，悄悄地把稿子投入邮箱里。他接连的写稿、投稿，但他所寄出的那些稿子，也接连的都给拒绝退了回来。

可是，伟大的一天来了，他的一篇稿子被录用了。其实，他连一先令的稿费也没得到。但录用他那篇稿子的编辑的赞美，使这年轻人高兴极了。

正是这篇稿子的刊登，改变了他的终生事业。若不是那次的鼓励，这年轻人可能一辈子在那满是老鼠的货仓里工作。他就是著名作家狄更斯。

可见，赞美的作用是多么神奇。它能改变人的一生，让一个人从一个世界走到另一个世界。如果没有母亲的赞美，就不会有歌王卡罗沙；如果没有编辑的赞美，就不会有作家狄更斯。

英国史学家韦尔斯也有相似的经历。当时的韦尔斯在一家店铺里工作，他每天早晨五点钟就要起来打扫店铺，一天做十四小时的苦工。这样经过了两年，年轻人实在忍受不下去了。某天早晨，等不及吃早餐，一口气走了十五里路，去找他那替人做管家的母亲商谈。

他像是疯了似的向他母亲哭着哀求，他说他再也不回那家店铺工作了；如果他须再留在那店中，他就要自杀。他写了一封很长而悲惨的信，给他的老校长。说他心已破碎，不想再活下去。他的老校长给了他一些赞美，说他是个聪明的年轻人，应该找一份更适合他去做的工作，然后给了他一个教员的职位。

也是那个赞许，改变了那年轻人的将来，并在英国文学史上，留下一个使人无法磨灭的印象。因为那年轻人从此以后，完成了七十七部书，用他的笔，赚进了一百多万元。

就是那一点称赞，那一点轻微的鼓励，成了这些人终身事业上的转折点。假如我们能都真心地去激励我们所接触的人，让他们知道自己潜藏着的财富，这不只是改变他们的意志，更会改变他们一生的命运！

## ※ 让他人有个好名声

我们每个人都不愿意听别人这样在背后说我们，“他是个自私的人，大家都不要跟他说话”“他太小气了，把儿子都逼走了”等等。所以，给别人留下好名声非常重要。

卡耐基就非常注重这一点。洛莉塔是卡耐基的第一位夫人。洛莉塔平时在家里对卡耐基讥讽嘲笑，后来竟然还阻碍卡耐基书的出版。当卡耐基从出版社知道事实真相后，并没有到处去说洛莉塔的坏话，而是像往常那样对待她，给她留下一个好名声。

卡耐基从自己的亲身经历告诉我们，如果你希望某人具备一种美德，你可以认为并公开宣称他早就拥有这一美德了，给他一个好名声，送他一顶高帽子，让他去实现，他便会竭尽全力，而不愿看到你失望。

亨利·韩克是印第安纳州洛威一家卡车经销商的服务经理。他公司有一个工人，工作每况愈下。但亨利·韩克没有对他怒吼或威胁，而是把他叫到办公室里来，跟他坦诚地谈一谈。

他说：“比尔，你是个很棒的技工。你在这条线上工作也有好几年了，你修的车子也很令顾客满意。其实，有很多人都赞美你的技术好。可是最近，你完成一件工作所需的时间却加长了，而且你的质量也比不上以前的水准。你以前真是个杰出的技工，我想你一定知道，我对这种情况不太满意。也许我们可以一起来想个办法改进这个问题。”

比尔回答说，他并不知道他没有尽好他的职责，并向他的上司保证，他所接的工作并未超出他的专长之外，他以后一定会改进它。

他曾经是一个快速优秀的技工，由于韩克先生给他的工作以美誉，他一定会为尊重自己的荣誉而努力工作。

先对人肯定，给他一个好名声，让他觉得自己重要。然后再指出不足，这样人们心里比较乐意接受。

纽约布鲁克林的一位四年级老师鲁丝·霍普斯金太太，当她看过班上学生的名册后，稍微有一点忧虑，因为今年她班上有一个全校最顽皮的“坏孩子”——汤姆。汤姆三年级的老师，不断地向同事或校长抱怨，只要有任何人愿意听，就会不停地说汤姆的坏事。他不只是恶作剧而已，还跟男生打架，逗女生，对老师无礼，在班上扰乱秩序，而且这种情况愈来愈糟。他唯一能让人放心的是，他很快就能学会学校的功课，而且非常熟练。

霍普斯金太太决定立刻面对“汤姆问题”。当她见到她的新学生时，她这样说道：“罗丝，你穿的衣服很漂亮。爱丽西亚，我听说你画画很不错。”当她念到汤姆时，她直视着汤姆，对他说：“汤姆，我知道你是个天生的领导人才，今年我要靠你帮我把这班变成四年级最好的一班。”在开始几天她一直强调这点，夸奖汤姆所做的一切，并评论他的行为正代表着他是一位很好的学生。有了值得奋斗的美名，即使一个九岁大的男孩也不会令她失望。而他真的做到了这些。

卡耐基认为，对于普通人来说，如果你能得到他的敬重并且你对他的某种能力也表示敬重，那么他就会乐意接受你的领导。

我的朋友琴德太太，住在纽约白利斯德路，她刚雇了一个女佣，告诉她下星期一开始来工作。琴德太太打电话给那女佣以前的女主人，那位以前的太太认为这个女佣并不好。当那女佣来上班的时候，琴德太太说："妮莉，前天我打电话给你以前做事的那家太太。她说你诚实可靠，会做菜，会照顾孩子，不过她说你平时很随便，总不能将房间整理干净。我相信她说的是没有根据的。你穿得很整洁，这是谁都可以看出来的。我可以打赌，你收拾房间，一定同你的人一样整洁干净。我也相信，我们一定会相处得很好。"

是的，她们果然相处得非常好，妮莉不得不顾全她的名誉，所以琴德太太所讲的，她真的做到了。她把屋子收拾得干干净净，她宁愿自己多费些时间，辛苦些，也不愿意破坏琴德太太对她的好印象。

卡耐基认为，假如你要在领导方法上超越自我，希望改变其他人的态度和举止时，请记住这条规则："给他人一个美名，让他为此而奋斗努力。"

我们每个人都希望得到赞美，当别人赞美我们后，我们会不惜一切代价地做到最好。

一名制革师傅收下一个男孩学徒时，他对徒弟说了一句这样的话："我怎样对别人，别人也会怎样对我。"后来，这个男孩通过自己的诚实、好心和勤奋获得了雇主的信任。制革师傅对学徒说："我考虑在你学成后，送给你一件好的礼物。我不能告诉你那是什么东西，但它对你来说比 100 英镑更有价值。"当男孩学徒期满后，制革师傅说："我会把你的礼物给你的父亲，"然后他又加上了一句话，"你的儿子是我所遇见过的最好的男孩。这就是我送给你的礼物——一个好名声。"听到这里，男孩原先那获得物质奖赏的梦想破灭了。但他的父亲对制革师傅说："我宁可听到关于我儿子好名声的话，而不愿意看到你给的金钱，因为一个好名声要比巨大的财富重要得多。”

没有一个好名声，金子，也会失去价值；身份，也不会使人高贵；地位，也没有什么尊严；美丽，也不会有什么魅力；高龄，也不会赢得人们的尊敬。

包德文铁路机车工厂总经理华克伦，他说过这样的话：一般人，都会愿意接受指导，如果你得到他的敬重，并且对他的某种能力表示敬重的话。

哈巴德将军是一位最受人们欢迎的美国将军，他曾经告诉利士纳说，在他看来，在法国的二百万美国兵，是他所接触过最合乎理想、最整洁的队伍。

这是不是过分的赞许？或许是的。可是我们看利士纳如何应用它！

利士纳说：我从未忘记把哈巴德将军所说的话，告诉士兵们，我并没有怀疑这话的真实性，即使并不真实，那些士兵们知道哈巴德将军的意见后，他们会努力去达到那个水准。

因此，一个好名声显得格外重要，它不仅表现了那个人已具有的品格，它还起着一种激励作用，要那个人朝着更高的目标前进。

让别人的错误更容易改正。

别人犯了错误，我们希望别人改正错误，但是，如何使别人的错误更容易改正呢？如果仅仅是指出来，别人并不一定乐于改正。我们需要一些技巧，使别人的错误变得更容易改正。

有一次，卡耐基请一位室内设计师为他家布置一些窗帘。

当账单送来时，他大吃一惊。

过了几天，一位朋友来看他，看到了那些窗帘，并问起价钱，而后面有难色地说：“太过分了。我看他占了你的便宜。”

她说的是实话，可是没有人肯听别人羞辱自己判断力的实话。因此，身为一个凡人，卡耐基开始为自己辩护。他说贵的东西终究有贵的价值，你不可能以便宜的价钱买到高品质又有艺术品位东西等等。

第二天另一位朋友也来拜访，开始赞扬那些窗帘，表现得很热心，说她希望家里也能买得起那些精美的窗帘。这时卡耐基的反应完全不一样了。“说句老实话，”他说，“我自己也负担不起。我付的价钱太高了，我后悔买了它们。”

当我们犯错误的时候，我们也许会对自己承认，但是我们却未必对他人承认。但如果对方处理得很巧妙而且和善可亲的话，我们也会对别人承认，甚至以自己的坦白率直而自豪。

卡耐基认为，使对方知道你相信他有能力做好一件事，他在这件事很有潜力，如果对他多加鼓励，他也许将彻底改头换面，正面鼓励可以使人更容易改正错误，自强自立，甚至脱胎换骨。

汤姆，四十岁，不久前刚订婚。他未婚妻劝他学跳舞。这在他来说，或许太迟了，但是未婚妻的话又不敢不听。于是，汤姆就请了一位老师，这位老师或许说的都是实话，她告诉汤姆，说他的舞步完全不对，必需从头再学起。这使汤姆很灰心，因为他二十年前已经学过跳舞了。汤姆无心再继续学了，就辞掉这位老师。

后来，汤姆又请了第二位老师。也许这位老师说的不是实在话，可是汤姆听了还是很高兴。她冷漠地对汤姆说，你跳的舞步有点旧式，可是基本步子是对的，认为汤姆不难学会几种流行的新舞步。

第一个老师，完全打消了我的兴趣，第二个老师恰好相反，她不断地称赞汤姆，减少了我舞步上的错误，给了汤姆很大的信心。或许第二位老师说的是假话，或许她只想汤姆继续交钱，但是她确实使汤姆的舞步改善了很多，而且使汤姆内心充满激情。有时候就是这样，或许不需要太多的指导，只需要点燃汤姆心中的那团火。第二位老师的话鼓励了汤姆，给了汤姆希望，使他自己愿意改进。

美国第三十届总统柯立芝刚上任时，聘了一个女秘书协助他，这个女秘书长得年轻又漂亮，但在工作上却屡屡出现问题，不是字打错了，就是时间记错了，给柯立芝造成很大的困扰。

有一天，女秘书一走进办公室，柯立芝就夸奖她的衣服很好看，盛赞她的美丽，女秘书受宠若惊，但是柯立芝接着说："相信你的工作也可以像你人一样，都能做得很漂亮。"

果然，从那天起，女秘书的公文就没再出过错。身旁的其他工作人员好奇地问总统："你这个方法很巧妙，是怎么想出来的？"

柯立芝淡淡一笑："这很简单，你看理发师帮客人刮胡子之前，都会先涂上肥皂水的目的就是使人刮起来不会感觉痛，我不过就是用这个方法罢了！"

由此可见，正面的鼓励确实可以使人更容易改正错误，更容易接受他人的建议。因此，我们要学会这种工作方法。

1922 年，加利福尼亚有个年轻人，他连照顾妻子的生活，都感到非常困难。星期天，他要去教会唱诗班卖唱；偶尔在人家婚礼中，替人家唱歌，可以赚进五块钱。他的生活贫困极了，没有能力住在城里，所以他在乡下一座葡萄园里租一间破旧的房子，每月租金只有十二元五角。

他住的房子，虽然租金非常便宜，可是还是无法负担，使他拖欠了人家十个月的租金。

他在环境逼迫之下，替房东摘葡萄，以偿还租金。他后来告诉我，那时，他在迫不得已的情形下，穷得没有东西吃时，就拿葡萄来填饱肚子。

失望之余，他几乎想放弃歌唱这份爱好，去推销载重汽车谋生。就在这时，他的朋友休士称赞了他，休士对他说：“你的嗓音颇有发展的可能，你该去纽约学唱才是。”

这个年轻人这才发现自己整天这样混日子不可以，应该彻底地改变自己的生活。那天，他想了很多，他发现自己也有追求，也有自己的特长，为什么自己不能抓住机会，而要像现在这样穷困潦倒呢？

有时候就是这样，一语惊醒梦中人。只要我们采取争取的方法，合理地指出他人的错误，大家都会欣然接受的。那么究竟有什么方法可以做到呢？

第一，可以先赞赏再批评。

每个人都希望听到赞赏的话，所以在批评他人之前要先肯定别人的优点，这对于别人能否接受批评起着至关重要的作用。

第二，要让别人感受到他的重要。

如果他能感受到你对他的重视，就能鼓舞他办事情的热情，向着你提的要求前进。

## ※　善于向他人授权

你会不会遇到这样的情况。要你组织一个晚会，你会觉得你忙得焦头烂额，而你周围的人好像却闲得无所事事。你会埋怨他们的无动于衷和漠不关心。其实，你有没有想过，你是不是没有让他们自主地承担一定的任务，而是总是担心他们这不行那不行，所以不管大事还是小事，都是你一个人来做呢？大胆地放手，给周围的人一次机会，你会发现他们做得很好。

卡耐基就懂得把权利交给下属。他与桃乐丝结婚后，就把公司的一部分事务安心交给了桃乐丝，让她自己去经营。这不仅发挥了桃乐丝的才干，也让桃乐丝积累了经验。桃乐丝后来还模仿卡耐基的做法，开设了一个专门针对妇女的培训机构，并且还出版了一本女性使用的书籍。尽管最后以失败而告终，但是卡耐基敢于放手的做法让桃乐丝学会了很多东西，桃乐丝成了一个理想的继承人。

卡耐基认为，如果你希望别人高兴做你让他去做的事，你就必须让他明白，他对你是多么的重要，而他自然也会在心中产生这种感觉，从而实现你的期望。

很多人替自己挖下了个坟墓，因为他不懂得怎样把责任分摊给其他人，而坚持事必躬亲。其结果是，很多零零碎碎的小事把他搞得非常混乱。他总觉得很匆促、忧虑、焦急和紧张。比尔是某地区某个领域的企业领导，他总是在说他的事情好多，他好忙。他的时间好紧张。有一天，他指着台历上的记事对朋友说："9 点，下面办的一家工厂开张，要去讲几句话，不去又该说不重视了。10 点，有个表彰会，要领导去，我跟他们说了，去坐坐，话就不讲了。11 点，下面谈的一个项目签字倒不是什么大项目，总得有个领导在场呀，中午吃饭还要念祝酒词，词儿倒都有人起草。不然我真没法活了。你看，下午从 3 点开始，新闻发布、颁奖、授旗、挂牌儿，晚上还要看时装表演，这也是政治嘛。瞧，满满的，天天如此，我算判了无期徒刑了。"

从他的日程表可以看出，他确实很忙，忙着开几个不痛不痒的会，讲几句不痛不痒的话，转几个不痛不痒的地方，念几篇不痛不痒的文章。可悲的是，忙着的他，还以为正在建立不朽的功勋呢！殊不知这样下去，并不会给公司带来实质性的好处，公司也不会因为他的忙碌而使业绩提升。

其实，作为一个领导者，我们不必事必躬亲，而是要把握好公司发展的大方向，制定出正确的决策，培养出得力的助手。

亚洲文化推崇这种领导风格——将自己的利益最小化，并授权他人。但在西方文化中，CEO的权力似乎超越一切。但是现在我们发现来自美国的CEO已经被这种授权思想潜移默化。他们领导风格低调、不张扬，正如有人说过的："你看不见他做过什么，但是一切都安排好了。"

惠普的领导风格也反映了这种精神。惠普的"走动管理"鼓励经理们走出自己的办公室，来到员工中间，主动给予他们帮助，充分授权。

美国钢铁大王卡耐基是位善于训练青年的奇才。他一手提拔了43个贫苦青年，使他们后来都成为百万巨富及干练的领袖人物。正是卡耐基提拔重用人才，请他们设计种种事业，才使卡耐基有如此显赫的成就。提拔人才不但自己不会受害，反面能够获利。

曾经名震一时的德国史汀尼斯公司却失败了，究其原因，不难发现，创办人史汀尼斯先生虽然有超强的能力成立规模庞大的公司，但因他从未训练或提拔一个职员，始终独揽一切工作，到他死后，公司便随之而倒。他在生产上，从未考虑公司未来的接班人，他这种不懂得授权的做法，等于把他的事业建筑在一片泥沙之上。

我们要学会适当的授权和在适当的时候授权。

英国大出版家罗慈可里夫先生一生中做过很多事情。如果换成别人，早已忙得不可开交，但是他仍能从容不迫，应付自如。当朋友问及他成功的秘诀时，他说："我自己只担任指挥的工作，一切机械式的事情都交给那些能够胜任的人。我深知要成就事业，最重要的是有创新的计划，指挥得法和监督不懈。至于那些助手办理妥当的工作，我尽可不必动手。"

计算机公司经理派特生也说："不要去做可以交给别人做的事情。"

林肯总统在组织内阁时，就非常喜欢选择个性才学互不相同的人为内阁成员。林肯深知激发他们各人的特点，使他们互相合作的方法。

他对整个内阁机构，颇能操纵自如，但他驾驭内阁成员的方法，并非压迫，而是用一种使人能自动同意的温和手腕。他善于忍耐，是任何人所不能及的。他又懂得权力下放，让不同的人在不同的岗位都能做出出色的业绩。

其实，一个领袖人物，最重要的是有卓越的思想和计划，而不是把时间花费在具体实施这个计划的工程当中，不应把宝贵的时间耗费在一般琐碎的小事上。懂得授权，是一个领导者必备的素质。其实让员工们增加参与感，使员工有受到重视的感觉，在心情愉快下开展工作，这是管理者所期望的企业氛围。

一个真正能够立稳脚跟的领导者，永远是一个制造机器的人，而不是将自己作为机器的一部分。我们在日常工作中，也要充分授权，这样我们才能有足够多的时间去做更重要的事情。员工们也会因为授权而真实地感受到自己就是公司的主人，自己得到了无比的信任，相信他们会更加鼓足勇气，朝着既定的目标前进。

# 第五章　让你的家庭幸福快乐

如果有人站在这里问大家："你们的婚姻幸福吗？你们每天都过得快乐吗？"我想，很多人并不一定可以很理直气壮地回答："幸福"。

在世界上，每天都有很多对青年男女开始他们的婚姻生活，同时又有很多对夫妻结束他们的婚姻生活。有很多人，对他们结婚后的生活感到不满意；但是有很多人却可以依然像婚前一样享受连个人的甜蜜生活。

有很多夫妻，特别是那些已经结婚很多年的夫妻，对待婚姻往往是一种"勉强"态度。在她们的婚姻里面，没有激情、没有快乐，也没有新鲜感。对他们来说，维持婚姻是一种义务，是一种忠实，是为了给孩子一个完整的家庭。事实上，幸福的婚姻并不像我们想象中那么困难，只要我们掌握适当的技巧，就可以使婚姻充满激情。改善婚姻的方法有很多，例如：不要改变你的伴侣，不要批评你的家人，多从小事上关心她等等。

家，犹如一艘航行在浩瀚大海的船，当船触礁时，遇险的不会只是某一个人，而一定是整个家庭成员。因此，我们要用心经营好这个家，这样才能保证我们家庭中的每一个成员都不受到伤害。在我们遇到困难时，我们也不要轻言放弃，只要船还未沉没，我们就还有希望，就应该努力争取。

## ※　不要自掘婚姻的坟墓

家是心灵的港湾。每个人都希望有个幸福美满的家庭。作为家庭中的一位成员，我们每个人都必须为之做出贡献，都要为家庭的和睦而努力。我们切忌不可自掘婚姻的坟墓。

卡耐基的第一次婚姻是十分不幸的。卡纳基回到纽约时，心中非常懊悔。然而还有更不幸的事情的等待着他。

一天晚上，卡耐基决定和洛莉塔进行一次长谈，但发觉洛莉塔不在。于是使驱车寻找洛莉塔。

他在一家酒店停了下来，走了进去，发觉洛莉塔正在和一名穿着较好的男子谈话，他认出了那名男子是纽约上流社会的猎艳高手杜马恩曾·佩。他很震惊，仿佛遭到重击似的。但他不想上去和那人决斗，他觉得为这样的女人而与人拼命不值得。

尤其令人气愤的是，当他向洛莉塔质问这件事时，洛莉塔竟扬着头说：“是啊！我愿意当他的情妇，与你这个没用的家伙一起生活实在没意思，你不是要离婚吗？那么我们现在就离婚，离婚，离婚！”

这时的卡耐基像一头雄狮，也大叫大嚷起来：“离婚就离婚，你这个不知羞耻的女人，我再也不能忍受你了！”

说完，他抱着头，心中的伤感一阵阵袭来。十年光阴，仿佛是在噩梦中度过，而与洛莉塔生活在一起的所有一切都是噩梦。

他的朋友们知道了这件事，纷纷写信或者向他提建议，有的劝他离婚，有的则劝他不要操之过急。但他此时已经铁下心来，只有一个想法，那便是离婚。

没多久，他们就走向法院，要求离婚。自此，卡耐基总算获得了解脱，仿佛被解放了似的，重新得到了自由的生活。

与洛莉塔十年的婚姻终于结束了，幻想十年的一个美丽的玫瑰梦便这么破灭了。

但是卡耐基只是失去了一个不愉快的家庭，他还有事业，等待他的是更多的创业机会。

洛莉塔无休止的争吵使卡耐基忍无可忍。他对卡耐基的嘲笑给卡耐基很大的打击。她的无理取闹使卡耐基对她失去了信心，最后走上了离婚的道路。

卡耐基认为，在爱情魔鬼发明的所有恶毒办法中，唠叨是最厉害的，它给婚姻生活带来的，除了悲剧什么都没有。

当丈夫为工作在外面劳累了一天、筋疲力尽地回家时，最好的方式是，你赶紧去门口迎接他，为他倒上饮料或冰镇酒，要么就打水洗脸，切记不要发脾气。记住，这个办法是非常有效的。不管你和哪一个男性在一起生活，都需要去操纵他。但是，对一个指责抱怨你的男性，一定要坚持自己的原则，一旦你放弃原则去取悦他，最后的结果只会让他更加抱怨。

家庭生活中产生复杂的纠纷并不稀奇，但是不要听取陌生人的意见，因为他的想法往往不着边际又很容易引起误会。如果你和丈夫意见不合，最好尽量内部解决问题，不要让局外人掺和进来，否则，你不仅会后悔，甚至会责怪他。

一般来说，一个局外人掺和夫妻间的内部矛盾是非常不合适的，因为一个外人绝不可能知道矛盾的关键在哪里，以及谁应该承担更大的责任。有时候也许根本就是鸡毛蒜皮的小事，夫妻双方都没有什么责任。尽管他们都是非常可爱的人，但是组合在一起仍然有可能成为一个容易爆炸的混合体。出现这种情况，局外人通常会觉得脾气暴躁的一方要负主要责任。但是，有时候恰恰相反，在外人眼里看来既能干又老实，简直没有毛病的人，在家里却是个魔鬼。解铃还须系铃人。让外人来解决家庭矛盾非常不合适——不管是亲朋还是好友，有时反而越帮越忙。甚至在不明真相的情况下袒护了引起争吵的人，冤枉了无过错的一方。

其实我们每个人都讨厌别人无休止地反复地重复同一件事情，这样会使我们感到厌烦和疲倦，这不仅仅对于男人。因此，不停地唠叨会使我们的婚姻走向灭亡。

法国皇帝拿破仑三世，和世界上最美丽的女人依琴尼迪芭女伯爵，坠入情网……接着，他们结婚了。他的那些大臣们纷纷指出，迪芭仅是西班牙一个并不重要的伯爵的女儿，他们两个地位有所悬殊。可是，当时的拿破仑回答说，这又有什么关系呢？

是的，迪芭的优雅、青春、美丽，深深地迷倒了拿破仑。拿破仑在一次哗然激烈的言论中，向全国宣布说：“我已挑选了一位我所敬爱的女人，做我的妻子，我不想娶一个我素不相识的女人。”

拿破仑和他的新夫人，他们具有健康、权力、声望、美貌、爱情，一对美满婚姻所完全具备的条件婚姻点燃的圣火，从来没有像他们这样光亮，这样白热。

可是，好景不长，这股炽烈、辉煌的光芒，渐渐冷却了下来！终于成了一堆的尘灰。拿破仑可以使迪芭小姐成为皇后。可是他爱情的力量、国王的权威，却无法制止她对他无理的喋喋不休。

迪芭内心受嫉妒所困扰，遭恐惧所折磨，使她抵抗他的命令，甚至不许拿破仑有任何秘密。她会突然闯进拿破仑正在处理国家大事的办公室，她捣毁了拿破仑与大臣们之间的重要会议。她不允许他单独一个人与其他女人见面，总怕拿破仑会跟其他的女人相好。她还会闯进拿破仑的书房，暴跳如雷、恶言谩骂，纵使拿破仑拥有许多富丽的官室，身为一国的元首，却找不到一间小屋子，能使他宁静安居下来。

她还常常会去找她姐姐，抱怨她的丈夫，诉苦、哭泣、喋喋不休！

迪芭小姐的那些吵闹，所获得的是些什么？

事实上，迪芭小姐高居宝座，有着倾国倾城的美貌和令人羡慕的皇后之尊，却不能使爱情在吵闹的气氛下存在。迪芭小姐曾放声哭诉说：“我所最怕的事，终于临到我身上。”

其实这一切的到来都是她咎由自取的结果。这个可怜的女人，完全是错在她的嫉妒，和喋喋不休的吵闹。嫉妒和唠叨是很多女人共同的毛病，抱怨自己的丈夫不如别人，抱怨自己的家庭条件不如同事，抱怨自己的孩子不够聪明，这些抱怨都会给婚姻带来隐患。

林肯夫妇也是一个很好的例子。林肯夫妇结婚后不久，和欧莉夫人住在一起。欧莉夫人是春田镇上一个医生的寡妇，或许为了贴补家里一份收入，不得不让人进来寄住。

有一天早晨，林肯夫妇两人正在吃早餐时，林肯不知为了什么原因，激起他妻子的暴怒，林肯夫人在盛怒下，端起一杯热咖啡，朝丈夫的脸上泼去。她是当着许多住客面这样做的。

林肯不说一句话，就忍着气坐在那里，这时欧莉夫人过来，用一块毛巾，把林肯脸上和衣衫上的咖啡拭去。

林肯夫人的嫉妒，几乎达到使人无法相信的程度，她是那样的凶狠、激烈。她最后精神失常了。

夫妻吵架时有一点非常重要，就是必须注意自己使用的语言。类似“你不懂！”“你狡辩”这样的话都不可以说，而应当说“我不赞同你的说法，我的想法就是这样。”要记住，不管使用什么语言吵架，都不能没完没了，必须有结束的时候。有人说，吵架时家里就会变成硝烟弥漫的战场，所以你应当尽量避免争吵升级。

吵架结束后，你应该主动而真诚地向他道歉，哪怕吵架的原因是你的那位平日“沉默寡言”的丈夫引起的。当然在道歉之前，你必须确定自己没有任何过错，但是你应该有自己也不对的想法，否则他不会这样生气—你仍然可以坚持自己是对的，只要你不说出来。然后你就应该和丈夫讨论一下如何避免吵架，这一次你们之间的“互相沟通”没有成功，但你希望以后能够得到改善。

万一你的婚姻失败，再婚的可能性很小，因为不可能有一大批好男人预备着让你挑选；更何况和你同一年龄阶层的男性，很少有人是单身。而你的丈夫则不然，会有很多供他选择的女性，他结婚的可能性更大。而且你丈夫很有魅力，品行高尚，他随时都可以找到比你更年轻、更漂亮、更温柔的妻子。如果你有这种想法，你可能会控制自己的脾气。

世界上没有完美的人，所以毫无疑问，完美的婚姻也不存在。年轻人常常对婚姻怀着不现实的期望，将它想象得非常理想。尽管现实生活中也有少数非常理想的婚姻，但是必须明白这是夫妻双方多年来共同完善的结果。

婚姻生活像一个新的生活旅程，你必须从现在起就做好长时间辛苦的心理准备，才有可能赢得美满和谐的婚姻。结婚后，你渐渐发现了那位年轻的伴侣恋爱时没有显露的毛病——当然，他也发现了你的一些未知缺点。他和你想象中的并不是一个人，你也不是他想象中的妻子。你们之间开始出现分歧、矛盾，也开始相互争吵赌气。但是如果你愿意付出精力，那你一定可以“培养”出良好的婚姻关系。

因此，要我们收起内心的嫉妒，停止口中的唠叨，真正地关心我们的爱人，在他难过时，及时地安慰他，在他得意时，及时地赞美他，在他灰心失望时，及时地鼓励他，这样我们的家庭才能长久，我们的生活才会幸福美满。

## ※　不要改变你的伴侣

我们每个人有每个人的性格，每个人有每个人的做事风格，即使是生活在一起的老夫妻，一个人也无法迫使我们完全按照对方的意愿去做事。因材，我们在生活中，不要试图去改变对方，而是要在慢慢相处的过程中，慢慢地去磨合。

卡耐基渐渐感到了与洛莉塔在许多事情上的差异，而且婚后一段时间，洛莉塔似乎变成了另外一个人，卡耐基原先欣赏的她的贵族气质却是毁掉她的原因，她自视为贵族，看不起别人，她时常嘲讽卡耐基的各种行为。这对卡耐基的自尊和信心是一种打击。

卡耐基开始并不把这些放在眼里，他认为这只不过是洛莉塔的小姐脾气，过一段时间会慢慢地好起来的。

卡耐基没有放弃对事业的追求，婚后不久，他就恢复了写小说的信心，致力于《暴风雨》的写作。但这时他的文章似乎显得没有灵气。他经常写不下去，写一段东西得花上很多时间，因此他感到很沮丧。有时他在改写文章中某段时要反复四十次，这一情形表明这段时间卡耐基显得有些力不从心。

而洛莉塔又爱喝酒，如果和卡耐基出去喝酒的话，也许她还会克制。如果卡耐基推辞说要写小说，她独自一人去喝酒时，一定会喝得酩酊大醉。回来后还会撒酒疯，破口大骂，全无一点贵族气派。她会骂：“卡耐基，你这个混蛋，为什么不陪我喝酒，只知道写你的小说，见鬼去吧！”

卡耐基这时只好默不作声，任洛莉塔辱骂和摔打东西，或者干脆走出家门，到凡尔赛附近的公园和花园里写作，唯有写作才是他真正的心灵寄托。

这时，卡耐基的心是孤独的，他无法领略家庭的温暖。原本期望的家庭生活并没有展现在他的眼前，由此，他更加怀念他的故乡。

家乡的人们并没有忘记卡耐基，当故乡的玛丽维尔民主报向他邀稿时，他立刻就答应了。他用他的笔写下他想成为小说家的沉浮史并赞美故乡的美丽。

卡耐基对巴黎有点漠然的感觉，虽然巴黎的风景很美丽，而且他的住所也非常之好，但他都没有心情欣赏。他在当时写道：

“我几乎每天花一小时走过可能是全世界最著名的公园及花园。可是我都漠然视之，因为那些是极端压抑人性、实行苛政的国王的大皇宫。”

此时的洛莉塔似乎变得更加坏了，她的脾气几乎到了令卡耐基无法忍受的地方。她可以用尖锐的语言讽刺嘲笑卡耐基，有一次她嘲笑卡耐基的鼻梁太矮了。这几乎要把卡耐基逼疯了。

卡耐基面对着生活的挑战。心情恶劣，家庭的不和谐使他的作品在困境中完成。当他完成《暴风雨》时，心中长长地松了一口气。

然而，《暴风雨》是一本失败的作品，而且是彻底的失败。他试着给许多出版商推荐他的作品，但出版商往往都拒绝出版《暴风雨》这部作品。

这给卡耐基的打击太大了。这时卡耐基的经纪人劝他放弃《暴风雨》，继续尝试去写别的作品。

卡耐基当时的心情可以用他自己的话来说：“如果有人在那个时候用棒子打在我的头上，我都不会吃惊。我茫然若失，发觉我正面临人生道路的抉择时刻，那个时候，我的心情真是非常痛苦。我该怎么办？我该转向何方？”

成立了家庭，并没有给卡耐基带来好运。相反，为了逃避洛莉塔的粗暴和嘲讽，卡耐基不愿意再在这个家中度日如年，他决定外出旅行。

洛莉塔无法改变卡耐基的思想，让他从事一份更有钱的职业，而卡耐基也改变不了洛莉塔那高傲的性格和内心无比强烈的虚荣心，最终这段婚姻走到了尽头。在生活中，我们不要尝试去改变对方，任何尝试都是错误的，不可行的。我们不要天真地认为对方会为了我们改变他的一切，这样会使他变得非常痛苦。我们要试着接受对方的缺点，鼓励对方的优点，使他每天的心情都很愉悦。

卡耐基从自己不幸的婚姻中，总结出，为人处世应学的第一课，就是不要干涉别人寻找快乐的特殊方式，如果这些方式并没有对我们产生强大的妨碍的话。若想婚姻成功，绝不是找到一个好配偶，你自己也要成为一个好配偶，如果你想让你的家庭生活保持幸福快乐，就请记住，千万不要根据你的意思去改变你的伴侣。

托尔斯泰是历史上最著名的小说家之一，他那两部名著《战争与和平》和《安娜·卡列尼娜》，在文学领域中，永远闪耀着光辉。

托尔斯泰倍受人们所爱戴，他的赞赏者，甚至于终日追随在他身边，将他所说的每一句话，都快速地记了下来。

除了美好的声誉外，托尔斯泰和他的夫人，有财产、有地位、有孩子。普天下，几乎没有像他们那样美满的姻缘。他们的结合，似乎是太美满、太热烈了，所以他们跪在地上，祷告上帝，希望能够继续赐给他们这样的快乐。

后来，发生了一些惊人的事，托尔斯泰渐渐的改变了。他变成了另外一个人，他对自己过去的作品，竟感到羞愧。就从那时候开始，他把剩余的生命，贡献于写宣传和平、消灭战争和解除贫困的小册子。

他曾经替自己忏悔，在年轻时候，犯过各种不可想象的罪恶和过错，甚至于谋杀。他把所有的田地给了别人，自己过着贫苦的生活。他去田间工作、砍木、堆草，自己做鞋、自己扫屋，用木碗盛饭，而且尝试尽量去爱他的仇敌。

托尔斯泰的一生，应该是一幕悲剧，而造成悲剧的原因，是他的婚姻。他妻子喜爱奢侈、虚荣，可是他却轻视、鄙弃。她渴望着显赫、名誉，和社会上的赞美。可是，托尔斯泰对这些，却不屑一顾。她希望有金钱和财产，而他却认为财富和私产是一种罪恶。

这样经过了好多年，她吵闹、谩骂、哭叫，因为他坚持放弃他所有作品的出版权，不收任何的稿费、版税。可是，她却希望得到从那方面而来的财富。

当他反对她时，她就会像疯了似的哭闹，倒在地板上打滚，手里拿着一瓶鸦片，要吞服自杀，同时还恐吓丈夫，说要跳井。

在某一天的晚上，这个年老伤心的妻子，渴望着爱情，她跪在丈夫膝前，央求他朗诵50年前，他为她所写，最美丽的爱情诗章。当他读到那些美丽、甜蜜的日子，现在已成了逝去的回忆时，他们俩都激动的痛哭起来。生活的现实，和逝去的回忆，那是多么的不同。

最后，当他82岁的时候，托尔斯泰再也忍受不住他家庭折磨的痛苦。就在1910年十月，一个大雪纷飞的夜晚，他脱离他的妻子而逃出家门，逃向酷寒、黑暗，而不知去向。

经过11天后，托尔斯泰患肺炎，倒在一个车站里，他临死前的请求是，不允许他的妻子来看他。这是托尔斯泰夫人抱怨、吵闹，和歇斯底里，所付出的代价。

如果一个妻子总是强迫丈夫赞同某事，或者抱怨丈夫不温柔体贴，那他的反应可能是逃避，甚至对你抱有敌意。最明智的办法是将你所期望的赏识表扬给予丈夫，如果你的丈夫对周围的事物反应迟钝或者太自私，不明白你需要的东西，你应该温柔地让他知道你的想法。如果你总是抱怨，要么就摆出一副委屈的样子，那你只能得到他的反感情绪。

好丈夫从来就不是天生的，但是一个聪明的、有耐性的妻子运用渗透方法能够造就出一个好丈夫。也就是让丈夫在不知不觉中接受你的观点，同时他还能学到很多东西。如果你态度强硬地指责他，那他学不到任何东西，更不会成为一个好丈夫。

可见我们不要试图去改变自己的爱人，而要学会包容，学会一起生活，学会从相通的东西中找到两者的共同点，从而找到生活的乐趣。

总之，如果我们真心地爱一个人，就让我们用一个善良的心去包容他的一切吧。

## ※　不要批评你的家人

我们的家人是最爱我们的人。因此不要随意批评我们的家人，而要学会在轻松的气氛中商量问题。

卡耐基在巴黎的事业受到阻碍，他决定回到美国去重新开始他的事业。

洛莉塔不愿离开巴黎，而卡耐基又对巴黎生活感到失望，这使卡耐基陷入另外一种烦闷之中，这样的生活情形和他原先那种乐观知命的性格相冲突，旅行和朋友的到来都不能消除自己心中的困楚。

他需要事业，他要重新回到他原来的世界里，要和他的朋友在一起，摆脱内心的痛苦。

卡耐基不顾洛莉塔的反对，执意结束了在巴黎所有的事业，打点好自己的行李，带着妻子，登上美国的轮船回到自己的故乡。

卡耐基以他那一往无前的精神气质，毫不犹豫地回到了纽约，开始了以前的公众演说事业，开创着他自认为前程广阔的前程。

戴尔·卡耐基自创业后也遭受过一些挫折，但从没有陷入像这段时间的低谷之中，以前的挫折和困难对于他来说都像是一阵轻烟，仿佛并不算什么，而现在的他面临前所未有的困境，他自己觉得，这种严峻的情形是对他人生的一次大折磨，也是一次大考验。

从巴黎回到纽约后，卡耐基很少对外人说其他的婚姻，也很少带妻子去参加别人举行的宴会。他只是每个周末参加在纽约曼哈顿区一个地下俱乐部与赫蒙·克洛依会面，在聚会中，他变得很少发言，而是听别人宣讲自己的观点。

洛莉塔虽然不愿意回美国，但美国对她似乎还有一种神秘感。可当她来到美国后却感到深深的失望，她没有找到以前想象的那种生活，觉得纽约又脏又乱，一切比不上巴黎，而家庭的不富裕使她没有更多的钱去旅行，她的心情比以前变得更糟。特别是美国人对她的那个贵族头衔根本不感兴趣，听她说是某某伯爵时，只是表示一下微笑，一点也不尊敬。家庭内外交困的生活，使她处于一种内心狂乱的境遇之中，她更加痛恨卡耐基，因此，有时借着酒疯和卡耐基打架。每当此时，卡耐基就离开家，外出兜风。

这时卡耐基在写一本书。这本书名字叫作《林肯外传》。

“许多时候，她是不以言语而是用一些其他方法表达她的愤怒。她粗暴的行为多得不计其数，不允许别人批评她……她领着丈夫跳一支狂野愉悦的舞。她并不克制因失望而生出的痛苦及粗暴天性。她老是抱怨、批评她丈夫走路怪异，肩部佝偻，像印第安人般的交叉双脚。她还抱怨他的步履缺乏弹性，动作难看，最令人难受的是，她模仿他的步伐，唠叨他走路时脚趾朝下，就像她在梦黛大人那里所学的一样。”

卡耐基认为，要体谅别人，并竭力自我克制，不要在家里批评任何人和事。对于妻子和丈夫来说宽容大度的做法，总是要比挑剔和斥责效果要好得多，因此，我们不妨大度一些，好好学习那些伟人的做法。

许多充满浪漫色彩的梦想破灭了！50% 以上的婚姻之所以得不到幸福，其原因之一就是那些毫无用处，却令人心碎的批评。

狄斯瑞利在公众生活中的劲敌是格雷斯东。他们两人，凡遇到国家大事有可争辩的，就会起冲突。可是，他们有一件事，却是完全相同的，那就是他们的私人生活都非常快乐。

格雷斯东夫妇俩，共同度过了59年美满的生活。我们很愿意想象到，格雷斯东这位英国尊贵的首相，握着他妻子的手，在围绕着炉子的地毯上，唱着歌的那幕情景。

格雷斯东在公共场合，是个令人可怕的劲敌，可是在家里，他决不批评任何人。他每当早晨下楼吃饭，看到家里还有人睡着尚未起床时，他会运用一种温柔的方法，以替代他原来该有的责备。

他提高了嗓子，唱出一首歌，让屋子里充满着他的歌声。那是告诉还没有起床的家人，英国最忙的人，独自一个人，在等候他们一起用早餐。格雷斯东有他外交的手腕，可是他体贴别人，竭力避免家庭中的批评。

格雷斯东得家庭的和睦对他是多么的重要，只有家庭和睦了，他才有精力会追求事业上的成功。

俄国女皇“凯赛琳”也曾经这样做过。她统治了世界上一个面积辽阔的帝国，掌握着千万民众生杀予夺的大权。在政治上，她是一个残忍的暴君，好大喜功，战争不断。只要她说一句话，敌人就被判处了死刑。可是，如果她的厨师把肉烤焦了，她什么话也不会说，微笑着吃下去。她这个容忍，该是一般男士们所效法的。

我们不仅要学会宽容我们的家人，我们也要学会宽容我们的孩子。我们都怕我们的孩子不成才，从而有可能过度地紧张我们的孩子，以致对他们的要求太苛刻了。

我们是不是会责备他们早晨穿衣服太慢；责备他们把新衣服弄脏了；责备他们把东西随便丢在地上。

吃早餐的时候，责备他们不抓紧时间；吃午餐的时候，又责备他们挑食；吃晚餐的时候；又责备他们只顾着赶紧去玩，吃了几口饭就走了。

孩子每天生活在我们的责备之中。

其实，孩子虽小，但是有他们的兴趣和爱好，我们一味地责备，会让他们觉得自己无所事事。所以我们要学会放开手，让孩子自己慢慢地学会适应。当他们摔了跟头，会自己主动得跑到我们跟前，那时我们再安慰，再教导也不迟。

生活就是这样。酸甜苦辣咸五味俱全。我们要学会品尝生活，而不要一味地埋怨生活。要有积极的态度去迎接新的一天。

## ※ 真诚地欣赏对方

我们每个人都想得到他人的欣赏和赞美。男性对于女性追求美观及装束得体的努力应该表示欣赏。如果男人能够及时地发现妻子衣着的变化而及时称赞的话，会给妻子带来无穷的乐趣。同样，如果妻子能够及时鼓励男人在事业上的成功的话，也会给他们带来更大的动力。

下面是卡耐基与桃乐丝之间的爱情交往。频繁而热烈的书信来往，使卡耐基与桃乐丝之间的情感基础在相互的理解和爱恋中越来越牢固。

对于一个女孩子来说，卡耐基是一位十分卓越的人物。他睿智的思辨、美妙的逻辑、精辟的论述，无不使桃乐丝折服。这是一个女孩子可以终生托付的人。桃乐丝认为，他是她有生以来认识的有男人中最优秀的。卡耐基真诚执着的情感，温柔细腻的心灵，怎能不打动桃乐丝的芳心呢？

卡耐基是个聪明的男人。而桃乐丝同样也是一位聪明的女人。

生活中聪明男人和聪明女人并不多，而聪明男人和聪明女人的结合更少。不过卡耐基这样的聪明男人，对聪明的桃乐丝是真正地爱恋，而桃乐丝对卡耐基也是情真意切的。

1943 年 10 月，卡耐基致函桃乐丝，邀请她前来纽约担任他的秘书。桃乐丝稍作考虑，就同意了卡耐基的意见。

这样，一对恋人得以天天见面了。但是，由于工作的因素，他们很少有闲情逸致在一起谈情说爱。只有在假日里，他们才能一起逛逛商场、公园，到郊外散散步。

1944 年的一个春天的黄昏，在纽约河畔的一片小树林边，卡耐基和桃乐丝并肩坐在树下。他们的心情都非常快乐，在一起享受着爱的甜蜜。

“圣经上说，上帝把人分成了两半，一半是男人，一半是女人，让这两个人来到世界上相互寻找。”卡耐基对桃乐丝娓娓而谈。

他们一直在找。找呀，找呀，有人找了一辈子还没找着，于是打了一辈子的光棍。有人自以为找着了，结合了，结果发现并不是属于自己的那一半，于是两个人之间无法相互吸引，怎么也合不到一块去，日子过得既平淡又乏味，自然不能真正顺心，只是凑合着过日子，这就是没有色彩，没有爱情的苍白婚姻。当然，也有互相找着了的，他们的心灵、他们的精神、他们的肉体就会成为一个人，幸福美满地度过一生。这就是完美的婚姻。可是真要找到那一半实在是不容易的。

卡耐基和桃乐丝经过一段时间的相爱，于 1944 年 11 月 5 日，正式结婚了。

卡耐基认为，无论男人或女人，都渴望得到赞赏和热爱。如果能够衷心地表示赞赏和热爱，就会得到幸福和快乐。对于女性在追求美丽方面所花的时间和心思，男人应该表示赞赏，作为丈夫，更不应该忘记这点，因为女人非常在意自己的衣着打扮。

如果你的妻子有什么值得赞赏的地方，一定要记住“大大地夸奖那个小女人，”你不妨让她知道，她对于你的幸福和快乐是何等的重要。

一位大企业家曾说过：“我们想提升某人时，一定会先调查他的妻子。并非调查他们的太太是否长得很漂亮，或者很会做菜。而是她是否能让她的丈夫充满自信。”“做妻子要接受丈夫的一切。要让丈夫生活愉快，拥有满足感。当丈夫回到家里时，要替他装上自信的弹丸。这样做丈夫就会想：她这样喜欢我，可见我在她心中有一定的位置。做妻子的若能爱丈夫，信任他，他就会拥有我一定能做好一切的自信。所以，当他第二天出门时，就会不怕任何苦难的考验，会充满自信地接受挑战。”

生命需要懂得欣赏，也只有懂得欣赏，我们才能领悟到美丽世界的种种奇观；只有懂得欣赏，我们才能包容对方的缺点。拥有一颗包容的心，去领悟一份人间的真爱。在相互的包容和理解之中，你才会发现生活原来是如此的美好。

纽约州汉普斯特市的山姆·道格拉斯，过去常常说他太太花了太多的时间在整修他们家的草地、拔除杂草、施肥和剪草上。他批评她说一个星期她只需要这样做两次，因为草地看起来并不比四年前他们搬来的时候更好看。他这种话当然使她大为不快，因此每次他这样说的时候，那天晚上的和睦气氛就给破坏无遗了。

道格拉斯先生从来没有想到她整修草地的时候自有她的乐趣，以及她可能渴望别人为她的勤劳而夸赞她几句。后来在道格拉斯先生和同事聊天时，才发现懂得欣赏妻子是多么重要。于是，他改变了自己的看法。

一天吃完晚饭以后，她太太要去除草，并且想要他陪她一起去。他先拒绝了，但是稍后他又想了一下，跟她出去，帮她除草。她显然极为高兴，两个人一同辛勤地工作了一个小时，但是也愉快地谈了一个小时的话。

自那以后，他常常帮她整理草地花圃，并且赞扬她，说她把草地花圃整理得很好看，把院子中的泥土弄得好像水泥地一样平坦。结果两个人都更加快乐了。

一位心理学博士曾指出，如果每对夫妻都能牢记结婚仪式上的誓言："我不计较这个男人的一切，我接受对方所有的行为。"就会挽回许多家庭的不和睦。

夫妻之间需要相互理解，相互宽容，这样才能使大家在愉悦的气氛下生活。其实不仅夫妻之间需要真诚地欣赏对方，家人之间需要相互欣赏，同事之间也需要彼此欣赏。

学会欣赏别人吧！欣赏你的同事，会使你和同事之间会合作得更加亲密。欣赏你的下属，会使下属会工作得更加努力。欣赏你的爱人，会使你们的爱情会更加甜蜜。欣赏你的孩子，会使他更加健康的成长。学会欣赏你周围的一切，你周围的世界就会变得更加美丽。

## ※　多从小事上关注她

女人是一个敏感的动物，有时会把细节的问题看得很重。她们会埋怨说，别的丈夫出差都会给他的妻子买礼物，为什么你没有想着我呢？其实从这件小事上并不能看出男人对他爱还是不爱。我们心里也知道，夫妻在一起生活，就是为了更好的生活，患难见真情。可是女人还是会为这些小事不停地计较。因此作为男人，让我们多从小事上关注她吧。

与洛莉塔离婚后，卡耐基把全部精力都放在自己的事业上，取得了很大的进展。但卡耐基并没有放弃对美好婚姻生活的追求，而是在等待着爱神的光临。上帝是公正的，上帝没有忘记卡耐基的感情生活，桃乐丝的出现给卡耐基一个巨大的惊喜，也为他开辟了婚姻生活的新天地。

1939年的一天，一个极为平常的日子。

戴尔·卡耐基收到一封信，这是依弗瑞特·波柏—俄克拉荷马商学院、会计法律及财政学院的经营者波柏写来的。波柏在信中表示，他期待卡耐基为他的毕业生们提高重点阅读《影响力的本质》一书的方法，从而帮助他们顺利地找到理想的工作。

不久，波柏亲赴纽约同卡耐基会谈。经过磋商，两人达成了基本一致的共识，开课已成为可能。接着，波柏又同卡耐基举行了几轮会谈有直观性、笼统性、猜测性。

仿佛是命中注定，也许是卡耐基的机遇特别好，在波柏的卡耐基课程上，卡耐基结识了一位日后成为他爱妻的姑娘，她的名字叫桃乐丝。

自从卡耐基和桃乐丝初识以后，他们就保持了联络，经常书信往来。他们两人都喜欢写信的交往方式。而桃乐丝在信中向卡耐基诉说她在现实生活中碰到的种种不愉快以及心绪的波动和烦闷时，这正好让卡耐基找到了展示自我的机会。

卡耐基对桃乐丝寄予了深切的关怀。他当即给她回复了一封信，详细地提出了帮助桃乐丝摆脱情绪不快的意见。

“读过你的信，我对你的情况非常关切。根据我个人的见解，我向你提出一些参考性的事例和观点，但愿能对你有所帮助。”卡耐基写道，“如果我以下的话能达到这个效果，我将非常高兴。”

卡耐基不厌其详地给桃乐丝摆事实，讲道理，他的目的只有一个，就是让桃乐丝尽快恢复好心情。最后，卡耐基写道：“亲爱的桃乐丝，我衷心地希望我们每天都能忘掉烦恼，生活在快乐之中，享受人生赋予我们的莫大乐趣。”

这是一封特别的情书，信中并没有那些烫人的充满爱的字眼，但是，这封富有哲理和启发性意义的情书却使桃乐丝感受到了卡耐基的爱心。

桃乐丝读了卡耐基的这封信后，心情顿时好了许多。她十分感激卡耐基给她写了这么好的一封长信，使她获益匪浅。

频繁而热烈的书信来往，使卡耐基与桃乐丝之间的情感基础在相互的理解和爱恋中越来越牢固。

卡耐基认为，大多数男人总是不注意从日常小事方面来表达对女人的体贴，因为他们不知道，爱的远逝，往往都是从小地方开始的。为什么要等你的妻子生病住院了才给她买花呢？为什么不明天晚上就买一束玫瑰花送给她？如果你愿意，不妨立即去做，看看结果如何。向你所爱的人表达你的思念，你要让她幸福快乐，而她的幸福快乐对你来说。同样也是非常宝贵和重要的。

自古到现在，鲜花是代表爱情的语言。其实不需要花多少钱，尤其是在花季的时候，在街口、路口，都可以看到卖花的人。可是，有没有一个做丈夫的，经常不忘记带一束鲜花，回家给太太？其实妻子看重的并不是价钱，而是看重做丈夫的有没有一颗关心她和疼爱她、处处想着她的心。

柯恩是一个百老汇最忙的人，每天习以为常地给他母亲两次电话，直到她老人家去世的时候。你以为每次柯恩打电话给母亲，是有什么重要新闻要告诉这位老人家？不，不是的。

注意小地方的意思是：对你所敬爱的人，表示你常想念着她，你希望她愉快。而她的欢愉、快乐，也会使你有同样的感受。

一般男人，都把应该记住的日子，忘记得干干净净，比如妻子或者女友的生日，或者结婚纪念日。尤其是结婚纪念日，男人是千万不能忘记的。

芝加哥一位叫塞巴司的法官，曾处理过四万件，起于婚姻争执的案件，同时调解了两千对夫妇。他曾这样说过："一桩细微的小事，就会成了婚姻不快乐的根源。就拿一桩很简单的事来说，如果一个做妻子的，每天早晨对上班去的丈夫，挥挥手，说一声再见，就会避免很多触上离婚的暗礁的危险。"

勃洛宁和他夫人的生活，恐怕是史册上最可歌颂的事了。他们永远注意到对方细节的地方，彼此间细微的体谅，使他们的爱情永恒。勃洛宁对他那个有病的太太，体贴得无微不至。她太太有一次写信给她的姐妹说："我现在开始有些怀疑，我是不是像天使一样的快乐。"

有一位农家妇女，经过一天的辛苦后，在她的男人面前放下一堆草。男人恼怒地问她是怎么回事，她回答说："啊，我怎么知道你注意了？我为你做了 20 年的饭，在那么长的时间里，我从未听见一句话使我知道你吃的不是草！"

为什么不同样体恤一下你的妻子，下次她烧菜烧的很香，你就这样告诉她，使她知道你欣赏她的手艺。正如格恩常说的："好好地捧一捧这位小妇人。"

生活就是这样，女人要求的并不多，只是一点小事，哪怕是一个眼神，一个微笑，一个拥抱，都会让女人感动一生。

## ※ 对家人殷勤而有礼貌

我们每个人都有自己的家人：父母和兄弟姐妹。我们希望我们的父母受到妻子或者丈夫的尊重，那我们就要先尊重他们的家人和朋友，对他们殷勤而有礼貌。

面对现实无情和生活的混乱，卡纳基决定把妻子带回老家过一段日子。

乘着隆隆的火车，卡耐基夫妇回到了家乡。卡耐基原想在家乡能够和洛莉塔好好生活一段，看看能否弥补两人之间的裂痕。但有一件事使卡耐基决定了自己一定要离婚。

在家里，当女佣送上菜时，洛莉塔觉得菜是那么难吃，便破口大骂，骂了女佣，还骂卡耐基的亲人，这使卡耐基感到相当的难堪。在保守的农民生活中，这种事极不为人所容忍。卡耐基非常不高兴地训斥了洛莉塔几句，洛莉塔将手中的盘子向卡耐基砸去，弄得卡耐基满脸是伤。而洛莉塔对此事似乎无所谓，毫无歉意地离开了玛利维尔。

卡纳基回到纽约时，心中非常懊悔。然而还有更不幸的事情的等待着他。

卡耐基对洛莉塔十分失望，认为她是一个没有教养的女人。

卡耐基认为，对于婚姻而言。殷勤有礼就像机油对于发动机一样重要。希望做妻子的对待他们的丈夫。就像对待陌生人那样有礼。要想婚姻幸福除了谨慎地挑选伴侣之外，婚后的殷勤是最重要的。女人如果泼辣蛮横，任何男人都会被吓跑。

丹姆洛契夫人曾这样说：我们选择自己伴侣时，必须审慎小心，其次就是婚后注意彼此的礼貌。年轻的妻子们，不妨就像对待一位客人一样，温婉有礼的对待自己的丈夫。任何丈夫，都怕自己妻子是个骂街的泼妇。

卡耐基认为，礼貌是一种内在的品质，它可以弥补服饰和外表的缺陷，使那些比你优越的人也不敢小瞧你。

世界那么大，国家那么大，但是对于我们来说，家庭只有一个。世界上的孩子千千万万，对于我们来说，亲生骨肉只有一个或者两个；

世界上的男女千千万万，对于你来说，丈夫或者妻子只有一个。

因此我们要学会善待家人。如果我们不会善待家人，我们就不配成家；假如我们不会善待孩子，我们就不配做父母；假如我们不会善待老人，我们就不配做儿女。

自从结婚后，有了孩子，开销日渐增多，比尔就感觉压力倍增，平时除了忙于工作，还不断地给自己充电，希望有朝一日能换份高薪的工作，来缓解家里的经济支出。终有一日，比尔的努力换来了满意的工作，但是他却感觉不到丝毫的快乐，新的工作让比尔更忙，压力更大，还担心被炒鱿鱼。比尔发现自己变了，居然没有了生活的快乐，感觉自己只是赚钱的工具，只是为赚钱而活着；繁忙的工作让我的生活空间变得越来越小，更没有时间去交朋友，就连个诉说的对象都找不到，在工作中遇到不开心的事，回到家里便会大发雷霆，一阵暴风雪过后，心里才会慢慢舒坦过来，而老婆则在一旁抹着眼泪默默地承受，没有半句怨言。那天无缘无故又被老板狠狠地训了一顿，虽然事后澄清并不是比尔的失误，但比尔心里却很不是滋味，憋着一股闷气。回到家里见到刚过周岁的女儿哭个不停，比尔心里更加烦躁，终于点燃了心中的那把闷火，比尔把女儿往沙发上一扔，大声吼道：“哭哭哭，你就知道哭，都这么大了还哭！你就不会笑吗？”没想到女儿哭得更厉害了，老婆从厨房闻讯出来，狠狠地瞪了比尔一眼，赶紧抱起女儿，一向温柔似水的老婆突然变得凶悍起来：“你太过分了，居然对女儿发脾气，你平时对我发发牢骚我忍了，可你绝不可以吼女儿！”说着老婆就哭了起来。见到老婆伤心欲绝的样子，比尔才猛然惊醒：我怎么可以这样对待自己的亲人呢，那可是我的爱人和女儿啊，我要阻止自己！坚决不可以这样下去！在老婆的帮助下，他翻阅了大量心理学方面的书籍，找到了自己的原因，还知道了运动是最好的发泄方式，从此每天早上起来晨练，不仅锻炼身体，而且修身养性，人也精神多了，从而又找到了生活的快乐。

我们身边的每一个亲人都非常关心我们，因此，我们也要对他们有礼貌，不能把自己的怒气发泄到亲人身上，那样只会使我们的亲人伤心。

试想，在单位上，上司当众狠狠地训斥了你，你还得点头称是，但下班回家后，你的爱人轻声问你为什么晚归，你却火冒三丈；好久不见的老友询问你的终身大事，你心里会觉得很温暖，但同样的话出自老爸老妈的口中，却成了干涉你的生活。仔细想想，上述这种情形对我们来说，并不陌生，似乎我们家人欠我们什么，我们就应该对他们不客气。

细究其原因，人们的压力也越来越大，我们在外面劳累了一天，心中可能会积聚许多不满，但见到我们的家人时，只要有一个发泄的机会，其结果可想而知，他们立刻成了我们的出气筒。静下来想想，这种厚他人而薄家人的做法，实在是非常不明智的。其实，家人对我们来说是非常重要的，工作可以再找，但自己的家人却是一辈子的牵挂，是不能更换的。气头上对家人的一句重话比外人的辱骂更容易对人造成难以弥补的伤害。所以我们更应该妥善处理好与家人的关系，避免伤害到家人！

比利和汤姆结婚10周年那天，一位移居加拿大的朋友寄来一份礼物，一张游戏光盘，名字叫《别让那只鸟飞了》。比利没有玩游戏的习惯，因此就把它当作一份纪念品收藏了起来。

直到一天，8岁的儿子在书房里乱翻，发现这张游戏光盘。玩过之后，儿子对比利说："妈，这里面有一只鸟，弄不好就会从窗口里飞走，一飞走，游戏就砸了。"

在儿子的提醒下，比利打开了计算机，执行那张光盘。

这时比利才知道，原来这是一张针对成人而开发的大型游戏软件，总投资 8500 万美元。

游戏打开之后，映入眼帘的是一栋具有皇家风范的豪宅。豪宅里各项生活设施应有尽有。游戏者进去之后，可以以主人的身份在这里生活。你想打高尔夫，可以去高尔夫球场；你想看书，可以走进书房；想喝咖啡，可以让仆人给你送去；想举行舞会，可以邀请包括马丹娜在内的 100 位世界级影视明星；想去旅行吗？车子就在门口；上了车，沿着门口的路，你可以去埃及、法国、中国等世界任何一个地方；假若你有一位情人，还可以秘密地约他出去，到附近的海滨或南美的哥伦比亚大草原。总之，在这里，你可以随心所欲地生活，可以按照自己的意愿想怎样就怎样。但与现实不同的是，这栋豪宅里有一只鸟在飞。它嘴巴上叼着一只篮子，从客厅飞向卧室，又从卧室飞向书房，飞向餐厅，飞向豪宅的每一房间。

这只鸟有一个特点：不论你是外出旅行，还是在家读书，或是在公司处理商务，你都不能忘记往这只鸟的篮子里放东西。

假如你忘了，到了一定的时间，它就会从某个窗口里飞出去，一旦出现这种情况，屏幕上就会出现这一个画面：豪宅倒塌，野草丛生；夕阳下，一个孤独的身影慢慢地消失在黑暗中。

那么，该向那只篮子里面放些什么东西，才不会使鸟儿飞走、豪宅倒塌呢？

游戏里有一份菜单，那上面有包括金钱、花朵、微笑、哭泣、亲吻在内的 152 种日常用品和日常行为。

这部游戏是赫利克斯公司耗时 3 年，从全球 50 万对金婚老人那里征集的，每一件东西，每一个行为都按照这 50 万对金婚老人选票的多少，被赋予了不同的时间价值，有的代表一个月，有的只代表3分钟。至于哪种代表一个月，哪种代表3分钟，上面没有明说，得完全由游戏者根据自己对它们的认知来判定。

比利自从打开了这个游戏，就被它迷住了。只要有空，就要玩上一阵。

起初，由于不知该向鸟儿的篮子里放些什么，所以那栋豪宅经常被比利弄得从屏幕上消失。

有一次，实在是不知该怎样侍候它，就随便挑了一个吻放在篮子里。结果大出意外，它让比利在大书房里看了整整一下午的书，有几次它甚至还把篮子放在比利的书桌上，然后自己跳到里面打一个盹。

还有一次，比利送给它一个亲密的拥抱和惜别，就去了墨西哥的古玛雅城市遗址奇琴伊察。

这次更出乎比利的意料，半个月后，比利回来了，鸟儿不仅没有飞走，当比利到达家门口时，它还热情地迎接了比利。

这到底是怎样的一只鸟儿呢？

比利送给它金钱，它只在家里待3分钟，比利送它一枝花朵，它竟可以待上3个小时。

后来比利终于发现，这是一只婚姻鸟，并且它有许多不起眼的救星。一个轻吻，一个微笑，一个拥抱，一句关切的话语，一份小小的礼物，一段短暂的离别，都可以把它留下。

现在比利已能非常熟练地玩这个游戏，并且越玩越觉得它不再是一个游戏，而是50万对金婚老人在婚姻生活中的感悟和发现。

这个游戏告诉我们，一句微不足道的赞许，一杯顺手递去的热茶，一枝5元钱的玫瑰，这些在日常生活中微不足道的东西，具有滋养婚姻的神奇力量。

我们每个人都希望得到他人的理解，虽然我们的家人是我们最亲近的人，那也不代表我们可以任意对他们发脾气，大声地吵闹只会使我们的亲人伤心，因此，让我们珍惜我们身边的每一个，给他们以关心和疼爱，对他们殷勤而有礼貌。

## ※ 不要做婚姻的文盲

我们经常听到许多人都说婚姻就是坟墓，一切的甜蜜、美好、激情都荡然无存了，留给自己的只有抱怨、生活的枯燥和已死的激情。但是面对这种无奈时，我们又有谁想到我们应该怎么样去挽回呢？我们想到的只有结束。其实所有的事情都可以让你去改变的。

这是卡耐基与洛莉塔刚见面的情景和双方又是怎么样坠入爱河的。

在柯蒂尼家中，卡耐基受到了热情的款待。吃完饭后。柯蒂尼对卡耐基说："亲爱的卡耐基先生，你来到这里的消息使我们非常高兴，这是我给你准备的在伯尔尼的旅行计划，但其中有个小小的要求，就是请你给我们开一个小规模的演讲会，我们瑞士各界爱好你教学课程的群众组织，希望能亲耳聆听你的演讲。"卡耐基接过计划表愉快地答应了。

经过几天的游玩，卡耐基的心境比原先来的时候好多了，按照计划他将在这儿举行一个小规模的演讲会。

演讲会如期举行。当地的很多人慕卡耐基之名纷纷前来，卡耐基心中有些许高兴之感，这是他病后的第一次演讲，而且是在国外，对他是一次很大的挑战。

他发表了约十分钟的演说，然后就开始回答人们的问题。他的十分钟演讲效果极好，引来人们的阵阵掌声。卡耐基在瑞士向人们展示了他的风采。

这时，从会场站起一位身材苗条一头金发的美丽女子提问道：“卡耐基先生，听说你的课程在美国取得了很大效果，为何你为别人经营巡回表演公司反而遭到失败了，这是因为你的能力不够还是其他原因呢？”

显然这个问题对初到瑞士的卡耐基有些不尊重，但面对这个不友善的问题，卡耐基还是微笑着回答：“上帝是万能的，上帝会让每个人有失败和成功的时候，而我却不是万能，在我没有朋友参与的情况下安排演出只能证明事情的仓促，关于这些我亲爱的朋友罗威尔·汤姆斯已经回答了一切”。

演讲结束后，卡耐基和柯蒂尼走出礼堂时，发现那位提问的女子正站在一边微笑着注视他们，她的微笑真的美极了，两只漂亮的眼睛仿佛会说话，她的微笑似乎在说明些什么。

卡耐基这时似乎被什么东西迷住了似的，他立刻明白，许多年来他一直等待的是什么了。他不由自主地向她走去，他发觉这个女孩很美很美。

这个女子自我介绍道：“我叫洛莉塔·包卡瑞，法国人，是包卡瑞伯爵的女儿，人们都叫我女伯爵。认识你真高兴，卡耐基先生。”

卡耐基对这位女孩的第一印象很好，他感觉这位女孩与美国女孩有着迥然不同的文化修养，那种贵族式的气质和现代妇女的进取心深深地吸引着他的注意力。

卡耐基与洛莉塔的相约，请她作导游。洛莉塔愉快地答应了，并留下了她的地址。

回到柯蒂尼的家，卡耐基的神情仍恍恍惚惚。

第二天，卡耐基独自一人按洛莉塔留的地址前去找她。

原来洛莉塔并不是居住在瑞士的法国贵族，而是居住在德法边境上的一个贵族后裔，这次来瑞士的主要目的也是观光旅游，她也喜欢瑞士的风光。昨晚，她也对那位英俊、洒脱、开朗、睿智戴着一副淡色眼镜的美国青年产生了一丝好感。她觉得聪明的背后肯定很富有。对卡耐基的这种认识，显然对日后的感情培养不利。因为当她把是否富有看作为一个重要条件时，就多少削弱了情感的因素。

经过一番打扮后的洛莉塔比昨晚多了几分妩媚，看得出，她对卡耐基怀着很大的好感。洛莉塔将卡耐基介绍给她的舅舅全家后，两人便告辞出来参观伯尔尼的名胜。

洛莉塔告诉卡耐基她小时候曾经来过瑞士，所以对伯尔尼的景观记忆犹新，因此带着卡耐基四处观光，同时也给他介绍一些自己知道的历史知识和地理趣闻。

在一起观光的日子里，他们俩谈了许多各自的情况和双方感兴趣的话题。洛莉塔从这几天和卡耐基的接触中，发现卡耐基是个谈话的好手，他的勇敢、热忱时时冲击着曾受过贵族式教育的她，而且，她觉得美国一定是个很奇妙的国家。

而卡耐基这几天也似乎生活在一片愉悦之中，瑞士宜人的风光和身边这位美丽高贵的女子带给自己失败后不曾有过的欢乐。他仿佛觉得他等待多年的爱情已经到来，上帝安排了他来欧洲，也安排洛莉塔来到瑞士。

在伯尔尼参观结束后，卡耐基建议去日内瓦游玩，洛莉塔毫不犹豫地答应了。

他们参加了当地举行的一个欢迎卡耐基的晚会，晚会的气氛相当好，柔和的灯光，悦耳的音乐，使他们陶醉在舞步中，他们配合得非常好，舞步相当默契，第一次跳舞便似多年的老舞伴似的。

舞会结束后，卡耐基深情地吻了洛莉塔，这个吻很长也很动人，他们心中都有一种相见恨晚的感觉，似乎命中注定他们应当相恋。

渐渐地，俩人就谈论起婚姻问题。卡耐基和洛莉塔开始忙碌了，为结婚做准备。他们已经和一家教堂里的神父联系，安排了他们的结婚日期，这是在1912年的8月。

1912年8月16日，卡耐基挽着拖着长长的洁白婚纱的洛莉塔缓缓地走进了那家教堂，他的心中涌起一阵幸福感和神圣感。他觉得他的精神从此有了寄托，家庭生活比事业更加重要。

然而，婚姻并没有带给卡耐基幸福，他的妻子揭开婚纱后的第一句话不是祝福他也不是说“我爱你！”而是质问他：“你有没有给清洁工小费？”

他内心的幸福感一下被冲淡了，有一种苦涩爬上他的心头，他有一种预感：这是一场不愉快的婚姻。

结婚以后，卡耐基就隐约感到了这场婚姻的危机。

其实，最初卡耐基和洛莉塔在一起时，大家的性格并不合适。但是由于大家相处的时间短，而且卡耐基和洛莉塔被当时的幸福和甜蜜冲昏了头脑，所以造成了结婚之前双方并没有真正地了解对方。在结婚后，大家并没有彼此迁就，而是双方都发现以前自己不曾发现过的对方的缺点，尤其是洛莉塔，对于卡耐基的缺点不仅不包容，而且还讽刺讥笑，这是导致最后婚姻的失败的导火线。

卡耐基从他失败的婚姻中总结出了以下几点：婚姻的幸福和快乐很少是靠机遇获得的，它们是靠人营造出来的，而且还要有理智的，审慎的计划；性，是婚姻生活中最重要的事情。而且也是导致大部分男女婚姻失败的根本原因，性，只是婚姻生活中需要满足的诸多事情中的一种，但只有把这层关系理顺了，其他方面才会顺利，不能因为情面而不好意思说，必须用心改变。

露西是一个节目主持人，人长得漂亮，又有口才，很多男人都喜欢她。

而他就是一个普通的男人，骑着自行车上下班，能淹没在上下班的人群中，没有出众的才华，也没有奇特的思维，但他是她的老公。

他们结婚三年了，她越来越红，他还是从前的样子。

他知道她是靠嗓子吃饭的，在她去上班的时候，他一个人在家，就给她剥莲子，把莲子里小小的心抽出来，然后煮成茶给她喝。

而她的应酬总是特别多，甚至回家和他吃饭的时候都很少。后来，她有了隐情，和一个老总好了，老总出手大方，先给了她一辆车，再给了她一套房子，她于是常常夜不归宿。

他没有和她争吵，还是默默为她剥莲子心，把细细长长的心剥出来，已经剥了一包，放在茶几上。

有一次她回家拿东西，看到他在屋里坐着，没有开灯。她开了灯问："你在干什么？"

他在剥莲子，黑着灯也能熟练地剥！她的心软软一动，喉咙有些哽咽，但刹那间就掩盖了过去，只是淡淡地说："你能再给我煮一杯莲子茶吗？"

他欣喜若狂，赶紧煮来一杯。望着升起的白烟，她眼睛湿了，但她还是走了。下楼的时候他追过来，她停住，皱着眉头，以为他要骂她。

但他只递给他一包东西，是他剥好的莲子心，他说："不要忘了，多喝对你嗓子才好，你还指着嗓子吃饭呢。"

此时的她已经泪流满面，但不愿回头让他看到，毅然地离开了。

那天晚上，她孤独地待在老总给买来的大房子里，老总有应酬没有回来，她拿出那包剥好的莲子心，用滚烫的水为自己沏了一杯。

喝一口，苦而涩。

再喝一口，已然清香，但那淡淡的苦依然在唇齿之间。

从上面的例子可以看出，我们不能做婚姻的文盲。那个老总虽然有钱，但是他并不能像露西的丈夫那样爱露西，他或许只是图一时之快，而想娶露西。但是，露西的丈夫却不同，他对露西的爱是不能用言语表达的，他爱露西胜过爱自己。作为故事的主人公露西，此时应该想清楚，她究竟想得到什么？是一个温暖的家庭还是从表面看来很风光但是其实并不幸福的一段婚姻。

婚姻的幸福决定着我们一生的幸福。只有有了幸福的家庭，我们才能有更多的精力投入我们的工作。

英国大政治家狄斯瑞利的妻子在对婚姻最重要的事情上，是一位伟大的天才。

她从不让自己所想到的，跟丈夫的意见对峙、相反。狄斯瑞利常常要跟那些敏锐反应的贵夫人们对答谈话，每当精疲力竭的狄斯瑞利回到家里时，她立刻使他有个安静的休息。在这个愉快日增的家庭里，在相敬如宾的气氛中，他有个静心休息的地方。

狄斯瑞利跟她在一起的时候，是他一生最愉快的时候。她是他的贤内助，他的亲信，他的顾问。每天晚上，他从众议院匆匆地回家来，他告诉她白天所看到、所听到的新闻。而最重要的是，凡是他努力去做的事，她决不相信他是会失败的。

因此，我们不能对男性的爱好存在偏见，认为那些都非常有害，坚决要将它抛弃，而应该去发现属于自己的那个男人真正喜欢的东西。如果一开始你不能满足他的全部需求，不要认为自己的婚姻已经失败了，因为没有人能做到完全令别人满意。同样地，如果丈夫没有满足你的全部要求，你也不能因此就认为他不配做丈夫。但是如果丈夫提出无理的、完全不现实的要求，你应该立即表明自己的观点，维护自己的尊严，没必要成为一个忍气吞声的可怜虫，因为丈夫的需求要靠你热烈的爱去满足，而不是用软弱或其他的东西去“收买”。

我们都希望我们的婚姻是幸福的，都希望我们的家人对我们是永远支持的。那我们在关心自己的同时，就要更多地去想想对方，为对方着想，这样婚姻生活才和睦、美满！

## ※ 如何与女性相处

爱一个女人，绝不仅仅是只有火热的感情就够了，并不是只要告诉她你是多么爱她就够了，此外，它还应该包含许多内容，例如理解，殷勤，敏感和尊重。可是那些不懂得如何经营爱情的男人总是喜欢寻找借口，认为这世界上没有人能真正了解女人。

当卡耐基面对他的第一个爱人时，当时的他还不知道怎么样去处理这份感情，结果以失败的结局而告终。

与卡耐基同在州立师范学院上学的贝茜，长得很美，卡耐基第一次见到她时，就爱上她了。贝茜对卡耐基似乎也很友善，有时卡耐基骑马上学碰见她，她会向他挥挥手，并附上一句：“早上好，戴尔！”

戴尔与贝茜的真正交往是在他获得勒伯第青年演说家奖以后。在那次演讲赛中，卡耐基战胜的对手正是贝茜，由于此次胜利，卡耐基成为全学院建校以来第一个在演讲赛上胜过女生的男孩。

庆祝晚会上，贝茜特地给戴尔送了一大束鲜花，并附有一张卡片，上面写着：

“真为你的成功而高兴，亲爱的戴尔。”

此时的戴尔已经觉得自己陷入爱河不能自拔了，在以后的日子里，他的脑海中整天闪着贝茜的影子，贝茜美丽的形象总在眼前回荡。

“贝茜会爱我吗？”戴尔整天思索着这个问题，他不敢说贝茜一定会爱自己，所以，无数次否定，而后又重新肯定，如此反复地责问自己。

尽管如此，戴尔也会时常沉浸在一片假想的幸福之中，他幻想着他们相爱的情景，但更多的时候他却忧郁不堪。

那时的卡耐基还相当羞怯，他不断地思考一个问题，既然已爱上了贝茜，但怎么向贝茜表达呢？

虽然戴尔的演说能力已蜚声全学院，但是他肯定自己如果一旦站在贝茜面前，会连一个恰当的词汇也想不起来。

经过一个月痛苦与欢乐的循环往复，戴尔想起了母亲那个精致的梳妆盒。他决定用一种特殊的方式向贝茜表达自己的爱。

当他有一天经过女生宿舍与教室的必经之路时，停住了脚步，急切地等待贝茜的出现。

贝茜依旧像往常一样与戴尔打着招呼。

“贝茜，我可以送你一样礼物吗？并且……并且，我想……想邀请你周末与我一起去 102 号河畔野炊。”戴尔说完这几句话，脸已经涨得通红了。

“圣诞节还早着呢，为什么要送我礼物呢？戴尔。”贝茜满脸迷惑。

“因为，因为……你收下吧，给！”戴尔把那个梳妆盒用一种精美的纸包着，塞到迷惑不解的贝茜手中，自己却先逃开了。

未等贝茜答应他的约会，戴尔已走出了老远，他实在是难以控制自己激动的心情。

贝茜接受了卡耐基的邀请，他们约定周末上午 9 点校门口见面。

贝茜一边走向教室，一边解开戴尔送给她的礼物。原来是一个漂亮的旧梳妆盒，打开盒盖后，贝茜看到里面有一张用拉丁文写的小纸条：

“亲爱的贝茜，我真不知道该怎么办，向上帝发誓，我爱上了一位美丽的女孩，你看看这面镜子吧，她正对着你微笑。戴尔·卡耐基。”

面对这样直白的爱情表示，贝茜一时感到手足无措。没有防备之际，梳妆盒掉到地上，那面镜子被摔得粉碎，令人惊奇的，又有一张纸条片飞出来，那是另一种笔迹：

“戴尔，你该不会把我的梳妆盒也拿去输掉吧！”

原来，戴尔·卡耐基曾经误入赌途，他的母亲詹姆斯太太采取宗教式的劝诫方法，在镜子里装了一张纸条。没想到就是这张纸条却使得这两个少年心中的爱情之火犹如浇上了一盆凉水。

贝茜绝对想象不到会看到这样的文字，她顿时面色煞白，那双美丽的灰褐色眼中闪过了一丝失望。

戴尔回家后，把拿走梳妆盒的事告诉了詹姆斯太太，这位虔诚的基督教徒虽然有些气愤，却没有对儿子发作，谁叫自己的家庭贫穷得不能给戴尔买礼物的钱呢？

周末上午7点钟，戴尔·卡耐基赶着四轮马车在瓦伦斯堡州立师范学院的校门口等待着贝茜的赴约。

在等待的时间里，戴尔的心扑扑跳个不停，他不知道他们的第一次约会该是怎样的情景。

8点钟，贝茜乘坐一辆汽车来到了校门口。

看到贝茜，戴尔的心跳加剧了。

但非常奇怪的是，今天贝茜脸上没有笑容，也没有向戴尔挥手道早安。

他正在惊疑不定时，贝茜已经站在了四轮马车前，开口说道：

“戴尔，我不得不告诉你，我的确钦佩你的演讲才华，但是，我不可能爱你，我的父亲可以容忍一切，但赌徒除外，再见！”贝茜把梳妆盒还给戴尔，上车急驶而去。

年轻的卡耐基面对此景，似乎想解释什么，但贝茜不容他多说什么，就坐车走了。

卡耐基的初恋就以这样的方式结束了。

要是这件事发生在10年以后，戴尔·卡耐基一定会把这场误会解释得清清楚楚，他后来的著作《写给女孩的信》中就有不少诠释这种误会的办法。可是16岁的戴尔·卡耐基却只能怅然地望着贝茜从身边离去。

卡耐基当时还小，初恋的热情已使他心神不定，他似乎还不能理智地处理好这件事。

卡耐基认为：婚姻的成功与否，取决于夫妻双方的“分享”和“合作”。当俩人在处理家庭问题时，必须试着把“你”和“我”转变成“们”。

杰克的妻子在厨房里煮饭，杰克在外面整理草地，突然有朋友从路上驾车经过，看完杰克车子后说：“杰克！谁把汽车的挡泥板撞坏啦！”

杰克把刈草机倾斜着放在草地上，他的妻子站在远远地一旁，手里还拿着盛水的盘子。她听到他说：“喔！是这样的，那天我倒车驶进车房时，不太小心，把车停放得太靠近门柱了，但我没有再移动。第二天早上，珍要驶出来时，连人带车撞在门柱上，我想是我们两人弄坏的。”假如男人与妻子共同塑造对外界一致的反应时，那么他们的婚姻一定是无懈可击的。

康奈尔大学文理学院院长雷纳·克瑞尔曾提到有关美满婚姻的蓝图。他说道：“今日婚姻是否美满，要看双方的心理是否成熟。也就是说，他们是否了解自己、了解自己与对方的关系，并且愿意彼此分担责任，以增进以方的快乐与福利。”克瑞尔院长又进一步提到了家庭关系的维持，是“凭借内在价值的满足，如感情、友谊、价值观等，而且不能用强求的方式取得。”

有一天吃午饭时，坐在对面的是一个妇人及一位十三岁光景的小女孩。那女人想从衣袋里掏出手帕，却拿出一封信来。“妈，那是什么？”小女孩问道。“嗯，我也不知道。”妇人一面说，一面拆开来看。突然，一对银白色的耳坠子掉在她手上，顿时笑容如春花般的从那脸上绽放开来。“喔！南丝，你看！”她说着，“你的父亲多体贴啊！今天不就是我的生日吗？”

于是一片愉悦与骄傲从母女两人的心头流过，竟然有这种男人披着幸福愉快的彩衣，环绕左右。

假如你有时候必须缩衣节食，也千万别缺少了对太太的配给。如此，她会心甘情愿为你卖命。

罗伯·普洛先生是纽约的一位专栏作家，他还写过书。他是许多人欣赏的目标，因为他娶了一位美丽聪慧的太太。珍妮就是许多男人心目中的贤妻，但珍妮却认为罗伯才是世界上最好的丈夫。大家都想如何让珍妮有这种感觉的？原来每当罗伯·普洛先生有什么新书要出版时，他总不会忘记在首上写上“献给珍妮——我的妻子、我生命的全部”诸如此类动人的言辞。

巴德雷斯是一位闻名的音乐家。有一天，在大学附属礼拜堂里面看见一位女人坐在后排的座椅上。“你想什么啊！”他问道。“我只想着我拥有着无限的幸福，这是从来没有的感觉。”“成熟的女人啊！你是说，你比学生时代快乐吗？”“当然！”“亲爱的太太，”他礼貌地问，“我真想看看你的丈夫呢！”

有许多聪明的男士就是不明白这一点对女性的重要。他们总以为，光是娶她为妻这个理由，就足以说明自己是如何爱她，足够她受用一辈子了。但是，太太们却偏不如此。她们是有点痴狂，喜欢有人不时肯定她们的行为。她需要知道他永远与她站在一起，不论是碰到小危机或是大变故。

那么，在日常生活中男性朋友究竟应该如何和女性相处呢？

第一，说话要谨慎。

既然女人小心眼，你跟女人说话就要小心，不要说话刺激她。打个比方，假设对方比较矮，你就不要谈到某某明星的时候说她太矮了，不如另外一个明星个子高挑。

第二，不要与女人争辩。

既然女人逻辑性比较差，你就不要跟她讲理，讲道理反倒会伤害她，糊涂一下子，时间长了，你并不吃亏。

第三，让女性多表现。

既然女人比较自我，说话的时候多把话头留给她，让她能多表现，平时适当夸夸她，让她觉得你心里是高看她的。

## ※　如何与男性相处

在这个世界上，约有一半的人口是男性，因此，如何与男性相处，便成了女性最头痛的问题。男女双方要想和睦相处，我们就应该首先了解彼此的相同和不同。对女性来说，最好是多认识一下男性，以便知道如何才能“取悦”他们。

卡耐基认为，既然男人和女人之间存在差异，我们也不得不接受这个事实，那么作为女人，多考虑一下如何与男人相处应该不是一件坏事。许多女人错误地认为，听男人说话就是默不作声地坐在那里，耐心地听男人说个没完。其实，听人说话也要表现出积极的态度，如果你是一个善于倾听的人，就会在适当的时刻加入到谈话当中去。女人一旦掌握了倾听的艺术，就会与男人相处得更加愉快，进而与其他人相处得更融洽，而这也将会促进女人的面熟——这正是获得成熟的途径之一。

一把钥匙开一把锁。女人要知道如何与男人相处，首先需要了解男人的类型。视觉型男人宁可面对面聊天，也不愿在电话中诉情。当他生气时往往采取冷战的方式。

与视觉男人交往，你必须下一番苦功，训练自己去假想一幅幅的景象以配合对方的习性。视觉型男人十分注重衣着的修饰，凡事详加记录、一丝不苟。所以与之相处也要注重自己的装扮来吸引对方。

其次，除了要注意这点以外，我们还要遵循一些其他的规律，现在让我们来看两个夫妻之间和谐相处的例子。

第一个是关于美国高尔夫公开赛冠军杰克的故事。杰克的妻子是林恩。杰克比赛时，林恩就在场外照顾他们的儿子。

对杰克来说，高尔夫球即是他的兴趣，又是他的生意。作为他的太太，林恩并没有参与他的比赛，但是她却一直站在场外，关注着他，为他喝彩，她是一个好伴侣。

詹姆斯太太是一个典型的中产阶级的太太，住在纽约北部的一个小城里。在她结婚后的前 16 年里，詹姆斯太太细心照顾家人，但是总觉得缺少了些什么东西。后来，她终于明白了缺少的是什么。原来，詹姆斯太太和先生没有一点共同的爱好。

詹姆斯先生最感兴趣的是曲棍球比赛。于是詹姆斯太太开始培养自己对球赛的兴趣。后来，她竟然发现自己也被曲棍球比赛迷住了，她像詹姆斯先生一样盼望着比赛，而且她不会像以前那样，先生看比赛的时候，她自己只能孤零零地坐着。

作为一个人，不论是男人还是女人，都有自己的生理特点、心理特点和年龄特点。也正是因为有这种差别，才使得你就是你，我就是我，也才有了这丰富多彩的世界。但是，不管男人还是女人，还是有很多东西是相通的，有很多东西是值得相互学习和借鉴的。男人更像男人！女人更像女人！那么作为一个女人，如何与自己的男人相处呢？

第一，要善解人意。

男人找太太的第一个条件是好性情。聪明的女人一切都不需要男人明说。一个眼色一个面部的微小变化都会使她立刻明白自己的处境和对方的意图。她从不执拗他人，也不使人为难，很温顺很平和，和她相处让人感到很松弛。

第二，要做一个好伴侣。

要做一个好女人，就必须注意培养自己与丈夫共同的兴趣，努力使自己成为丈夫的一个好伴侣。大家都知道，成功的男人背后肯定有个成功的女人。这并不等于说这个女人在他的事业上帮过多少忙、出过多少力。而是告诉你要多利用时间去照顾家人、整理房间，晚上回来的时候准备好丰富的晚餐，早上出门的时候整理好衣服。要让他没有什么后顾之忧。也只有这样，你的丈夫才能幸福，你也才能更幸福。

第三，努力做一个好听众。

几乎所有的男人都认为女人话太多，意思是他们没有机会多说话。维系感情的主要方式是常常表达。男人在社会上没有真正的朋友，只能跟自己的老婆说，女人要会做一个好听众。你积累的修养和学识可以在他困惑的时候支持他，给他提供一些有价值的建议，这样不但会帮助女人与男人处得更好，而且也会使女人与其他的人相处得更好。

第四，要有适应力。

当一个男人想到一个主意时，他会马上将它化为行动。女人对于男人的这种冲动要有一定的适应力。如果你无法融合到他们的行动中，就会令他们感到气恼。要知道，适应男人的心情，是赢得他的心的一个最万无一失的方法。

第五，要有行动力。

有人苦口婆心地教导女人，认为女人的幸福是等来的，要静静祈求，好事儿自然会到来。男人天生具有控制欲，女人们都闭上眼睛过日子，做老爸的或是做老公的于是事事代为做主，那个权威感也自然是好得不得了。但是如果事事都要让男人提醒后再做，就会让他感觉到你很没有思想。所以女人要为自己的幸福负责，在合法的前提下将个人主动性发挥到极致，不要等待别人来赐予你幸福。

总之，不管是男人还是女人，他们都在这个社会中担任着一个特殊角色。我们每个人都要快乐地接受自己的性别。男人和女人并不是天生的敌人，互相对抗，而是手牵手，心连心，在友谊和爱情中一起工作和生活，一起游乐，相亲相爱地在一起。

# 第六章　如何让你变得更加成熟

怎样才能使自己变得成熟呢？有人说：独自一个人在大马路上过一夜就会成熟；有人说工作了之后，人就会变得成熟。你认为呢？

如果你想使自己变得更加成熟，就要记住，一定要时刻注意自己的言行举止。

但是这也并不意味着我们要刻意地去追求成熟。一个人变得成熟需要靠社会阅历和人生经验的积累。做事情要三思而后行，随时想一想做某事的时候是否伤害到了别人。

成熟的第一步，是要勇于承担责任；此外，成熟的人，都不畏惧困难，而是想着如何才能克服困难，从不将时间浪费在自怜自艾中；不成熟的人，总是把自己和别人的不同之处当作障碍，渴望别人对自己特别加以考虑。当悲剧降临时，成熟者一定会克服悲哀，继续前进。而不成熟者就会怨天尤人，停滞不前。

一个人不管其资质如何，不管其家庭背景、学历如何，都应该认真对待生活。热爱生活的人，也同样会被生活所热爱。只要我们掌握了一些适当的技巧，我们就懂得了如何才能变得成熟，我们就可以迅速地成长起来。

## ※　勇于承担责任

在日常工作中，我们若是哪一方面做得不好，总是会听到这样或那样的借口。其实，对于任何一件事情，只要我们有心去找，一定会找到各种借口。但是在我们找借口的过程中我们也浪费了宝贵的时间和精力，在努力寻找借口的同时，我们忘记了自己应该承担的职责和责任。

卡耐基从小就知道承担自己应该承担的责任。

当戴尔·卡耐基已经16岁时，就不得不在家里的农场负起一部分责任。

每天早晨，他骑马进城上学，放学后，他便急匆匆地骑马赶回家里的农场，处理一大堆杂务：挤牛奶、修剪树木、收拾残汤剩饭喂猪……

只有干完这些杂务后，戴尔才能点上煤油灯，在昏暗微弱的灯光下开始读书。然而这还并不意味着戴尔·卡耐基可以无牵无挂地读书了。

当时，卡耐基的父亲詹姆斯仍在农场生产线里不断探索致富的门路。最后他选择了豢养一种叫作杜洛克泽克的大猪。这种猪饲养程序麻烦，母猪的生产是每年的二月初，时值春寒料峭，室外的温度还在摄氏零度以下。为避免这些猪仔被冻死，詹姆斯把它们放在一个用麻布遮着的篮子里，再把篮子放置在厨房火炉的后面。

于是，戴尔·卡耐基晚上又增加了照顾这些小猪的杂务。

在1936年的一部自述中，卡耐基曾提及过这段经历：

“晚上我上床前做的最后一件事，就是把放着小猪的篮子从厨房后面的火炉旁边搬到猪圈里，让这群小猪吃完奶，又把它们一只只地提进篮子，再把篮子重新搬放到火炉后边去。然后，我上床睡觉，并把闹钟的时间定在第二日凌晨三点。闹钟一响，不论有多么困倦，我又得揉揉惺忪的睡眼，在凉飕飕的冷风中穿好衣服下床，再次把小猪送进猪圈吃奶后搬回来。然后我再把闹钟定在早上6点，那是我起来念拉丁文的时间。”

“有一次，我想节约时间，便在凌晨3点，连衣裤都不穿就去给小猪喂奶，结果差点冻个半死，并因此患了伤寒，在床上躺了整整一周。当时我真的感到死亡的大门朝我打开了，甚至看见了地狱门口的大字……”

卡耐基认为，成熟的第一步，是要勇于承担责任。我们都已经脱离了将自己的跌倒迁怒于椅子的孩童阶段。我们应该直面人生，自己对自己负责。

在美国西点军事学校，每一位新生学到的第一课，就是来自一位高年级学员的大声训导。他告诫所有的新生，不管什么时候，遇到学长或者军官问话，只能有四种回答：“报告长官，是！”“报告长官，不是！”“报告长官，没有任何借口！”“报告长官，我不知道！”除此之外，不能多说一个字，因为长官要的只是结果，而不是喋喋不休的辩解。

“别找任何借口”是西点军校奉行的最重要的行为准则，它告诉每一个学员：失败是没有借口的，每个人都应该承担起自己应尽的责任。

勇于承担责任才能有所作为，真正体现人生价值。没有责任就没有压力，没有压力就没有动力。勇于承担责任可以考验个人的工作能力，也可以激励每个人发挥自身作用。

学校组织去国家公园野餐，老师将需要带的东西分派了下去，由班上的每个同学负责回家准备一项。同学们有的负责去超市买食品，有的负责准备烤肉的炉子，有的负责所有的餐具。威尔逊分配到的任务是准备烤肉用的调料。

期盼这次野餐已经很久了，因此，一听到消息，威尔逊就开心地蹦了起来，直到放学回家，他都开心地楼上楼下地欢呼着。妈妈提议让威尔逊列一个单子，把需要带的东西先想好了，然后交给妈妈检查，这样可以防止遗漏。

但是威尔逊说要先出去跟小朋友宣布这个消息，回来后再列清单。

他说："放心吧，爸爸妈妈。我会带好的，别担心。"

妈妈虽然不是很相信他，但一想，这是一个很好的锻炼机会，就没有再要求他必须现在开列出清单来。

小威尔逊在外面玩了整整一天，临到晚上该睡觉的时候他才匆忙跑到厨房里收拾。

第二天，当全班人准备就绪，开始野餐时，小威尔逊却怎么也找不到烤肉汁，他惭愧地低下了头。这次教训让他意识到由于自己的疏忽，使这次活动大为逊色，影响了自己，也麻烦了别人。

我们从小就应该培养孩子勇于承担责任的精神。这样他才能够为自己的行为负责，承担它的后果，无论好坏。

卡耐基认为，如果原子时代能给人类带来希望的成就，而不是相反的负面影响。那么一个坚强而成熟的人，一个愿意并能够对自己和自己的生为负责的人，才是这个时代所需要的。

7 岁的埃迪坐在靠近门边的书桌前写作业，外面风很大，作业本被风吹得直响。埃迪不得不一次次跑去关门，每次门刚关上不久，就又被一阵猛烈的风吹开了。

这时，邻居山姆叔叔来找埃迪爸爸，他没有进门，和埃迪爸爸俩人就站在大门外闲聊起来。

可是，没多久，风又把门吹开了，埃迪于是跑去关门。他猛地把门合上，然而大门却因为碰到障碍物反弹了回来，与此同时，埃迪爸爸痛苦地叫喊起来。

埃迪惊恐地看到，门外的爸爸五官痛苦地扭曲在一起，头发一根一根地竖着。原来，刚才爸爸的手放在门框上，埃迪突如其来的关门，差点把爸爸的手指夹断。

埃迪吓坏了，以为这次一定免不了一顿暴打。但是爸爸的巴掌一直没有落下来。

事后，爸爸对埃迪说：“当时我实在痛得厉害，原本想狠狠打你一个耳光，但是，转念一想，是我自己把手放在门框上的，错误在我，凭什么打你。”

父亲的这句极为普通的话，却给了埃迪一个毕生受用无穷的启示：犯了错误必须自己承担后果，不可迁怒于他人，不可推卸责任。

卡耐基也认为，一个渴望成熟的人一定要切记，要对自己的行为负责。要勇于承担责任。决不为自己寻找任何借口。

因此，无论是工作，还是生活，我们都需要树立责任意识，勇于承担责任，这样才能在社会实践和工作中不断地提高自己，从而为企业和社会发展做出应有贡献。

## ※ 困难并不意味着不幸

你也许听过许多人把失败原因归咎于没上过大学，其实对这些人中的一部分来说，即使他们真的上了大学，他们仍能为自己找出许多理由。对这些喜欢逃避责任的人来说，困难成了最好的挡箭牌。作为一个真正成熟的人则不会如此，他们会想尽办法克服困难。

卡耐基是一个农家子弟，即使他因事业成功而家喻户晓，仍然不忘自己的出身。他的童年与美国中西部农家的孩子并无特别之处。

像所有的日子一样，1880 年 11 月 24 日是一个平凡不过的日子。

戴尔·卡耐基就在此日诞生于密苏里州玛丽维尔附近、离 102 号河东北 10 里处的一个小市镇。

即便是天才，他的第一声啼哭也绝不会是一首美妙绝伦的颂歌。不过，卡耐基的父亲经常自豪地说：“戴尔的哭声特别响亮，我远在一百码处就清楚听见了，便断定这家伙一定是个男孩。”那哭声仿佛是在宣称他对自己降临的这个世界不太满意，也似乎预示着他将经过一番不寻常的苦难和挫折。

幼年的戴尔与他的同龄小男孩相比，显得特别淘气。小时候，他并不是一个讨人喜欢的孩子，这与他以后在公众中广受青睐完全是两回事。

由于营养不良，小卡耐基非常瘦小，头发也不是白种人那类美丽的金色，淡黄中略显灰褐，加上一对与头部不很相称的大耳朵。他不属于英俊少年。

距卡耐基家的农场一里之处，有一所仅有一间教室的学校，校名叫玫瑰园。小卡耐基就在这里读小学。

卡耐基后来的回忆中谈道，他在那里的最深感受是冬天的生活，因为冬天对幼时的卡耐基而言，其同义词就是又湿又冷的双脚。没有一双可避寒冷的合适鞋子，戴尔必须在厚厚的积雪中往返于学校和家中，强劲的西北风从耳畔呼啸而过，像是在对这个贫穷的农村小男孩示威，也似乎在告诉他如何抗御寒冷。卡耐基后来回忆说：

“我试图想出一种办法，不让夹杂着雪片的凛冽寒风挡住我的视线，于是便背着风，倒着走路，结果碰到了一块冰疙瘩狠狠地摔了一跤。我由此而得到一点启示，那便是：不看着脚下的路，摔倒的机会就更多……”

那天的风雪很猛，外面像是有无数发疯的怪兽在呼啸厮打。雪恶狠狠地寻找袭击的对象，风呜咽着。

大家坐在教室里都在喊冷，读书的心思似乎已被冻住了。一屋的跺脚声。

鼻头红红的欧阳老师挤进教室时，等待了许久的风席卷而入，墙壁上的《中学生守则》一个跟头栽了下来。

往日很温和的欧阳老师一反常态：满脸的严肃庄重甚至冷酷，一如室外的天气。

乱哄哄的教室静了下来，我们惊异地望着欧阳老师。

“请同学们穿上胶鞋，我们到操场上去。我们要在操场上立正五分钟。”

操场在学校的东北角，北边是空旷的菜园，再北是一个大的池塘。那天，操场、菜园和水塘被雪连成了一个整体。人走出去，脸上像有无数把细窄的刀在拉在划，厚实的衣服像铁块冰块，脚像是踩在带冰碴的水里。

大家都挤在教室的屋檐下，不肯迈向操场半步。

欧阳老师没有说什么，面对我们站定，脱下羽绒衣，线衣脱到一半，风雪帮他完成了另一半。“在操场上去，站好！”欧阳老师脸色苍白，一字一顿地对我们说。

谁也没有吭声，大家老老实实地到操场排好了三列纵队。

瘦削的欧阳老师只穿一件白衬褂，衬褂紧裹着的他更显单薄。

后来，我们规规矩矩地在操场站了五分多钟。

在教室时，同学们都以为自己敌不过那场风雪，事实上，叫他们站半个小时，他们顶得住，叫他们只穿一件衬衫，他们也顶得住。

上面这个故事告诉我们一个道理：生活中的许多困难，其实并不像我们自己想象的那么严重。

人的一生不可能不遇到困难。有的人在面临困难时，他们无所畏惧，百折不挠，将困难视为生活的一种考验，并使之转化为一种积极有利的因素；而有些人遇到困难，则会畏惧退缩，为之折服，并且抱怨，他们把困难当像是一种无法逾越的障碍，甚至是人生的一种不幸。

卡耐基认为，那些不成熟的人，总是把自己和别人的不同之处当作障碍。渴望别人对自己特别加以考虑。相反，那些成熟的人，能认清自己不同于他人的特征。或者改进自己的不足，以求进步。

哈利的儿子，长得高大英俊，就是自小患有口吃的毛病。这男孩在学校里的成绩一向很好，也很受同学们的欢迎。从小学开始，父母就为他找过许多心理学专家和口吃治疗专家来帮忙，却没有什么成效。

一天，男孩回家告诉父母，说是他将代表全体毕业学生在毕业典礼上致辞，男孩兴致勃勃地立刻开始准备讲稿。男孩的父母也提供不少意见帮助他准备讲稿，但一直都没有提到该如何在演讲时避免口吃这个老毛病。

毕业典礼终于来临。当天晚上，男孩起立开始发表演讲。他站的挺直、端正，会场观众都鸦雀无声地注视他，因为许多人都知道男孩患有口吃的毛病。男孩一开始讲的很慢，但很有信心，接着便很顺利地把 15 分钟的讲演说完，没有丝毫迟疑的地方。等他讲完之后，全场报以热烈掌声，因为大家都知道，这男孩是如何努力克服自己的缺陷和困难，理当得到应有的赞赏。

一个不成熟的人随时可以把自己与众不同的地方看成是缺陷，是障碍，然后期望自己能受到特别的待遇。成熟的人则不然，他会认清自己的与众不同，然后接受它们，加以改进。

很多人都认为贫穷是一个灾难。但是成熟的人们却把贫穷当作一笔财富。美国总统赫伯特-胡弗是爱荷华一名铁匠的儿子，后来又成了孤儿；IBM 的董事长托马斯-沃森，年轻时曾担任过簿记员，每星期只赚两美元。这些著名的成功人士，都没有认为贫穷是他们的障碍。他们把所有精力都用在工作上面，因此根本没有时间去自怜。

卡耐基认为，贫穷的确是一种障碍，但我们没有理由因为贫穷而逃避责任。甘愿俯首认输吗？成功的人从不会强调他们受到贫穷的阻碍，而只是想着如何克服困难，从不将时间浪费在自怜自艾。

总之，困难并不像我们想象中的那样不可战胜，只要我们有一颗积极向上的心，什么困难我们都能克服。

## ※　摆脱生活中的不幸

上天不会偏爱我们任何一个人，作为一个人，我们都得经历一些困难，正如我们经历许多快乐一样。所以面对困难，我们要有足够的信心，努力地摆脱生活中的困难。

卡耐基的童年可以说是悲惨的童年。

密苏里州经常发生的风沙、暴风雨及洪水，对生活在这里的居民来说，显然是非常无奈的不幸，幼时的戴尔偶尔也曾为之有些许烦恼，但大多时候却很高兴。因为在这样的日子里，村镇的小木屋便成了戴尔及其小伙伴的乐园。

临近卡耐基家有一间破旧的空木屋。成名后的卡耐基即便周游世界各地讲学，见识过许多异国风光，但在他的记忆深处，这座小木屋永远也不会从他的记忆中消失。因为当他伸开左手做表演动作时，便会看见这只仅剩四根指头的手，这是因他童年的淘气而留下的永恒纪念。

1898 年夏季，暴风雨席卷密苏里平原，102 号河洪水泛滥。戴尔和他的三个伙伴莫得·伊文思、莫得的弟弟盖·罗伊及格兰又聚在了他家田园附近的那间破木屋。

戴尔他们约定，谁从窗户上向下跳的次数最多，其他人就得听命于他。戴尔跳下的次数已经远远超过了其他伙伴，只见他双手抓着窗棂，脚踩在窗台上，上气不接下平地对着其他伙伴嚷道：“使劲呀……”他又跳向地面，但这次他没有像以往那样大吵大叫了，戴尔觉得左手食指一阵剧痛，接着整个左手都麻木了。

原来，戴尔左手食指上的戒指被窗棂上的一枚铁钉勾住了，他跳落地面时，食指已被扯裂开来，鲜血迅速从伤口涌出，连左边的衣袖也被浸渍得一片鲜红。

由于及时止血，伤口并没有被感染，但戴尔的左手却从此缺少了一根食指。这次经历也深深铭刻于他的记忆之中。

三十年后，戴尔·卡耐基在欧洲的一次讲学中还提及此事，他把这次经历作为讲课的引用材料。他认为，当不幸降临于自身时，我们根本没有必要去怨天尤人，因为不幸的根源是我们自己的错误。他说他也曾为这个缺陷而自卑过，但现在没什么了。

这时戴尔·卡耐基已是一个成熟的乐天主义者了。尽管在瓦伦斯堡师范学院时，他曾为自己左手的缺陷而自卑和羞惭过。

卡耐基认为，当悲剧降临时，世界仿佛停滞不前了，我们的悲剧将会一直持续下去，但是，我们一定要克服悲哀，继续上路，只要回忆那些快乐的往事，我们就会感到幸福终将到来。取代我们内心的悲痛。不幸也不完全是坏事，它会成为一种动力。促使我们采取行动，提高我们自身的素质，我们的智慧也将因此而变得更加敏锐，从而促使我们最终摆脱困难、

1858年，瑞典的一个富豪人家生下了一个女儿。然而不久，孩子染患了一种无法解释的瘫痪症，丧失了走路的能力。

一次，女孩和家人一起乘船旅行。船长的太太给孩子讲船长有一只天堂鸟，她被这只鸟的描述迷住了，极想亲自看一看。于是保姆把孩子留在甲板上，自己去找船长。孩子耐不住性子等待，她要求船上的服务生立即带她去看天堂鸟。那服务生并不知道她的腿不能走路，而只顾带着她一道去看那只美丽的小鸟。

奇迹发生了，孩子因为过度地渴望，竟忘记了要拉住服务生的手，慢慢地走了起来。从此，孩子的病便痊愈了。女孩子长大后，又忘我地投入到文学创作中，最后成为第一位荣获诺贝尔文学奖的女性，也就是茜尔玛·拉格萝芙。

因此，面对灾难，我们只要有一种不服输的精神，就有获得成功的机会。假如一开始就被困难打倒了，那么我们的人生将是一部悲剧。

卡耐基认为，人生真正的圆满，并不是平静之味的幸福，而是勇敢地面对所有的不幸，“不幸”可以激发潜藏在我们体内的能量。“不幸”可以激发潜藏在我们体内的能量，如果不是情势所逼，需要我们对这种潜能善加运用，我们将有可能永远埋没自身所具有的这种巨大能量。

英国劳埃德保险公司曾从拍卖市场买下一艘船，这艘船 1894 年下水，在大西洋上曾 138 次遭遇冰山，116 次触礁，13 次起火，207 次被风暴扭断桅杆，然而它从没有沉没过。

劳埃德保险公司基于它不可思议的经历及在保费方面给带来的可观收益，最后决定把它从荷兰买回来捐给国家。现在这艘船就停泊在英国萨伦港的国家船舶博物馆里。

不过，使这艘船名扬天下的却是一名来此观光的律师。当时，他刚打输了一场官司，委托人也于不久前自杀了。尽管这不是他的第一次失败辩护，也不是他遇到的第一例自杀事件，然而，每当遇到这样的事情，他总有一种负罪感。他不知该怎样安慰这些在生意场上遭受了不幸的人。

当他在萨伦船舶博物馆看到这艘船时，忽然有一种想法，为什么不让他们来参观参观这艘船呢？于是，他就把这艘船的历史抄下来和这艘船的照片一起挂在他的律师事务所里，每当商界的委托人请他辩护，无论输赢，他都建议他们去看看这艘船。它使我们知道：在大海上航行的船没有不带伤的。

我们遇到困难是在所难免的，关键是我们要做好充分的准备，来迎接困难和挑战。

罗伯特·路易斯·史蒂文森一生多病，却不愿让疾病影响自己的生活和工作。与他交往的人，都认为他十分开朗、有活力，并且所写的每一行文字也充分流露出这种精神。由于他不愿向身体的缺陷屈服，因此能使他的文学作品更多彩，更丰盛。

总之，如果你在生活中遇到不幸，那就试着摆脱它，只有这样你才能更有信心地去迎接美好的明天。

## ※　拥有坚定的信念

在我们每个人成功之前，到底有多少人相信我们真的会取得成功呢？世界上只有极少数的人对自己拥有完全的自信，相信他们自己就是登上金字塔顶端的那些成功人士。有时候，一个人能否成功，在于他是否拥有一个坚定的信念。信念只是一种心态，一种选择。成功的人，总是先相信，然后就会看到；而不成功的人，总是看到了才会相信。

卡耐基进入瓦伦斯堡州立师范学院后，开始了他走向成功的人生之路。

在那里，卡耐基参加了12次比赛，却屡战屡败。

最后一次比赛败北后，戴尔开始对自己的能力产生怀疑，所有美好的希望粉碎了，他拖着疲惫的身子，精疲力竭、意志消沉地在102号河畔久久地彷徨。

总是失败，对人的信心是极大的打击。30年后戴尔·卡耐基谈及第一次演说失败时，还以半开玩笑的口吻说：

“是的，虽然我没有找出旧猎枪和与之相类似的致命东西来，但当时我的确想到过自杀……”

“我那时才认识到自己是很差劲的……”

人的一生犹如一盘漫长的磁带，它将忠实地记录下各种路人的音响，有无为者的叹息，绝望者的哀鸣，玩世者的贫笑，也有进取者激越昂扬的高歌，改革者奋不顾身的绝唱，开拓者震天动地的呼啸……

当现在的人们面对卡耐基的成功之路时，已经把他当作一位激越的进取者和勇敢的开拓者。即便是在这位声名赫赫的成人教育家、交际大师溘然辞世多年的今天，人们在认真地探讨他的教学课程的同时，也不难明白一点：卡耐基本人的经历就是一部活生生的教材。

卡耐基就是卡耐基，在瓦伦斯堡州立师范学院，经历了一连串失败后，戴尔·卡耐基尽管也曾有过短暂的消沉，但却转瞬而逝，马上就振作精神重新面对生活。

“在哪里跌倒了，就在哪里站起来。”戴尔·卡耐基这样说，也这样做。

有一次，戴尔·卡耐基正练习自己的一篇演说稿，神情专注，还不时夹杂着手势。这时，附近的一位农人见此情景，以为出现了一位疯子，立即报告了附近的警察，当警察气喘吁吁地跑来时，戴尔才明白发生了什么事。

功夫不负有心人，只要不断地努力，就一定会获得成功。

1906 年，戴尔·卡耐基以《童年的记忆》为题发表演说，获得了勒伯第青年演说家奖。戴尔在中学时代就有过写作的梦想，这篇讲稿是他写作的一次尝试，他把自己完全假想成另外一种角色的讲稿至今还存在瓦伦斯堡州立师范学院的校志里。

戴尔·卡耐基在学院公众演说赛中的获胜，使他走向成功的新的开始。

卡耐基认为，仅仅拥有信念还不足以使人走向成熟，勇敢的确比怯懦要好，但是，假如我们面临考验时却转身逃跑，那么勇敢就失去了作用，除非我们能够坚守信念，否则所有理论都将毫无价值。我们的信念是否起作用，关键在于我们如何去做事，基督耶稣就说："观其果而知其因。"重要的是我们如何去做。

数千年来，世界上很多著名科学家、权威人士的研究结果表明，由于人类骨骼、肌肉等各方面因素的限制，人类不可能在4分钟内跑完1英里。因此人们一直认为，这是人类不可能打破的纪录。然而，1954年，一位叫罗杰·班纳斯特的人却打破了这个纪录！他之所以能够创造这一惊人的佳绩，一方面归功于体能上的苦练，但更重要的是，得力于精神上的突破。在破纪录之前，他曾在脑海中无数次地模拟以4分钟的时间跑完1英里，长此以往便形成了强大的成功信念，结果，班纳斯特真的做到了，做到了人类数千年来一直认为不可能的事情。

奇怪的是，在班纳斯特打破纪录的第二年，有37个人也做到了。第三年，居然有300多人也做到了！为什么在班纳斯特突破之前无人做到，而之后却有那么多人做到了呢？原因就在于，这些运动员被科学家的报告限制住了自己的潜能，他们不相信自己可以。但之后，他们看到有人做得到，才相信自己也能做到。可见，信念创造了奇迹！

坚定的信念是我们心中的灯塔，能够指引我们走向成功。拥有了坚定的信念，你就会发现前方的路是那么美，成功就在离我们不远的地方。

有个年轻人去微软公司应聘，而该公司并没有刊登过招聘广告。见总经理疑惑不解，年轻人用不太娴熟的英语解释说自己是碰巧路过这里，就贸然进来了。总经理感觉很新鲜，破例让他一试。

面试的结果出人意料，年轻人表现糟糕。他对总经理的解释是事先没有准备，总经理以为他不过是找个托词下台阶，就随口应道：“等你准备好了再来试吧。”

一周后，年轻人再次走进微软公司的大门，这次他依然没有成功。但比起第一次，他的表现要好得多。而总经理给他的回答仍然同上次一样：“等你准备好了再来试。”

就这样，这个青年先后5次踏进微软公司的大门，最终被公司录用，成为公司的重点培养对象。

人生的旅途上就是这样，到处是沼泽遍布，荆棘丛生。而我们追求的事业也总是山重水复，柳暗花明。我们需要在黑暗中摸索很长时间，才能找寻到光明，这就需要我们内心要有坚定的信念。

美国作家欧·亨利在他的小说《最后一片叶子》里讲了这么一个故事：病房里，一个生命垂危的病人从房间里看见窗外的一棵树，在秋风中一片片地掉落下来。病人望着眼前的萧萧落叶，身体也随之每况愈下，一天不如一天。她说：“当树叶全部掉光时，我也就要死了。”

一位老画家得知后，用彩笔画了一片叶脉青翠的树叶挂在树枝上。最后一片叶子始终没掉下来。只因为生命中的这片绿，病人竟奇迹般地活了下来。

可见，信念是人们精神的支柱，人要是没有了信念，就失去了前进的动力。只有有了希望，生命就生生不息！

历史靠人去开创，未来靠我们去打造。信心，是一个人最大的资产。只要你拥有坚如磐石的信念，你便可以取得常人难以想象的成功。

## ※ 相信自己是独一无二的

这世界上的很多东西都是独一无二的：我们活着的每一秒都是独一无二的，我们身边的每个人也是独一无二的。我们每个人都是这世界上独一无二的一部分。因此，我们要好好地珍惜自己。

卡耐基认为，每一个人的人生经历都是独一无二的，要想获得成熟的智慧，就必须认识并理解这个事实。

卡耐基小的时候家里很穷。有一天，他放学回家的时候经过一个工地，看到一个老板模样的人正在那儿指挥盖一幢摩天大楼。

卡耐基走上前问：“我长大后怎样才能成为像您这样的人呢？”

“第一要勤奋……”

“这我早就知道了，那第二呢？”

“买件红衣服穿。”

卡耐基满腹狐疑：“这与成功有关吗？”

那个老板模样的人指着前面的工人说：“有啊！你看他们都穿着清一色的蓝色衣服，所以我一个都不认识。”说完，他又指着旁边一个工人说：“你看那个穿红衣服的，就因为他穿得和旁人不同，这才引起了我的注意，我也就认识了他，发现了他的才能，过几天我会安排一个职位。”

穿红衣服的工人获得了老板的认可，这其实是他自己向老板的一次成功营销。所以这对我们的营销工作也很有启发意义。

其实，不论我们每个人是正常人还是身有残疾，我们在这个世界上都是独一无二的，我们要好好珍惜我们在这个世界上所拥有的一切。

艾莫·赫姆出生在俄亥俄州的亨特维，当时他的医师如此说道：“这婴儿活下来的机会不大。”但是赫姆还是活下来了。虽然90年来，他因右半身严重受伤而时常痛楚不已，但他还是没有向死神屈服。由于他不能从事体力工作，便转而努力阅读。1891年，也就是他28岁的时候，他成了卫理工会的传道士。他曾历经两次致命的事故，都没有因此而失去信念，反而引起有名的巧克力制造商约翰·惠勒的注意，在经济上加以援助。几个月之后，这位曾倒在死神门口的传道士，顺利地出了院。

艾莫·赫姆开始兴建教堂、募集传道基金，并帮助当地的学校和医院。这名“单肺传教士”募集了将近300多万美元，从事起了他认为有意义的慈善活动。到了69岁的时候，他告老退休，但还是继续不断工作。他又举办了上千次的讲道、写了两本书、为教会和其他慈善机构募集了50万美元，并且担任20余所专业学校的董事，个人并曾捐助5万美元以兴建在加州大学附近的一所教会。

艾莫·赫姆准确认清了自己在这个社会上的位置，并利用自己具有的条件，成功地度过了自己的一生。我们每个人在这个世界上都是唯一的，我们每个人都有自己的位置，只要我们能够准确定位，我们能就会取得满意的成就。

纽约卡耐基训练班里有个身材瘦小、年纪已74岁的女学员，她坦然承认不知道如何度过自己的余生。

这名女学员曾经当过教员，直到强制退休停止。她的储蓄不多，因此必须时时保持忙碌，这对经济和精神上都十分重要。由于她曾担任过教员，有很多教学经验，因此便到各个幼儿园去讲故事。她的故事都经过特别挑选，并且用幻灯片来加强效果。

听了她的话之后，卡耐基鼓励她把这当作事业来做。

也许受了卡耐基的鼓舞，这名女学员开始了她的晚年事业。她知道，年纪并不是一种障碍或缺陷，相反的，由于多年的教学经验，她现在更有能力把故事讲得更好，更动人。

她先去找“福特基金会”，因为这个组织一直很积极推动文化工作。她把计划写下来，内容包括许多为幼儿园学童所设计的故事节目。她不仅用口讲，并且拿东西让大家看，因此很容易被接受。她充满温馨和富有戏剧性的讲述方式，使她大受欢迎。

后来，这名女学员把自己的热忱和信心带到美国各地，并把欢乐带给成千上万个孩童。

如果这位74岁的老人不肯定自己，不相信自己的能力，她就会像其他老年人那样，平常地度过自己的余生。

人，活在世间，首先就要肯定自己，相信自己。“天生我材必有用”，没有人能够像你一样活出你自己，别人能做到的，我一样能做到。相信我们自己在这个世界上都是独一无二的，我们每个人都有自己在这个世界上的位置，只要我们找到了这个位置，加上我们的努力，我们就能取得成功。

## ※ 不要盲目因袭

年轻人常常会因为害怕自己与他人与众不同，所以无论在穿着、行动、言谈或思考模式上，都尽量与自己所属的圈子的人一致，这样就避免了别人在背后指指点点。其实，要想成为真正的“人”，必须先是一个不盲目因袭的人。只有对事物具有独特的看法，你才能做出一番自己的事业。

卡耐基能成为一个世人敬仰的演讲家，卡耐基的课程之所以受到众人的追捧，与他独特的教授方法有着密切的关系。他摒弃了以前教授演讲的弊端，采用了自己的经验，获得了巨大的成就。

卡耐基最初在青年会教授公共演说时先用的是他在密苏里瓦伦斯堡学院中所学到的正式技巧。那是以古典演说家爱德华·曼克、威廉·彼特及丹尼作为模式的。但是，他在教学过程中发觉学生对这种主要是背诵的刻板方法极不感兴趣时，他便思考着改进教学方法，不能停留在前人的成就上。

在长时间的实验中，他选取了让学员们自己讨论他们本身所关心的问题的方式，没想到这在商人学生中大受欢迎，而且也特别有效，于是他便持续不变地运用这种方法并推广这些方法。

1913年，他和柏格·依森威合著的教科书——《公众演说的艺术》出版了，书中特别强调技巧，而首先强调的是对自己负责，即付诸行动，这是演说的最佳窍门，同时还强调变换声调的效力，区别准确发音，手势的真实性，以及声音的魅力。

布鲁克林的一位医生——寇地斯大夫是个热心的棒球迷，他和球员们结成好朋友，因此，他被邀请参加一个球队举行的晚会。主持人宣布说："今晚有一位医学界的朋友在场，他就是寇地斯大夫，我们请他来为我们谈谈棒球队员的健康问题。"

遗憾的是，寇地斯大夫事先没有得到通知，尽管他是学医的，但是他的演讲却失败了。他加入了戴尔·卡耐基的训练班后，着重训练在班上的发言，上过几次课后，他的紧张情绪消失了，自信心也愈来愈强，两个月后，便成了班上的演讲明星，他现在很喜欢演讲的感觉和那份欣喜及获得成功后的荣誉。

其实，这只是卡耐基先生训练班中一个很普通的例子，像这样的例子还有很多很多。

卡耐基认为，你可以从别人的视觉来看待事物，但是一定要从你自己的视觉出发去做事。如果完全顺从和趋利避害，那么人就会变成奴隶。只有勇敢地迎接受生活的挑战，投入到生活中去努力奋斗，敢于参加决议的讨论，这样的人才能获得真正的自由。

有一个人经常出差，经常买不到对号入座的车票。可是无论长途短途，无论车上多挤，他总能找到座位。他的办法其实很简单，就是耐心地一节车厢一节车厢找过去。这个办法听上去似乎并不高明，但却很管用。每次，他都做好了从第一节车厢走到最后一节车厢的准备，可是每次他都用不着走到最后就会发现空位。他说，这是因为像他这样锲而不舍找座位的乘客实在不多。经常是在他落座的车厢里尚余若干座位，而在其他车厢的过道和车厢接头处，居然人满为患。他对待这个问题有一套自己的独特见解：大多数乘客轻易就被一两节车厢拥挤的表面现象迷惑了，不大细想在数十次停靠之中，从火车十几个车门上上下下的流动中蕴藏着不少提供座位的机遇；即使想到了，他们也没有那一份寻找的耐心。眼前一方小小立足之地很容易让大多数人满足，为了一两个座位背负着行李挤来挤去有些人也觉得不值。他们还担心万一找不到座位，回头连个好好站着的地方也没有了。

这是这位旅客有着跟别人不一样的思维，所以他才能每次都找到自己的位置。所以，有时候大家的一致看法并不一定是有利的，是正确的，相反，具有自己独特的见解确是一件让人值得骄傲的事情。我们要保护这种思想，而不要把它扼杀在萌芽之中。

卡耐基认为，对于成熟的心灵和成熟的人来说，“顺从”只是一个遥无期限的概念，它不过是那些茫然无从者的护身符，而成熟的人，其心灵早已和爱默生达成了一致：“个人心灵的完美，是最为神圣的。”

因此，我们每个人都必须有自己的见解。有了自己的见解，我们才能有自己的思想。思想是我们心灵的灵魂，有了思想我们才能做出与众不同的事业。

## ※ 不要让人觉得讨厌

我们每个人都生活在社会中，我们每个人都离不开交往，我们每天不论做什么事情，都要和人接触。如果我们是一个让别人觉得讨厌的人，那我们在这个社会中就寸步难行了。那么如何才能让大家都喜欢你呢？

卡耐基认为，无聊乏味的人，既不可能了解自己，也不会喜欢自己，当然也就是更无法成为他自己，他不知道自己需要什么，也不知道别人在人际交往中需要什么。他的全部精力都放在那些无聊而且微不足道的生活琐事上，这正是现代人迷失自我的悲剧性象征。

有一次，卡西去无线电城询问处，打听苏文的办公室号码。那个穿着整洁制服的询问员，似乎显得很高贵，他很清晰的回答："苏文，18 楼，1816 室。"

卡西走向电梯，想了想，接着又走了回来，对那个询问员说："你回答问题的方法很漂亮，很清楚、恰当，你像一个艺术家，实在不简单。"

他脸上现出愉快的光芒，告诉我，在答话时为什么中间要停一下，为什么每句话的几个字，要那么说。

其实，要想不被别人讨厌，我们每个人都可以轻松地做到。找到合适的机会，去称赞别人，你就会变得非常受欢迎。

卡耐基认为，不断成长和成熟的人，因善于化平凡为神奇，所以虽然无所不谈，但决不会令人厌烦；相反，从成熟的人口中说出来的本来光芒四射的话题，一旦由无聊乏味的人口中说出来时，就会变得无聊乏味，了无生气。

比克去一家法式的煎马铃薯店吃饭。那个女服务生端来了煮马铃薯。比克说："对不起，要麻烦您了，我喜欢的是法式的煎马铃薯。"而她也突然意识到自己的错误，回答说："一点也不麻烦。"并且很乐意地去给比克更换，因为比克赢得了她的欢迎。

卡耐基认为，如果你想使自己走向更加成熟的人生，就请记住，一定要时刻记住，一定要时刻注意自己的言行举止，不要让别人觉得你是一个令人讨厌的人。

要想得到大家的欢迎其实很简单。平时客气的话，像“对不起，麻烦你，请你，你会介意吗？谢谢你！”这些简短的话，可以减少人与人之间的纠纷，拉进你和他人的距离。

美国著名小说家柯恩，是一个铁匠的儿子，他一生没有受过八年以上的教育，可是在他去世的时候，是世界上一位最富有的文人。

柯恩酷爱诗歌，他读尽了罗赛迪的诗，甚至他还写了一篇演讲稿，歌颂罗赛迪学术上的成就，并且还送了一份给罗赛迪。罗赛迪很高兴，他表示这样一个年轻人，对我的才学有这样高超的见解，他一定很聪明。

大家就是靠着对别人的赞赏，对别人的尊重，才取得了大家的欢迎。

## ※　让友谊伴随你一生

友谊是生命中的源泉，没有朋友的人是孤独的。当你开心时，朋友与你分享。当你悲伤无助时，朋友会给你一双援助的手。友情无处不在，它伴随你左右，萦绕在你的身边，和你共度一生。

成立了家庭，并没有给卡耐基带来好运。相反，为了逃避洛莉塔的粗暴和嘲讽，卡耐基不愿意再在这个家中度日如年，他决定外出旅行。

他选择了匈牙利的霍尔多巴吉湖泊。这个地方有点儿像野外动物园，令人神往和着迷。

与他同行的一位朋友想和他一道去打野鹅，他非常高兴地答应了。霍尔多巴吉草湖边野鹅很多，而且很肥。他向当地的居民学会了许多捕野鹅的方法，居然收效很大，他捕到了很多只又肥又大的野鹅。这次旅游带给了卡耐基许多快乐，他这时又在计划着写一些有关的文章。

但一回到巴黎，又陷入了家庭生活不和谐的困境中，最令他气愤和难受的是，洛莉塔在花销方面根本没有计划，胡乱花钱，但卡耐基并没有计较这些，他默默地忍受着。

在这种坏心情下，朋友的到来可能是卡耐基最高兴的事了。

老朋友赫蒙·克洛依的拜访使卡耐基激动不已。

卡耐基在一家餐厅里招待了克洛依，两人许久没有会面，有许多的经验和方法需要进行交流，卡耐基并没有向他的朋友倾吐心中的烦闷，反而显得非常高兴的样子来庆祝他朋友在事业上的成功。

与朋友的异地相逢，使卡耐基暂时摆脱了家庭生活的郁闷。他们一起开始了在法国的旅行，并无所顾忌地交流着各自的情况。面对眼前这位老朋友，卡耐基始终没有说出内心的痛苦。

1951年，卡耐基夫妇有了他们唯一的孩子，他们给她起名朵娜·戴尔·卡耐基。

当朵娜出生时，卡耐基已有60余岁。摩门·宾森记得卡耐基走进大理协同教会的教堂时对自己说："恭喜我！我妻子生了小孩，而我已经63岁了！"

当朵娜还是个学走路的小娃娃时，卡耐基常常带她到森林旁的水池旁边散步。而当他开始热烈地同别人谈话时，常常忘记了自己正在照顾小孩子。

当他回到家里，桃乐丝问他孩子在哪里时，他已经忘记孩子这回事了。

后来，卡耐基不得已填了水池，把它改建为玫瑰花园，这样做是为了确保在与别人交谈时朵娜不至于掉进水池里去。

友谊是卡耐基一生中很重要的一部分。在卡耐基伤心失望时，他们给他以支持；当卡耐基取得成就时，他们一起和他分享。

卡耐基认为，在这个世界上，没有人有义务去必须喜欢别人，无论是在生意上还是在社会交往中，假如我们不能拿出别人想要的东西，我们就没有任何理由让别人来主动讨好我们。

卡耐基认为，要想赢得别人的友情，就必须甩掉包袱，不要担心别人是否会喜欢我们，而且要尽量发掘我们身上潜藏的基本素质，激发别人来赏识我们。我们应该做的，不是观望那虚无缥缈的未来，而是要脚踏实地，做好跟前的每一件事情。

有一位伟人这样说过："得不到友情的人将是终身可怜的孤独者；没有友情的社会，只是一片繁华的沙漠。"朋友就是友谊的代言人。

有一对朋友，一起去爬山。刚好天雨路滑，有一个人不小心摔了一跤。刚好身边是万丈深渊。在这千钧一发的时候，他的朋友立即扑上去拉着他的手。就这样，他们在"鬼门关"前持续了两小时左右。在这段时间里，那个身陷险境的人，几次叫他的朋友放手，免得一起摔下去，双双送命。但他的朋友却说："再坚持多一会儿，就有人来救我们的。"终于，碰巧三个山工看到，把他们救了起来。但那朋友的手已经变得畸形了。但他还是笑对他的朋友说："我早说过会有人救我们的。"这时，那人早已热泪盈眶，抱着他的朋友哭起来。

友谊是一部漫漫长卷，只有用心去读，才可读出一生的知己，收获一筐果实。人生走过的每一小段，除了父母之外，朋友便是我们一生的常伴，它伴随着我们走向生命的尽头。

人生在世，美丽的青春年华会像流水一样一去不复返，唯有朋友间的真挚友谊不会枯萎，可以天长地久。

## ※　学会喜欢自己

我们每个人都有这样的经历。望着眼前我们的照片，我们会感到不满意，心里埋怨为什么我长得没有别人漂亮呢？其实，我们没有必要为此烦恼，我们应该面对真实的自己，去发掘自己的可爱之处，学会喜欢自己。

卡耐基成功的过程并不是一帆风顺的。童年时，卡耐基家庭非常贫穷，遭到自然灾害时，就连温饱问题都没有办法解决。在一次跟小伙伴的玩耍中，卡耐基还弄断了自己的手指。上高中时，卡耐基是同学们嘲弄的对象，当时的他特别讨厌自己。讨厌自己的长相，甚至讨厌自己头发的颜色。工作后，卡耐基依然没有摆脱贫困的命运。他在做推销员工作时，经常遭遇困难。儿时的经历和一系列的挫折，使卡耐基的性格变得抑郁，他甚至感到恐惧。他懊恼自己一辈子都不会有所成就了，担心自会被开除，其实大公司是很少开除人的。后来他遇到了一个跟他一样，断了手指的青年。在与这位年轻人的交流中，卡耐基找到了自我，发现自己其实有很多优点，例如自己在演讲方面和口才方面。也正是这个年轻人，使卡耐基慢慢地喜欢上了自己，最后并取得了伟大的成功。

卡耐基认为，“爱自己”是健康成熟地生活的一个重要标志。爱自己，就是要接受自己，要冷静客观，怀着自尊心和人类的尊严感来接受自己。如果我们不喜欢自己，那么我们就不会喜欢别人，仇恨一切事物和别人，厌弃和虐待自己同胞的人，必然也会更强烈地表现出自我厌弃。

珍妮是一个总爱低头走路的小女孩。她一直觉得自己长得不够漂亮。有一天，她到饰物店去买了一只绿色蝴蝶结，店主不断赞美她戴上蝴蝶结挺漂亮，珍妮虽不信，但是挺高兴，不由昂起了头，急于让大家看看，出门与人撞了一下都没在意。

珍妮走进教室，迎面碰上了她的老师，“珍妮，你抬起头来真美！”老师爱抚地拍拍她的肩说。

那一天，她得到了许多人的赞美。她想一定是蝴蝶结的功劳，可往镜前一照，头上根本就没有蝴蝶结，一定是出饰物店时与人一碰弄丢了。

其实，无论是贫穷还是富有，无论是貌若天仙，还是相貌平平，我们每个人身上都有自己闪光的那个地方，让我们喜欢自己吧，只有喜欢自己，我们才能更好地热爱生活和体会生活带给我们的快乐。

在一次讨论会上，一位著名的演说家没讲一句开场白，手里却高举着一张 20 美元的钞票。

面对会议室里的 200 个人，他问：“谁要这 20 美元？”一只只手举了起来。他接着说：“我打算把这 20 美元送给你们中的一位，但在这之前，请准许我做一件事。”他说着将钞票揉成一团，然后问：“谁还要？”仍有人举起手来。

他又说:“那么，假如我这样做又会怎么样呢？”他把钞票扔到地上，又踏上一只脚，并且用脚碾它。尔后他拾起钞票，钞票已变得又脏又皱。

“现在谁还要？”还是有人举起手来。

“朋友们，你们已经上了一堂很有意义的课。无论我如何对待那张钞票，你们还是想要它，因为它并没贬值，它依旧值 20 美元。”

“在上帝的眼中，我们每个人永远都不会丧失价值。在他看来，我们衣着不论是肮脏还是洁净、齐整或不齐整，我们依然是无价之宝。”

卡耐基认为，要想获得进步，突出自我，就要集中精力发挥自己的优点，展现自己最优秀的一面，抛开自己的缺点。当然，我们一定要纠正自己的错误，并迅速忘掉它们。

迈克在 1938 年的时候，年方 21 岁，已经可以进入军中服役。他在一次战役中受了严重的眼伤，双眼从此失明了。虽然他承受了这么大伤害和痛楚，个性却依然十分开朗。他常常与其他病人开玩笑，并把自己配给到的香烟和糖果分赠给亲朋好友。

医师们都尽心尽力想恢复迈克的视力。一日，主治大夫亲自走进迈克的房间向他说：“迈克，你知道我一向都喜欢对病人实话实说。我必须诚实地告诉你，你的视力无法恢复了。”

时间似乎停止下来，房间里呈现可怕的静默。

“大夫，我知道。”迈克打破沉寂，平静地回答道，“其实，我一直都知道会有这个结果，但是仍然感谢你们为我费了这么多的努力。”

后来，迈克利用自己祖父传下来的技巧，开了一家盲人按摩院。依然像以前那样开朗。

迈克就没有因为自己的失明，而讨厌自己。他依然认为自己就是自己，依然像从前那样喜欢自己。

人生路上，我们会有无数次的困难和逆境，当我们遇到困难时，我们觉得自己似乎一文不值。但是无论发生什么，我们生命的价值仍然没有改变，让我们还像以前那样喜欢我们自己。让我们喜欢自己，相信自己，为了我们的追求不懈地努力。

# 第七章　走出孤独忧虑的人生

许多寂寞孤独的人是因为不了解一个人要想得到他人的欢迎，一定要付出许多努力和代价而感到孤独和寂寞。孤独是现代人的通病。无论是单身男子或美丽的女子，无论是城市的异乡人或村里的流浪汉，都一样会尝到孤寂的滋味。

我们要想克服孤独，就必须远离自怜自艾的阴影，勇敢走入充满光亮的人群里。我们要知道幸福并不是靠别人来布施，而是要自己去赢取别人对你的需求和喜爱。

要想让别人喜欢我们，的确需要花点心力。无论到什么地方，都要兴高采烈，把自己的欢乐尽量与别人分享。要使自己成为被人接纳的对象，必须把自己奉献给别人，而不是等着别人来给自己什么。

我们要学会面对现实。无论是丈夫死了，或太太去世，活着的人都有权利再快乐地活下去。当我们发现某些事实已经无法改变时，我们就得认定事实，做出积极乐观的反应，这才是一种可取的态度。

人生在世，生命短暂，我们不要为一些本来可以很快忘记的小事而忧虑，让我们把我们的精力用在值得做的行动和感觉上，去想一些应该思考的问题，去做必须做的事情。

## ※　克服孤独的方法

每当夜深人静的时候、每当孤独失意的时候，你会不会想念远方的父母和亲友？你会不会觉得自己一个人很孤独？事实上，不论走千里万里，不论一个人取得多大的成就，家都是我们心灵的港湾。

虽然事业遭受很大的挫折，卡耐基和汤姆斯间的友谊却没有消减。

汤姆斯为《影响力的本质》第一版撰写绪论，他的签名常在戴尔•卡耐基的广告上出现。

此后，卡耐基经常到汤姆斯家做客。汤姆斯的孩子都记得有一位友善、愉悦、一头灰发和戴着淡色镜框眼镜的慈长者，常来他家与他父亲亲切交谈。他就是戴尔•卡耐基。

卡耐基对友谊的感受是非常深刻的，而他对增进友谊的投入也是全身心的。我们可以设想，当一个人孤独地在社会上生活，身边没有一个能够信赖的朋友时，他的事业肯定不会成功。因此，我们有理由相信，卡耐基事业的成功固然与他自己的艰苦奋斗分不开，但是，如果没有朋友之间的相互支持和帮助，卡耐基的成功就不会如此辉煌。

由此，我们应该重视友情，让友谊之花开放在自己的生命之中。

卡耐基告诉我们，寂寞的人永远不明白，爱和友情是不会像包装精美的礼物那样被送到手上的。受欢迎和被接纳从来也不是那么能轻易到手的。人应该努力去赢得别人的喜欢，爱、友情和美好时光是不能通过谈判获得的，我们要面对这些现实！

好几年前，卡耐基认识了这样两个女孩。她们在一间公寓同住，两个女孩都长得十分迷人，也有一份待遇不错的工作，都希望自己有朝一日出人头地。让卡耐基惊奇的是，其中一位女孩，以她的年纪来说，是相当聪慧的。她认为居住在大都市的女孩，尤其是单身女孩，一定要仔细安排自己的生活，并计划自己的未来。她积极参加各种活动。她还加入一个研讨会，甚至选修一门改进个性的课程。她把自己的薪水尽量用来与人交往，并开创出多姿多彩的生活内容。她有适度而愉快的休闲活动，但对于社交关系则相当谨慎。尤其尽量避免暧昧不清的男女关系。

回想当时她初到大都市的时候，也感到寂寞。但是，她不是像某些男性一样，在海底潜游了半天，却只寻得一块海绵。她知道自己一定要有计划。如今，她与一位聪明的年轻律师结了婚，婚后生活十分愉快。这便是她强调的“要达到目的”的结果——她得到了幸福快乐的人生。

至于另外的那个女孩呢？她当初也很孤单寂寞，却没有细心安排自己的生活。她经常去一些游乐场所或酒吧寻找朋友。最后只是加入了一个俱乐部，协助酗酒者的戒酒俱乐部。

通过对比，可以看出：如果你不想让自己孤独忧虑，就请记住幸福并不是靠别人来布施，而是自己去赢取别人对你的需求和喜爱。

戴尔·卡耐基说：“如果你想成为有勇气的人，那么你就去尝试一些至今从未做过，但却令你胆怯的事情，而且一直到取得相当的成绩为止——这就是战胜恐惧的最佳途径。”

1900 年 7 月，德国精神病学专家林德曼独自驾着一叶小舟驶进了波涛汹涌的大西洋，他在进行一次历史上从未有过的心理学实验，验证一下自信的力量。

林德曼认为，一个人只要对自己抱有足够的信心，就能最大限度地保持精神和机体的健康。当时，德国举国上下都很关注这一悲壮的冒险活动，因为此前已有 100 多位勇士驾舟横渡大西洋均告失败，无人生还。林德曼推断，这些遇难者失败的主要原因应该不是生理上的因素，而是应该死于精神恐慌、崩溃与绝望，所以他决定亲自驾舟前往，以验证自己的推断。

航行中，林德曼遇到了常人难以想象的困难。特别是在航行的最后 18 天中，他遇到了季风，小船的桅杆折断了，船舷被海浪打裂了，船舱进了水。林德曼有时真有绝望之感。但是这个念头一冒出来，他就马上就大声自责：懦夫，你想重蹈覆辙，葬身此地吗？不，我一定能成功！在经历千辛万苦之后，林德曼终于胜利渡过了大西洋，成为第一位独舟横越大西洋的勇士。

因此，在孤独寂寞的时候，在无人援助的时候，只有自信才是最重要的。如果你没有孤身奋战的想法，你就有可能被困难吓倒。只有相信自己的能力，才能战胜孤独。

美国有位很有天赋的女歌唱家，刚开始出道的时候，总是唱不好。她非常自卑，也不敢和别人进行交流，感觉自己非常孤独，有时晚上竟然暗暗落泪。在一次大赛中，有位评委看出了问题，对她说，好好唱你的歌，忘掉你的龅牙。原来，她总觉得自己的龅牙很难看，唱歌时也试图掩饰，结果大失水准。而且还不敢向别人提起这个幼稚的问题。现在，她听了这位评委的话后，卸下了心理包袱，结果一唱成名。

如果想摆脱孤独，就要消除自卑的心理。如果自卑，你就会感到别人比你优越，你就不敢和别人交流，结果会使自己更孤单。

摆脱孤独的方法有很多，除了要自信和消除自卑外，还可以多和朋友交流，多向别人诉说不开心的事情。总之，我们的周围有很多朋友，我们要主动请求帮助，而不要等待别人施舍。如果自己不主动，就会感到孤单。当你主动向朋友请求援助，你会发现你并不是一个人，有很多人都在关心你。

## ※ 如何远离忧虑的危害

在压力日益增大的现代社会，我们面临着越来越大的压力。这也增加了我们的忧虑。我们会忍不住地担心明天会不会被辞退？万一辞退了我又该怎么办？孩子高考要是落空，我应该怎么安排他呢？忧虑给我们能带来很大的危害，使我们失眠，精神萎靡不振甚至带来健康问题。那么我们在日常生活中，应该如何缓解和消除精神上的压力呢？

如果说卡耐基的童年和密苏里州农家男孩子有什么不同的话，那就是受到他母亲的很大影响。他母亲鼓励他读书，希望他将来做一名传教士，或做一名教员。但是，家境的贫困，使年轻的卡耐基必须为受教育而努力奋斗，1904 年，卡耐基高中毕业后就读于密苏里州华伦斯堡州立师范学院。这个时候，他家已把原来的农场卖掉，迁到华伦斯堡师范学院附近。卡耐基因为负担不起市镇上的生活费用，就住在农场的家里，每天骑马到学校去上课，是全校六百名学生中五六个住不起市镇的学生之一。在家里，他挤牛奶、伐木、喂猪，在煤油灯下刻苦读书。他虽然得到全额奖学金，但还必须参加各种工作，以赚取必要的学习费用，这使他感到羞耻，形成了一种忧虑的心理。他想寻求出人头地的捷径，在学校里，具有特殊影响和名望的人，一个是棒球球员，一个是那些辩论和演讲获胜的人。他知道自己没有运动员的才华，就决心在演讲比赛上获胜。他花了几个月的时间练习演讲，但一次又一次的都失败了。失败带给他的失望和灰心，甚至使他想到自杀。

卡耐基曾经一度忧虑过，直到他参加青年会。

卡耐基用他的经历告诉我们：在那些前往医院看病的人中，70% 的人只要能够消除他们的恐惧和忧虑、病自然就会好起来，因为他们都是在内心自以为生了病。忧虑就像是在不停地往下滴的水珠，而那不停地往下滴，这种忧虑，通常会使人心神发狂，甚至自杀。医生所犯的最大错误，就是他们只为病人治疗身体，却不为他们医治思想，然而，精神和肉体是一体的，不能分别治疗。要想远离忧虑的危害，必须首先从精神上将自己解放出来。

女明星曼儿奥白朗告诉记者说她绝对不会忧虑，因为忧虑会摧毁她在银幕上的主要资本——美貌。其实，在女明星曼儿奥白朗刚开始打进影坛时，心里也是既担心又害怕。她担心她刚从印度回来，在伦敦没有一个熟人。初到伦敦后，女明星曼儿奥白朗见过几个制片人，但没有一个肯起用她。她仅有的一点儿钱也渐渐用光了，整整两个星期，只靠一点饼干和水充饥。女明星曼儿奥白朗对自己说："也许你是个傻子，你永远也不可能闯进电影界。你没有经验，也没有演过戏。除了一张漂亮的脸蛋，你还有些什么呢？"

想到这里，女明星曼儿奥白朗照了照镜子，突然发觉到忧虑对她容貌的影响，她看见忧虑造成的皱纹，看见焦虑的表情，她立刻对自己说："你必须立即停止忧虑。你能奉献的只有容貌，而忧虑会毁掉它的。"

忧虑确实会对我们的身体带来很大的伤害，会使我们脸上出现皱纹，会使我们总显得愁眉苦脸，会使我们头发灰白，甚至脱落，会使我们的脸上出现雀斑、溃烂和粉剂。但是忧虑并不能给我们的生活带来任何转机，我们仍然要面对没有解决的问题，仍然要想办法解决。而且，忧虑还会使我们的思维变慢，使我们的思维变得混乱。

格兰特围攻瑞其蒙达 9 个月之久，终于把李将军手下衣衫不整、饥饿不堪的部队打败了。眼看战争就要结束了，李将军手下的人在烈焰升腾的黑夜里弃城而逃。格兰特乘胜追击，从左右两侧和后方夹击南部联军，骑兵从正面截击。

由于剧烈头痛而眼睛半瞎的格兰特无法跟上队伍。就停在一家农户前。在那里过了一夜。他把自己的双脚泡在加了芥末的冷水里，还把芥末药膏贴在我的两个手腕和后颈上。希望第二天早上能复原。

第二天早上，他果然复原了。可是，使他复原的，不是芥末膏药，而是一个带回李将军降书的骑兵。

当那个军官带着那封信到格兰特面前时，格兰特的头也没有先前疼得很厉害了，眼睛也立刻好了。

格兰特是因为忧虑、紧张和情绪上的不安才生病的。一旦在情绪上恢复了自信，想到胜利，病也就马上好了。

因此，当我们忧虑烦恼时，多想想以前开心的事情，让自己保持积极、乐观心态。试着改变自己的心态很重要。忧虑和紧张，主要都是来自我们的心理作用。只要保持乐观的态度，许多事情并没有我们想象得那么严重！

## ※ 消除忧虑的灵丹妙药

我们生活在这个社会上，不可避免地要为某些事情担心和忧虑，或者为孩子的成绩发愁，或者为家人的健康担忧，我们身边总有很多烦心事。这些烦心的事情困扰着我们，给我们的生活带来很多不愉快，而且还影响了我们身体的健康。我们应该怎么样才能消除这些忧虑呢？

在学校里，瘦弱、苍白的戴尔·卡耐基永远穿着破旧的夹克，而且还很不合身，有一种失魂落魄的样子。

有一次上数学课时，戴尔·卡耐基被老师叫到黑板前解答问题。

当戴尔走上讲台后，教室里立即爆发出一阵雷霆般的大笑声，老师连续做了几个安静的手势都无济于事。

戴尔·卡耐基尴尬地呆立在讲台上，深深地埋下头，然后异常窘迫地回到座位，仿佛是上了一次审判台。

戴尔·卡耐基下课后才明白同学们笑话他的原因。原来，那天戴尔穿着一件破夹克上学，班上一名叫迈特的捣蛋鬼就坐在他背后，他在戴尔夹克破裂处插了一朵玫瑰花，并在旁边贴了一张字条，写着：

“我爱你，瑞德·杰克先生。”

在英语中，瑞德·杰克与破夹克是谐音词。

受到这样的嘲弄，卡耐基难以承受。当天回家后，他满怀委屈地对母亲说：

“妈妈，我不想上学了。”

“发生什么啦？上帝，戴尔究竟怎么啦？”詹姆斯太太满脸惊讶和失望。

“因为同学们老是笑我穿的破衣服，我不能集中精力听课和思考。”

詹姆斯太太静静地看了戴尔大约三分钟，缓缓说道：“你为什么不想办法让他们因佩服而尊敬你呢？好了，不必伤心，没有什么，今年秋季，我们一定给你买套新衣服。”

或许是詹姆斯太太的话启发了戴尔·卡耐基，也可能是出于其他原因，他终于顶住了这次精神上的压力，没有在那一次事情后退学。

卡耐基指出，如果你想消除忧虑，培养平安与幸福，请记住这条规则：“要对别人感兴趣而忘掉你自己，每一天都做一件能给别人脸上带来快乐微笑的好事”。

洛克菲勒早在23岁的时候就全心全意追求他的目标。除了生意上的好消息以外，没有任何事情能令他展颜欢笑。当他做成一笔生意，赚到一大笔钱时，他会高兴地把帽子摔到地上，痛痛快快地跳起舞来。但如果失败了，那他会随之病倒。

就在他的事业达到顶峰之时，财富像威苏维火山的金黄色岩浆那般，源源不绝地流入保险库中，他的私人世界却崩溃了。许多书籍和文章公开谴责“标准石油公司”那种不择手段致富的财阀行为和铁路公司之间的秘密回扣，无情地压倒任何竞争者。

在宾夕法尼亚州，当地人们最痛恨的就是洛克菲勒。被他打败的竞争者，将他的人像吊在树上泄恨。充满火药味的信件如雪花般涌进他的办公室，威胁要取他的性命。他雇用了许多保镖，防止遭敌人杀害。他试图忽视这些仇视怒潮，有一次曾以讽刺的口吻说：“你尽管踢我、骂我，但我还是按照我自己的方式行事。”

但他最后还是发现自己毕竟也是凡人，无法忍受人们对他的仇视，也受不了忧虑的侵蚀。他的身体开始不行了。疾病从内部向他发动攻击，令他措手不及，疑惑不安。

起初，他试图对自己偶尔的不适保持秘密。但是，失眠、消化不良、掉头发，全身烦恼和精神崩溃的肉体病症，却是无法隐瞒的。最后，他的医生把实情坦白地告诉了他：他只有两种选择，一是财富和烦恼，二是性命。他们警告他：必须在退休和死亡之间作一选择。

他选择了退休。但在退休之前，烦恼、贪婪、恐惧已彻底破坏了他的健康。后来，洛克菲勒考虑把数百万的金钱捐出去。但是有时候，做一件好事也并不容易。当他向一座教堂奉献时，全国各地的传教士齐声发出反对的怒吼：“腐败的金钱！”当他获知密西根湖湖岸的一家学院因为抵押权而被迫关闭时，他立刻展开援助行动，捐出数百万美元去援助那家学院，将它建设成为目前举世闻名的芝加哥大学。他也尽力帮助黑人。像塔斯基吉黑人大学，需要基金来完成黑人教育家华盛顿·卡文的志愿，他也毫不迟疑地捐出巨款。最后，他又进一步地采取行动，成立了一个庞大的国际性基金会——洛克菲勒基金会，致力于消灭全世界各地的疾病、文盲及无知。

洛克菲勒在帮助他人的过程中，心理上得到了安慰。渐渐摆脱了忧虑。

萧伯纳说：“让人愁苦的秘诀就是，有空闲时间来想想自己到底快乐不快乐。”

在图书馆、实验室从事研究工作的人，很少有人因忧虑而精神崩溃，因为他们没有时间去享受忧虑这种“奢侈”；在烈日炎炎之下劳动的人们也没有时间忧虑……

遇到忧虑，不去想它，让自己忙碌起来，你的血液循环就会加速，你的思想就会开始变得敏锐。让自己一直忙着，这是世界上治疗忧虑的最便宜的一种药，也是最有效的一种。

威廉·卡赛柳斯在加入海岸防卫队不久，就被派到大西洋那边管炸药。他原来是一个卖小饼干的店员，现在居然成了管炸药的人！他一想到自己站在几千几万吨炸药上，吓得把骨髓都冻住了。他只接受了两天的训练，而这两天所学到的东西使他内心更加恐惧。

威廉·卡赛柳斯第一次承担任务时，天又黑又冷，还下着雾。他奉命到新泽西州的卡文角辑码头负责船上的第五号仓。五个身强力壮而又对炸药一无所知的码头工人，正将重两千到四千磅的炸弹往船上装。每一个炸弹都足够把那条旧船炸得粉碎。威廉·卡赛柳斯怕得不行，浑身发抖，嘴发干，膝盖发软，心跳加速。可他又不能跑开，那就是逃亡，不但会丢脸，而且还可能因为逃亡而被枪毙，所以他只能留下来。在担惊受怕、紧张了一个多小时之后，威廉·卡赛柳斯慢慢恢复了冷静，终于能运用常识考虑问题了。他对自己说：“就算被炸着了，又怎么样？反正也没有什么感觉了。这种死法倒也痛快，总比死于癌症要好得多。这工作不能不做，否则要被枪毙，所以还不如做得开朗些。”

就这样跟自己讲了几个小时后，开始觉得轻松了些。最后，终于克服了自己的忧虑和恐惧。

当你忧虑恐惧时，你就要想想你到底忧虑什么，为什么忧虑，然后你才能想办法克服忧虑。

在我们生活中，有很多方法可以克服忧虑，例如自信，自我安慰或者向别人诉说等等。但是，我们生活中多半忧虑是自己想出来的，所以我们要平静下来，慢慢应对。

人生活在这个世界上，肯定会遇到千奇百怪的事情，但是对于同样的事情，不同的人有不同的处理方式。心态好的人遇到问题自己就可以调整好心态，虽然事情令他很难过，但是他会随时间而慢慢淡忘；而有的人则不能放开胸怀，克服忧虑。忧虑成为你成长的脚绊石。要想摆脱忧虑，我们就要首先摆脱忧虑的心理。

因为贫穷和生理的某些缺陷，使少年戴尔比其他孩子更多地感受到生活的忧郁。

在校园里，戴尔那双又宽又大的耳朵经常是同学们嘲弄的对象，左手少一根食指也成别人冷嘲热讽和揶揄的缘由。戴尔为此烦恼不已，经常一人暗自悲伤流泪。

有一次，班上一名叫山姆·怀特的大男孩与戴尔·卡耐基发生了矛盾。怀特极不友善地恐吓戴尔：

“总有一天，我要剪断你那双讨厌的大耳朵。”

戴尔信以为真，为此事而连续几日不能入寐。

当戴尔·卡耐基被人们如众星拱月般地景仰时，他仍然没有忘记那名叫山姆·怀特的大男孩，并且这件事还出现在他以后的讲义中：“要想别人对你友善、与同事和睦地相处和处理好上下级关系，那就绝不能去触动别人心灵的伤疤。”

威廉·孟恩太太，通过思考怎样才能让别人高兴，治好了自己的忧郁症。五年前，威廉·孟恩太太正沉溺于一种悲伤而自怜的情绪中。孟恩太太在丈夫去世后，心情就一直郁闷。当圣诞节快来临的时候，她的伤感愈发沉重起来。以前的圣诞节都是和丈夫一起度过的，她真怕这次圣诞节的来临。

很多朋友请她和他们一起度圣诞，可是她一点也不觉得高兴。威廉·孟恩太太觉得不管在哪一个宴会上她都是一个让人讨厌的人，所以她拒绝了许多很仁慈的邀请。快到圣诞夜的时候，她就愈觉得可怜自己。

圣诞节的前一天，她下午三点就离开了办公室，开始无聊地在第五街上走着，希望可以治好自己的自怜和忧郁。大街上挤满了开心的人群，这些景象使她回忆起那些已经流走的欢乐岁月。一想到要回到那个又孤单又空虚的公寓，她就受不了。她感到非常迷惑，不知道该怎么办，忍不住地流下眼泪。

漫无目的地走了大约一个钟头之后，她发现自己站在公共汽车站前。这又使她想起以前常常和丈夫随意搭上一部公共汽车，只是为了好玩。于是，她就走上靠站的第一部公共汽车。当车子过了赫德逊河，又走了一阵之后，她听到司机说："终站了，太太。"威廉·孟恩太太下了车，不知道这个小镇叫什么名字。这是一个很安静的小地方，她走到住宅区的一条街上，走过一座教堂，听见里面传来"平安夜"的美丽曲调。

她走了进去，教堂里空空的，只有那个弹风琴的人。她偷偷地坐在一张椅子上，装饰得非常漂亮的圣诞树上的灯光，使整棵树看起来像很多的星星在月光下舞蹈，悠扬的乐声——再加上从早起就一直没有吃东西，使她觉得头脑发昏，结果昏然地睡了过去。

醒来的时候，她不知道自己身在何处。看见站在面前的两个小孩子，显然是进来看圣诞树的，其中之一是一个小女孩，正指着威廉·孟恩太太说："不知道是不是圣诞老人把她带来的。"当威廉·孟恩太太醒过来的时候，那两个小孩子也吓坏了。他们的衣服很寒酸，威廉·孟恩太太问他们的父母在哪里？他俩说没有妈妈，也没有爸爸。原来是两个小孤儿，而且比威廉·孟恩太太以前所见过的境况更差得很多。他们使威廉·孟恩太太对自己的忧伤和自怜感到惭愧起来。于是，威廉·孟恩太太带他们去看了那棵圣诞树，然后带他们到一个小饮食店去，吃了一点点心，再为他们买了一些礼物。威廉·孟恩太太的孤寂便魔术般地消失了。这两个孤儿为她带来几个月都不曾经历过的真正快乐和忘我。

当威廉·孟恩太太和他们聊天的时候，才发现自己一直非常幸运：她感谢上帝，因为她的童年时的圣诞节都充满欢乐，充满了父母对她的爱和照顾。

从此以后，威廉·孟恩太太摆脱了忧虑的心情。她从帮助别人中找到了快乐。她认为，只有帮助别人并付出我们的爱，才能克服忧虑、悲伤以及自怜。

卡耐基认为，如果一个人能够把他所有忧虑的时间都用在以一种很超然、很客观的态度去寻找事实的话，那么他的忧虑就会在知识的光芒下，消失得无影无踪。

依丽卡·彼特丝是一名钢琴家，她毕业于著名的朱丽亚音乐学院，以演奏钢琴为业。在她的第一个小孩出生之后，便中风，瘫痪了好几个月。她复原得很慢，但是已经能够过正常的生活。但由于大脑受到了损害，她的右手手指永远软弱无力，不可能再以演奏钢琴为业。

受到这样重大的打击，她没有怨天尤人。她知道没有办法改变这一切，就把她所学的用在教授钢琴上。今天她已经是成功的钢琴教授，生活也很快乐。

一首古老的童谣说：“国王所有的马，国王所有的人，都不能使过去再生。”我们都应扬弃不能改变的事，再以所有的力量重新开始。

艾德温·惠特罗在夏威夷主持卡耐基课程多年，接着担任顾问，他自己也应用了这项原则。1974年他生了重病，但是医生查不出他得的是什么病。他回到夏威夷后接受了试探性的手术，把好几处溃疡除去，身体变得非常虚弱，而他已经是七十多岁的人了，各种迹象显示他似乎已经难以康复。

当时艾德温·惠特罗病得很厉害，几乎不能谈话。但是等他回来的时候，卡耐基真的请他吃了一顿很好的夏威夷晚餐。

他怎么做到的呢？一是做一个衰弱的老人，坐在那里永远康复不起来；二是想办法增进健康。于是他开始了锻炼，并且还每天增加下去。他后来完全康复，执行咨询顾客业务，足迹走遍全世界。

造成忧虑的另一个原因，是别人不感激、不欣赏我们而引起的愤恨。在宾州阿伦顿市的杰克·莫拉诺告诉他的同学说，他浪费了五年的时间，每天都记恨他侄子不知感激他的事。杰克60岁的时候，决定用送礼物而不是接受礼物的方式来庆祝自己的生日。他没有子女，于是就送给三个侄子各一百美元。侄子们非常惊喜，说了谢谢，但以后再也没有提起过这件事，他们没来看他，甚至于电话也不打一个，到了第二年的生日，也没有寄上一张生日卡片来。在5年的时间里，杰克一直念着他的侄子们不知感恩，不断地告诉朋友这件事，甚至晚上做梦都梦到这件事，使他过得很不愉快。后来，杰克不再过分期盼别人的感激，生活也就快乐多了。

欧嘉·佳薇也是一个典型的例子。她住在爱达荷州，在最悲惨的情况下发现自己还能够克服忧虑。八年半前，医生就告诉她，她将不久于人世，会很慢、很痛苦地死于癌症。国内最有名的医生梅育兄弟证实了这个诊断。欧嘉·佳薇走投无路，死亡已经扑向了她。欧嘉·佳薇当时还很年轻，她不想死。绝望之余，欧嘉·佳薇给她的医生打电话告诉他，她的内心是多么绝望。他有些不耐烦地拦住欧嘉·佳薇说：“欧嘉，你怎么了？难道你一点斗志也没有了吗？你要是一直这样哭下去的话。毫无疑问，你一定会死的。不错，你确实是碰上了最坏的情况。要面对现实，不要忧虑，然后再想点办法”。就在那一刹那，欧嘉·佳薇发了一个誓，她已经为自己做了最坏的打算。以后，她不再忧虑了，也不再哭泣了。她觉得自己一定要活下去！

卡耐基认为，解决我们困难的第一个办法，就是看清事实，在没有以客观态度搜集所有的事实之前，不要想着如何去解决问题，但是，如果，对事实不加以分辨和解释，即使把全世界所有的事实都搜集起来，对我们也没有任何帮助。

格兰·里区菲是在远东地区非常成功的一个美国商人。1942 年，日军侵入上海，里区菲先生正在中国。日军轰炸珍珠港后不久就占领了上海。他当时是上海亚洲人寿保险公司的经理。日军派来一个所谓的军方的清算员，命令格兰·里区菲先生协助他清算亚洲人寿保险公司的财产。格兰·里区菲先生一点办法也没有，要么就和他们合作，要么就是死路一条。

格兰·里区菲先生开始遵命行事。但是有一笔大约 75 万美元的保险费，格兰·里区菲先生没有填在那张要交出去的清单上，因为这笔钱用于香港公司，跟上海公司的资产无关。但是他还是担心万一被日本人发现此事，他的处境会非常不利。

结果，日本人很快就发现了。

那天，格兰·里区菲先生不在办公室，只有他的会计主任在场。那个日本海军上将大发脾气，拍桌子骂人，说格兰·里区菲先生是个强盗，是个叛徒，说他侮辱了日本皇军。格兰·里区菲先生当然知道这是什么意思，他有可能会被抓进宪兵队去。

宪兵队，就是日本秘密警察的行刑室。据说进去的人宁愿自杀也不愿意被送到那个地方去。有些人在那里被审训了十天，受尽苦刑，惨死在那个地方。

当格兰·里区菲先生听到这个消息后，非常紧张。他坐在打字机前，打下了这样两个问题及其答案。两个问题是：我担心的是什么？我应该该怎么办？

过去格兰·里区菲先生都不把答案写下来，只在心里琢磨。后来他发现如果能同时把问题和答案都写下来，会使思路更加清晰。所以，格兰·里区菲先生取出打字机，打下：一、我担心的是什么？我怕明天早上会被关进宪兵队里。二、我该怎么办呢？对于这个问题，格兰·里区菲先生花了几个小时，写下了四种可能采取的行动以及后果。第一，我可以去向日本海军上将解释。可是他不懂英文，如果找个翻译来跟他解释，会使他更加恼火，我就只有死路一条了。第二是，可以逃走。这点是不可能的，因为他们一直在监视，如果打算逃走的话，很可能被他们抓住而枪毙掉。第三是，留在房间里不去上班。但是如果这样做，那个海军上将很可能会起疑心，也许会派兵来抓，到时会连说话的机会都没有，就会被关进宪兵队了。第四是，星期一早上，照常上班。那个海军上将可能正在忙着，忘掉了那件事。即使他还记得，也可能已经冷静下来，不再找麻烦。

他前思后想，决定采取第四个办法——像平常一样星期一早上去上班。

第二天早上格兰·里区菲先生走进办公室时，那个日本海军上将就坐在那儿，叼根香烟，像平常一样地看了他一眼，什么话也没说。六个星期后他被调回东京，格兰·里区菲先生的忧虑就此告终。

格兰·里区菲先生凭借自己的智慧，最后赢得了这场战斗的胜利。他同时还教给了我们一个办法，如何摆脱忧虑的办法，就是把你的忧虑和解决忧虑的办法都写出来，这样会使你的思维更具有逻辑性，更有利于问题的解决。

第一，要知道为什么害怕？

只有知道了原因，才能采取相应的措施。

第二，你害怕的事情是不是真的很严重。确定是自己过度担忧，还是它的确是一件很棘手的事情。

第三，找到解决办法。

如果是一件小事，但是由于自己过度忧虑，那你可以采用自我安慰的方法。如果是一件严重的事情，你就需要分析它的来龙去脉了，好好找出对策。

第四，内心充满信仰。

只有这样，恐惧才能无立足之地。

## ※ 消除思想上的忧虑

如果你现在正在忧虑，正在为某件事而闷闷不乐。那么你就想想这件事将给你带来什么样的后果？如果连最坏的结果你都能接受，那么你还有什么好忧虑的？但是如果是一个你不愿接受的事实，那也不必忧虑，哪怕是当生命剩下最后一分钟的时候，你也不要去抱怨，要面对现实，想想办法怎么把这一分钟延长。用轻松的心态去笑迎一切。

戴尔·卡耐基一生都没有忘记102号河，这不仅仅是因为这条平静时显得很美丽的河流位于他的家乡。永远铭记于戴尔心灵深处的是这条河曾经给他家带来的灾难。

102号河有时显得分外慷慨，河水滋润着岸边肥沃的平原，绿油油的农作物和茂盛的树林是它给人们的慷慨回报。然而河畔的农民们怎么也没有理由去感激它。因为几乎在每年的秋天，当繁盛的小麦、玉米行将成熟之时，这条河流又要对这些靠土地谋生的人们肆虐报复，破灭一个又一个丰收的希望。

瘦弱的小戴尔穿着布满补丁的破烂衣服，站在农舍外围略高之处，可怜兮兮地看着棕色的河水汹涌而来，漫过河堤，席卷农地。随着农作物的被摧毁，戴尔想买一身新衣服的梦想又一次被击得粉碎。

河水退却后，小戴尔与父亲挣扎着走过泥泞的农地，去抢救那些劫后余生的农作物茎秆。

丰收的希望破灭了，一家人又得再次借债以度过饥荒。

许多年后，戴尔·卡耐基对这些经历仍记忆犹新。他后来回忆说，洪水过去后，他操持家务的母亲即使在失望之中还是坚定地唱着圣歌，母亲是一个坚定的基督教徒。而父亲詹姆斯沮丧的愁容也逐渐换成一副顽强与不屈的样子。这些情景在卡耐基幼小的心灵中深深地扎下根，使得他以后能一次又一次坚强地面对挫折与失败。

丰收在望的作物淹没于洪水，养肥的肉牛也只能获得少许微薄的利润，一只只猪又因霍乱而死亡。

这种种的不幸对戴尔一家的打击实在是太大了，它使人不得不怀疑，难道一家人的努力就此破灭是上苍的诅咒吗？

戴尔·卡耐基的母亲伊丽莎白尽管坚强，但在经历了这一连串自然灾祸之后，她的信仰也开始倾向于沮丧。

1948年，戴尔·卡耐基在他的《摆脱忧郁》中写道：“我常听见母亲忆起，每当父亲去谷仓喂马及乳牛，没有在她预计的时间归来时，她总要赶去谷仓看看，她时常害怕会突然发现他的身体倒吊在绳端晃来晃去。”

卡耐基认为，消除忧虑的最好办法，就是让自己忙起来，这样你的血液就会开始循环你的思想就会变得敏锐——让自己一直忙着，这是治疗忧虑的最便宜、最有效的良方。

叶慈太太是一位小说作家，可是她的那些神秘小说没有一本比得上一个真实故事的一半有趣。这件事发生在日本袭击珍珠港美军舰队的那天早晨，叶慈太太生病躺在床上已有一年多了，她得的是心脏病，一天 24 小时要躺在床上 22 小时。她走过的最长的路，就是到花园里去做日光浴。即使在那时候，她走路的时候还得让一个女佣人搀着。她曾经说到，要不是日本人轰炸珍珠港，她或许永远都不可能从这种自满的状态中出来，也绝不可能再真正地生活。

那天，有一颗炸弹就落在叶慈太太家的附近，爆炸的威力把叶慈太太从床上震得掉了下来。军方的卡车赶到基地的附近，把陆军和海军的眷属接到公立学校里。然后红十字会打电话让那些有多余房间的人收容他们。红十字会的人知道叶慈太太有一个电话放在床边，因此要求叶慈太太替他们记录所有的资料。于是叶慈太太记录下所有的陆军和海军的眷属以及孩子们被送到什么地方去，而红十字会也通知所有的海军和陆军人员打电话给叶慈太太，问她他们的家人分别安顿在什么地方。

叶慈太太很快发现，她的先生罗勃·叶慈上校安然无恙。叶慈太太尽量想办法让那些不知道她们的先生生死如何的太太们高兴；她试着去安慰那些先生们被打死的寡妇。起先她一直躺在床上接听所有的电话。然后她坐在床上听电话。最后，她忙得很兴奋，完全忘记了自己的虚弱，就走下床来坐在桌子旁边。

在帮助那些情况比她坏得多的人时，她完全忘了自己。以后每天除了晚上正常的八小时睡眠以外，她没有再回到床上去。她现在知道，如果日本人没有轰炸珍珠港，她也许会终生做一个半残废者。

著名心理学家卡尔·荣格说：“我的病人中，大约三分之一都不是真的有病，而是由于他们的生活没有意义和空虚。”

卡耐基认为，如果你忙着做一些需要计划和思考的事情的话，就很难再有时间去忧虑了。对任何人来说，保持忙碌永远都是消除忧虑的最佳方法。

安德尔医生要求我们每天做一件好事，就是能使别人的脸上露出欢乐微笑的事。他认为，在试着使别人高兴的时候，就会让我们不再只想到我们自己。只想到我们自己，就会产生忧虑和恐惧以及忧郁症。

从前有一户人家的菜园摆着一颗大石头，宽度大约有 40 厘米，高度有十厘米。到菜园的人，不小心就会踢到那一颗大石头，不是跌倒就是擦伤。

儿子问：“爸爸，那颗讨厌的石头，为什么不把它挖走？”

爸爸这么回答：“你说那颗石头喔？从你爷爷时代，就一直放到现在了，它的体积那么大，不知道要挖到什么时候，没事无聊挖石头，不如走路小心一点，还可以训练你的反应能力。”

过了几年，这颗大石头留到下一代，当时的儿子娶了媳妇，当了爸爸。

有一天媳妇气愤地说：“爸爸，菜园那颗大石头，我越看越不顺眼，改天请人搬走好了。”

爸爸回答说：“算了吧！那颗大石头很重的，可以搬走的话在我小时候就搬走了，哪会让它留到现在啊？”

媳妇心底非常不是滋味，那颗大石头不知道让她跌倒多少次了。

有一天早上，媳妇带着锄头和一桶水，将整桶水倒在大石头的四周。

十几分钟以后，媳妇用锄头把大石头四周的泥土搅松。

媳妇早有心理准备，可能要挖一天吧，谁都没想到几分钟就把石头挖起来，看看大小，这颗石头没有想象的那么大，都是被那个巨大的外表蒙骗了。

这个故事告诉我们，如果你的世界沉闷而无望，那是因为你自己沉闷无望。改变你的世界，必先改变你自己的心态。

卡耐基认为，忧虑、恐惧、憎恨、嫉妒和羡慕，都是受人的思想控制的。

有一位曾经非常优秀的年轻女老板，在她结婚后为了好好照顾家庭，把她的生意全部交给了她爱人打理。最初时他们过着非常幸福的生活，随着时间的推移，生意的扩大，他的爱人没有像以前那样多的时间陪伴她。于是，她开始怀疑她老公是不是有外遇了，她开始不信任她老公，开始了电话查岗，开始了突击检查，开始偷翻老公手机的记录，开始闷闷不乐，无论她老公怎么做她都不开心，不再信任他。后来，她老公为了缓解一下紧张的家庭关系，去外地开拓市场而暂时离开她。可是，她却一点也没醒悟，还是一如既往地不信任，甚至变本加厉。终于她精神失常，住进了医院，最后在33岁那年因为抑郁而终。

人们之所以感到忧虑，很普遍的一个原因是想胜过别人或想做某一个人。我们每个人都必须做我们自己，我们不可能完全像另一个人，我们如果想用一种不属于我们的方式去做一件事情，是不可能成功的。

爱默生说过："每一个人接受教育到某一个阶段，都会得到一个看法，那就是'羡慕即为无知，模仿等于自杀'。不论结果是好是坏，每个人都得以他自己的方式去做。虽然宇宙充满了美好善良，但是他必须在给他的一份土地上辛苦耕种，然后有营养的食物才会来到他的面前。一个人体内的力量在性质上是新的，没有别人，只有他自己才知道他体内的力量是什么，以及他能够做什么；而要知道他能够做什么，只有在他试过之后才知道。"

卡耐基认为，如果你有一只柠檬，那就做柠檬汁。我们每一个人都有可能得到一个柠檬，傻瓜拿到柠檬说："我失败了，这是命运，我根本没有机会。"然后他痛骂这个世界，为他的运气不好生气，然后沉沦于自怜中。聪明人拿到一个柠檬，就会问："我在这次厄运中可以学到些什么？怎么样才能改善我的情况？我怎样把这个柠檬压成柠檬汁？"

把柠檬变成柠檬汁不是件容易的事，也不能保证会成功，但是我们还是应该尝试。就算没有成功，当我们试着把坏的变成好的时，会使我们往前看而不再向后顾。这样可以使我们用积极的想法代替消极的想法，使我们发挥创造的活力，使我们忙碌，使我们没有时间也没有心情去哀伤那已经永远消逝的过去。

任何要参加卡耐基训练班的人，先要填写一张表，说明为什么要参加，以及想得到些什么。令人惊奇的是，只有少数人写他们的目标要克服忧虑，但是在最后一堂课中，学员们在报告对他们最有帮助的是什么的时候，不少学员都说讨论怎样克服忧虑的书和谈话，对他们的生活最有意义。

人有的时候会为那些根本不重要的事而忧虑，他们过分强调在生活中受到的一些伤害，并且经常因此而愤世嫉俗。卡耐基告诉我们的是，培养愉快的心情虽然并不容易，但却是可以通过努力做到的。最重要的一点是，我们没有必要为那些已经发生而且无法改变的事情而烦恼。我们尽可以暂时忘却那些事情，发现工作和生活的快乐。长此以往，我们的心情就会获得持久的愉快感受。

卡耐基认为，不论办公或经营，有很多态度很重要，其中之一便是以快乐的心情去工作。若对工作感到乏味，做买卖也提不起兴趣，是人生中很不幸的事，当然也不会有工作成果可言。因此，即便是再单调的工作，也要愉快地去从事。

那么要如何才能拥有这种心情呢？卡耐基认为，使人才适得其所是其中之一，但更重要的是使每个人喜欢自己的工作。如果认为自己的工作跟别人无关，也没什么意义，当然无法对工作感到乐趣。所以，自己应建立正确的经营理念，去执行工作，并互相扶持。比如卖麻将牌，搞这种经营的人如果狭隘地认为玩麻将不是什么好事情，那么就一定缺乏工作热情，公司也就很难经营下去。如果认为人们白天辛苦工作之后，晚上摸两圈，可以调剂心情，带来喜悦，所以我们应该制作麻将出售。有如此的认定，才能正正当当做这份工作。如果每一个人都能以欢喜的心情推展工作，这家公司自然会成功。

因此，不知道如何抗拒忧虑的人，都会短命而死。克服忧虑的心理，才能获得健康的身心，才能获得平安快乐。

## ※　不要为小事烦恼

额头上蹦出的青春痘、同学间的小摩擦、不太理想的分数……我们谁没为小事而烦恼过呢？我们的生活就是由形形色色的小事构成，但这些小事并不是我们生活的羁绊。我们不要为它们感到烦恼，因为它们不只浪费我们的时间，还会败坏我们愉快的心情。

戴尔·卡耐基在青春期曾面临着另一种忧郁。

进入青春期的戴尔，非常渴望能和女孩子交往，然而他在与女孩子交往及交谈时又显得异常局促不安。因此，他总担心自己以后在结婚典礼上怎么办？

对当时的忧郁，戴尔·卡耐基回忆说：

“我想象着我们在某个乡村教堂举行婚礼，然后搭乘车顶缀有饰品的四轮马车返回农场……”

“我无法想象我在返回农场的途中该说什么，我又怎样才能使我们的谈话得以继续下去……”

每个人都会在青春期有一些忧郁和焦虑，卡耐基当然也不例外。由于成长时期所受的宗教环境的影响，戴尔·卡耐基很自然地假设婚姻将是性生活的开端。有些时候，戴尔·卡耐基又怀疑自己的计划没有实现的希望，因为他对自己缺乏吸引人的外在魅力而恼火过。

直到1948年，戴尔·卡耐基还这样向世人表白：“当我微微举帽向她们打招呼时，我忧虑着女孩子们将对我笨拙的动作和不敢恭维的外表而嘲笑我。”

卡耐基认为，我们通常都能勇敢地面对生活中的重大危机，然而却会被那些小事情搞得焦头烂额。其实，和宝贵的生命相比，这些小事又算得了什么？

1945年3月，罗勃·摩尔在中南半岛附近276英尺深的海下，学到了他一生中最重要的一课。当时，罗勃·摩尔正在一艘潜水艇上。他们从雷达上发现一支日军舰队，一艘驱逐护航舰，一艘油轮和一艘布雷舰，朝他们那边开来。他们发射了三枚鱼雷，都没有击中。突然，那艘布雷舰直朝他们开来。于是，他们潜到150英尺深的地方，以免被侦察到，同时做好了应付深水炸弹的准备，还关闭了整个冷却系统，和所有的发电机器。

三分钟后，天崩地裂。六枚深水炸弹在四周炸开，把他们直压海底。深水炸弹不停地投下，整整15个小时，有十几个就在离他们五十英尺左右的地方爆炸。若深水炸弹距离潜水艇不到17英尺的话，潜艇就会炸出一个洞来。当时，他们奉命静躺在自己的床上。保持镇定。罗勃·摩尔吓得无法呼吸，不停地对自己说：“这下死定了……”。潜水艇的温度几乎有100多度，可是他却怕得全身发冷，直冒冷汗。15个小时后攻击停止了，显然那艘布雷船用光了所有的炸弹后开走了。

这15个小时，他感觉好像有1500万年。他过去的生活，在眼前出现，使他记起了做过的所有的坏事和曾经担心过的一些很无聊的小事：没有钱买自己的房子，没有钱买车，没有钱给妻子买好衣服。下班回家，常常和妻子为一点芝麻大的小事吵架。

在这15个小时里，他从生活中学到的，比他在大学念四年书学到的还要多得多。他对自己发誓，如果我还有机会再看到太阳和星星的话，就永远不会再忧愁了。

卡耐基认为，要想克服由小事情所引起的困扰，只需把目光转移一下就可以了，那就是让自己有一个新的，能使自己开心的看法。人活在世上只有短短的几十年，不应该再浪费宝贵的时间，去为一些芝麻大的小事而忧愁烦恼。

在科罗拉多州长山的山坡上，躺着一棵大树的残躯。自然学家告诉我们，它曾经有过400多年的历史。在它漫长的生命里，曾被闪电击中过14次，它都能战胜。但在最后，一小队甲虫的攻击使它永远倒在了地上。

那些甲虫从根部向里咬，渐渐伤了树的元气，虽然它们很小，却是持续不断地攻击。这样一个森林中的巨木，岁月不曾使它枯萎，闪电不曾将它击倒，狂风暴雨不曾将它动摇，却因一小队用大拇指和食指就能捏死的小甲虫，终于倒了下来。

我们其实就像森林中那棵身经百战的大树，我们每个人也经历过生命中无数狂风暴雨和闪电的袭击，也都坚持过来了，可是却总是为一些小事情忧虑。我们要摆脱这种思想。

丽娜家访回来时，天已经很黑了。隆冬的天冷极了，丽娜把脑袋缩进衣领，把双手装进厚厚的手套里，眼镜冻得上了霜，索性就摘下来放进衣兜里。为了早到家，丽娜抄了近路。哪知道出了小区侧门正在修整地热管道。白天可以看到警示牌，晚上什么也看不到。

丽娜一脚踩空掉进了近二米深的地沟里。天黑、寒冷、害怕、惊吓、疼痛，她在下边挣扎了不知道多久。此时的丽娜感觉好像过了几年一样：过去的生活浮现在她的眼前，那些让她烦忧的小事记得特别清楚：舍不得买衣服，为了小事和同事斤斤计较……

在深深的地沟里，在威胁生命的那一刻，这些小事显得多么荒谬、渺小。丽娜对自己发誓，若爬出这深深的地沟后，就永远不会再为这些小事忧愁了！

我们经常为一些事情烦恼，其实仔细想一想，这些都不是什么大不了的事。我们把所有的注意力都集中在这些小问题和忧虑上了，把问题过度放大了。其实如果我们能够学会不为琐事烦恼，我们就可以获得莫大回报。

## ※　摒弃愚蠢的担忧

我们常常会为一些还没有发生的事情担忧。商人会担心股市跌落，老师会担心学生上课不用心听讲，家长会担心孩子考试不及格，总之要担心的事情很多。这种担心其实都是不必要的，只要我们做好准备，这些担忧都是可以避免的。

戴尔曾经过早地产生了对死亡的恐惧，他总觉得自己犯有多种罪状而且一定会受到上帝的惩罚，更害怕死后会进地狱。

有一次，已经十三岁的戴尔从学校回家时，突然发现密苏里上空火光四射，雷声隆隆。戴尔被这景象吓蒙了，脸色苍白地跑回家中，一下子扑进母亲的怀里。

“妈妈，快救我，我要死啦！”

詹姆斯太太被弄得莫名其妙，不明白发生了什么事情，也惊惶起来。

但戴尔这时却结结巴巴地说不出话来，他瞪大双眼，捂着耳朵，只管一个劲儿往母亲怀里躲。

“怎么啦？孩子，怎么啦，太太？”詹姆斯推门而入，他是一个悲观的宿命论者，见到家人在这个时间哭哭啼啼，便预感到当年的农作物又将被洪水卷走。

费了好一番功夫，詹姆斯和她的太太才明白自己的孩子是被雷电吓坏了。

因为贫穷和生理的某些缺陷，使少年戴尔比其他孩子更多地感受到生活的忧郁。

沙林吉夫人是一个很平静、很沉着的妇女，她从来没有忧虑过。但是以前的她也会忧虑，而且还很严重。她说那是的她差点被忧虑毁掉。在她学会征服忧虑之前，她在自作自受的苦海中，生活了整整 11 年。那时她脾气不好，很急躁，生活在非常紧张的情绪之下。买东西时都会发愁房子被人烧了怎么办？佣人跑了怎么办？孩子们被汽车撞死了怎么办？常因发愁弄得冷汗直冒，冲出商店，跑回家去，看看一切是否都好，结果导致第一次婚姻没有好结果。

她的第二个丈夫是一个律师，人很文静，有分析能力，从不为任何事情忧虑。每当沙林吉夫人紧张或焦虑的时候，他就对她说：“不要慌，让我好好地想一想，你真正担心的到底是什么呢？我们分析一下概率，看着这种事情是不是有发生的可能。”

那次，他们在去新墨西哥州的一条公路上遇到了一场暴风雨。

道路很滑。车子很难控制。沙林吉夫人担心会被滑到路边的沟里去，可是丈夫一直对她说，车子开得很慢，不会出事的。丈夫的镇定态度使沙林吉夫人慢慢平静了下来。

还有一年夏天，他们到落基山区露营。一天晚上，他们把帐篷扎在海拔 7000 英尺的地带，突然遇到了暴风雨。帐篷在大风中抖着、摇晃着，发生尖厉的叫声。沙林吉夫人每分钟都在想：帐篷要被吹垮了，要飞到天上去了。可是，她的丈夫不停地说，亲爱的，我们有几位印第安向导，他们对这儿了如指掌，他们说这里从没有发生过帐篷被吹跑的事情。根据概率，今晚也不会吹跑帐篷。即使真吹跑了，咱们也可以躲到别的帐篷里去，所以不用紧张。沙林吉夫人放松了精神，结果那一夜睡得很安稳。而且什么事也没发生。

经过这两个事情之后，沙林吉夫人渐渐摆脱了这些愚蠢的担忧。

卡耐基认为，当我们害怕雷电击死，害怕火车翻车时，只要想想这些事情发生的平均概率，就会发现它们发生的机会太少了，而这些忧虑也愚蠢得让我们笑死。

有位著名的石油商人被勒索了，相当地苦恼和烦闷。事情原来是这样的：他主管的那个石油公司，拥有几辆运油卡车。物价管理委员会的条件管制很严，规定他们公司只能送给每一个顾客一定限量的油票。可是有一些运货员却偷偷地减少了给老顾客的油量，然后自己把偷下来的油卖给一些别的顾客。这位石油商人一开始并不知道这个情况。

有一天，有个自称是政府特别巡视员的人来拜访他，跟他索要红包，说他掌握着该公司运货员舞弊的证据，并威胁石油商人说，如果不答应的话，他就把证据转交给地方检察官。这时石油商人才发现公司里有人从事不法买卖。

其实这件事情本来跟这个石油商人没有什么关系，他心里明白自己并没有什么好担心的；可是转念一想，按照法律规定，公司要为自己员工的行为负责。还有，如果案子被送到法院，经记者们一炒，该公司的生意就会毁掉。

这位商人平时最得意于自己的好名誉和好生意，这是他父亲在24年前开创的基业。

由于忧虑，这位商人生病了，三天三夜吃不下睡不着，一直在那件事里面打转转。他反复地思考，自己是该付那笔钱，还是直截了当地跟那个人说，他爱怎么办就怎么干吧。这位商人一直犹豫不决，手足无措，每晚都要大做噩梦。

后来，有幸的是，他碰到了卡耐基先生。卡耐基分析了他的状况。如果不肯付钱，而勒索者把证据交给地方检察官的话，可能发生的最坏情况就是毁了生意。卡耐基接着追问，如果你的生意被毁了，假使你心理上可以接受这件事，接下去又会怎样呢？这位商人说，生意毁了之后，他也许得去另外找件差事。但是这也没有什么，因为他对石油知道的很多。

他听了卡耐基的分析后，发现问题并没有他想象得这么复杂，即使是最坏的打算，他还是可以接受的。于是，他开始了冷静地思考。他把自己的全部情况通告给了律师，或许律师还有更高明的方法。

埃尔·史密斯在纽约当州长时，他常常发现许多政客为一些事情忧虑不已。于是他经常对那些政客说：“让我们看看你所忧虑的事情发生概率的纪录。”这也正是当年佛莱德雷·马克斯塔特害怕他自己躺在坟墓里时所做的事情。

1944年6月初，埃尔·史密斯躺在奥玛哈海滩附近的一个散兵坑里。他看着这个长方形的坑，对自己说：“这看起来就像一座坟墓。也许这就是我的坟墓呢。”

晚上11点，德军的轰炸机开始行动，炸弹纷纷落下，埃尔·史密斯吓得人都僵住了。前三天晚上他根本没合眼，到第五天夜里，几乎精神崩溃。他知道要是不赶紧想办法的话，他就会发疯。

于是埃尔·史密斯提醒自己，已经过了5个晚上了，而他还活得好好的，并且这一组人都活得好好的，只有两个受了轻伤。而他们之所以会受伤，也不是被德军的炸弹炸到的。

于是，埃尔·史密斯在他的散兵坑上造了一个厚厚的木头屋顶，并且告诫自己：除非炸弹直接命中，否则我死在这个又深又窄的坑里的可能性几乎是零。

接着他算出直接命中率是万分之一。这样想了两三夜之后，他平静下来，并且可以很快入睡了。以至于到后来，就连敌机袭击的时候，他也能睡得很安稳。

总之，如果你总是担心太多的事情的话，就不妨先看看以前的纪录，然后根据平均概率问问自己，你现在担心的事情，究竟有没有可能会发生？如果不可能发生，你就不要庸人自扰了。

## ※ 接受不可避免的事实

我们的生活中总会充斥着一些磕磕碰碰的小事，这些小事是不可避免的，不要为了这些小事而把自己搞得身心憔悴。我们要做好心理准备，对必然发生的事要轻快地接受。就像杨柳承受风雨一样，我们也要承受一切事实。

大约是在1898年，当时卡耐基一家人仍住在玛丽维尔外的农场，一个意想不到的灾难降临了。父亲詹姆斯·卡耐基患了精神崩溃症，当时才四十七岁，显然，沉重的生活负担压倒了这个倔强的农场主。

由于债台高筑，詹姆斯的沮丧和忧郁与日俱增；为了改变命运，他又长年累月地辛苦劳作。由此导致詹姆斯的健康状况不断变坏，他停止进食，变得极为憔悴。

当医生告诉詹姆斯太太詹姆斯的寿命将不会延长到六个月以后的

时候，站在一旁的戴尔·卡耐基还不足十岁。他看着母亲，“母亲的眼中有一种亮晶晶的东西闪动，终于，两行眼泪顺着她的面颊滚了下来，她的嘴蠕动着，似乎又在暗颂着圣歌。”

戴尔握紧拳头，一边对着医生晃动，一边大声吼道：“你撒谎，你撒谎……”他不相信这是真的。他不能接受这种事实，更不敢想象六个月以后辛苦一生、积劳成疾的父亲将阖上双眼、与世长辞的凄凉景象。

虽然后来并没有出现上述的事实，但十岁的小男孩已开始懂得家庭所遭遇到的不幸了。同时，父亲的悲观也愈来愈重地在戴尔心灵投下阴影。

一次，詹姆斯到玛丽维尔的银行家家里去请求延期偿还贷款，银行家却以没收卡耐基家的财产相要挟。沮丧的詹姆斯·卡耐基乘着四轮马车垂头丧气地返家，途经102号河桥上时，他停下来，扶着桥的栏杆俯身呆望着静静流淌的河水。当时，戴尔感到很奇怪，便问道：

“爸爸，你还要等谁呢？”

詹姆斯的回答在许多年后还一直印在戴尔·卡耐基的脑海之中。

“我在想，这河水可以畅通无阻，而我却四处碰壁，为什么呢？”

戴尔成年后，曾经在很多场合提起这件事来：

“父亲含着眼泪告诉我，要不是因为母亲坚定的宗教信仰，他绝对没有勇气在那些琐碎的日子里生存下去。”

卡耐基认为，顺应时势，是我们踏上人生旅途的最重要一步，环境本身并不能使我们快乐或不快乐。在必要的时候，我们应该能忍受灾难和悲剧。甚至战胜它们。我们的内在力量是如此的坚强，只要我们愿意利用，它就能帮助我们克服一切困难。

已故的布斯·塔金顿总是说：“人生的任何事情，我都能忍受，只除了一样，就是瞎眼。那是我永远也无法忍受的。”

布斯·塔金顿在他60多岁的时候，视力减退，一只眼几乎全瞎了，另一只眼也快瞎了。他最害怕的事终于发生了。

但是，他自己也没想到，当真正面对这件事情的时候，他还能觉得非常开心，甚至还能运用他的幽默感。

为了恢复视力，塔金顿在一年之内做了12次手术，为他动手术的就是当地的眼科医生。他知道他无法逃避，所以唯一能减轻他受苦的办法，就是爽爽快快地去接受它。他拒绝住在单人病房，而住进大病房，和其他病人在一起。他努力让大家开心。动手术时他尽力让自己去想他是多么幸运，现代科技这么发达，他一定会好起来的。

这件事教会塔金顿一个道理：生命所能带给他的，没有一样是他能力所不及而不能忍受的。

卡耐基认为，要乐于承认事实就是这样的状况，勇于接受已经发生的事实，是克服随之而来的任何不幸的第一步。

马利安·道格拉斯的家里曾遭受过两次不幸。第一次，他失去了五岁的女儿，一个他非常钟爱的孩子。他和妻子都以为他们没有办法忍受这个打击。更不幸的是，十月后，他们又有了另外一个女儿，而这个女孩也仅仅活了五天。

接二连三的打击使他几乎无法承受，他睡不着，吃不下，无法休息或放松，精神受到致命的打击，信心丧失殆尽，最后连吃安眠药和旅行都没有用。

马利安·道格拉斯的身体好像被夹在一把大钳子里，而这把钳子愈夹愈紧。

感谢上帝的是，马利安·道格拉斯还有一个四岁的儿子，他教给了马利安·道格拉斯解决问题的方法。

一天下午，马利安·道格拉斯呆坐在那里为自己难过时，他的儿子突然问马利安·道格拉斯：“爸，你能不能给我造一条船呀？”

马利安·道格拉斯实在没兴趣，可这个小家伙很缠人，只得依着他。

造那条玩具船大约花费了马利安·道格拉斯三个小时，等做好时马利安·道格拉斯才发现，这三个小时是马利安·道格拉斯许多天来第一次感到放松的时刻。

这一发现使马利安·道格拉斯大梦方醒。马利安·道格拉斯明白了：如果你忙着做费脑筋的工作，你就很难再去忧虑了。

卡耐基认为，如果有必要，我们差不多可以接受任何一种情况，使自己适应它，然后完全忘了它，这是改变忧虑习惯，快乐生活的重要秘诀。

莎拉、班哈特，可算是深通此道的女子了。50年来，她一直是四大洲剧院独一无二的皇后，深受世界观众喜爱。她在71岁那年破产了，而且她的医生波基教授告诉她必须把腿锯断。医生以为这个可怕的消息一定会使莎拉暴跳如雷。可是，莎拉看了他一眼，平静地说：“如果非这样不可的话，那只好这样了。”

她被推进手术室时，她的儿子站在一边哭。她却挥挥手，高高兴兴地说：“不要走开，我马上就会回来。”

去手术室的路上，她背她演过的台词给医生、护生听，使他们高兴。

手术完成、健康恢复后，莎拉·班哈特还继续周游世界，使她的观众又为她疯迷了七年。

既然有些事情是人力所无法抗拒的，那我们只能去接受这个事实，调整好心态，去又创造一个新的生活。

## ※ 确定忧虑的底线

大家可能都有这样的经历。我们去超市买东西，如果苹果是 4.99 元一斤，我们就会觉得价格可以接受，但是如果是 5.0 元一斤，我们就会觉得很贵。其实超市也正是利用我们的这一特点，其实在内心，我们对任何事物都有我们自己衡量的标准，就是底线，超过了，我们就不能接受了。如果我们能给生活中的各种忧虑，也划出一条“到此为止”的最低底线，我们就会发现，生活原来可以这么开心愉快。

卡耐基认为，只要我们能够定出一种个人的标准，我们的忧虑有一半可以立刻消除。这个标准就是，和我们生活比起来，什么样的事情更值得做。

查尔斯·罗勃兹是一个投资顾问。查尔斯·罗勃兹刚从德克萨斯州到纽约来的时候，身上只有两万美元。查尔斯·罗勃兹原以为他对股票市场懂得很多，可是查尔斯·罗勃兹却赔得一分也不剩。他说，若是他自己的钱，他可以不在乎，可是他觉得把朋友的钱都赔光了是件很糟糕的事。于是，查尔斯·罗勃兹很怕再见到他们。可没想到，他们对这件事不仅看得很开，而且还乐观到不可想象的地步。

查尔斯·罗勃兹开始仔细研究他犯过的错误。下定决心要在再进股票市场前先学会必要的知识。于是，查尔斯·罗勃兹和一位最成功的预测专家波顿·卡瑟斯交上了朋友。这位朋友多年来一直非常成功，而查尔斯·罗勃兹知道，能有这样一番事业的人，不可能只靠机遇和运气。

这位朋友告诉查尔斯·罗勃兹一个股票交易中最重要的原则：在市场上所买的股票，都有一个到此为止的限度，不能再赔的最低标准。例如，若是买 50 元一股的股票，这位朋友会马上规定不能再赔的最低标准是 45 元。也就是说，万一股票跌价，跌到比买价低五元的时候，就立刻卖出去，这样就可以把损失只限定在五元之内。

卡耐基认为，“到此为止”的底线原则不仅适用于股票投资，还可以用到这之外的许多地方，对任何忧虑和烦恼，只要你给自己定下“到此为止”的底线，那么结局将会令你万分满意。

纽约有一个叫屈伯尔·郎曼的企业家。18 年前，由于忧虑过度而患失眠症。当时他精神紧张，脾气暴躁，情绪不稳，觉得自己快要精神分裂了。

屈伯尔·郎曼当时是纽约皇冠水果制品公司的财务经理，投资了 50 万美元，把草莓包装在一加仑装的罐子里。20 年来，他们一直把这种一加仑装的草莓卖给制造冰淇淋的厂商。后来有段时间，他们的销售量大跌。

那些大的冰淇淋制造商，像国家奶制品公司之类的，产量急剧增加。为了节省开支和时间，降低成本，他们都买 36 加仑一桶的桶装草莓。

屈伯尔·郎曼不仅无法销售 50 万美元的草莓，而且根据合同规定，在今后的一年之内，他们还必须继续购买价值 100 万美元的草莓。屈伯尔·郎曼已经向银行借了 35 万美元，现在，既无法还清借债，也无法筹集到需要的款项。

这就是屈伯尔·郎曼忧虑的根源。

为了挽救生意，屈伯尔·郎曼赶到在加利福尼亚州华生维里的工厂里，想要让总经理知道情况有所改变。结果，这一做法帮助屈伯尔·郎曼解决了大部分问题。

回到纽约之后，屈伯尔·郎曼又开始为每一件事担忧。对在意大利购买的樱桃、在夏威夷购买的凤梨等等，都非常紧张不安，睡不着觉。

屈伯尔·郎曼知道了自己忧虑的底线，于是他决定以后不再只生产罐装草莓了，因为那样风险太大，他决定所有的新鲜水果都要有一部分拿到新鲜市场上去卖。这样就不至资金周转不开，自己每天担心害怕了。

因此，我们每个人都要清楚自己的承受能力，在我们承受能力之内的，我们要努力做到，但是在我们承受能力之外的，我们不要强求。如果过于追求达不到的东西，反而会失去现在已经拥有的美好的事物。

## ※　不要锯木屑

在人生的道路上，我们每个人都会遇到很多的艰难险阻，或遭受侮辱、歧视，或者遇到不公正的待遇。当你处在人生低谷的时候，切记千万不要去锯木屑，不要怨天尤人，因为它永远也不会给予我们新的发现。相反，我们要正视现实，保持良好的心态，寻找一条适合自己的道路，那才是最重要的。

卡耐基曾收到伊丽莎白·康妮寄来的一封信。

康妮在信中说：亲爱的先生，我在给你写这封信时，突然想起了乔治五世挂在白金汉宫上的那句话：教我不要为月亮哭泣，也不要因事后悔。

那一天，康妮接到国防部的电报，说她的侄儿——她最爱的一个人，在战场上失踪了。她一下子心跳不止，寝食难安。过了不久，又接到了阵亡通知书。此时，她的心情无比悲伤。在那件事发生以前，她一直觉得命运对我很好，伟大的上帝赐给她一份喜欢的工作，又让她顺利地抚养大了相依为命的侄儿。在她看来，侄儿代表着年轻人美好的一切。她觉得她以前的努力，现在都应该有很好的收获。

然而，却来了这样一份电报，她的整个世界都被粉碎了，觉得再也没有什么值得自己活下去的意义了，找不到继续生存下去的借口。开始时，忽视工作，忽视朋友，抛开了生活的一切，对这个世界既冷淡又怨恨。为什么最爱的侄儿会死？为什么这么个好孩子还没有开始他的生活就离开了这个世界？为什么他应该死在战场上？她没有办法接受这个事实，她悲伤过度，决定放弃工作，离开家乡，把自己藏在眼泪和悔恨之中。就在她清理桌子，准备辞职的时候，突然看到一封已经忘了的信，一封她侄儿生前寄来的信。

侄儿在信上说：要像一个男子汉，要承受一切发生的事情。

她把那封信读了一遍又一遍，觉得侄儿就在我的身边，正在向她说话。好像在对她说：为什么不照教的办法去做呢？坚持下去，继续生活下去。

从此，她不再为已经过去的那些事悲伤，每天的生活都充满了快乐。

戴尔·卡耐基读罢这封信，心中涌出了一些感叹：当你开始忧虑那些已经过去的事情的时候，你不过是在锯一些木屑，而这根本是一种无用功，使过去的错误产生价值的唯一方法，就是平静地分析过去的错误，并从错误中吸取教训，然后再忘记错误。

杰克·邓普塞仍然清晰地记得把重量级拳王的头衔输给金·童黎的那一仗。到了第十回合完了，杰克·邓普塞虽然还没有倒下去，但脸已经肿了，而且有很多伤痕，两只眼睛几乎无法睁开。他看见裁判员举起金·童黎的手，宣布他获胜。杰克·邓普塞不再是世界拳王了，他在雨中往回走。

一年之后，杰克·邓普塞再次跟童黎比赛，结果仍是如此。杰克·邓普塞为此事确实发愁了一阵子，可是最后他对自己说：我不能生活在过去的阴影里，我要承受这次打击。

于是，他努力忘掉失败，集中精力为未来谋划，他经营百老汇的邓普赛餐厅和大北方旅馆，他安排和宣传拳击赛，举办有关拳赛的各种展览会。这样，他再也无时间也没心思去为过去发生的事情担忧了。

其实，失败是很正常的一件事情。失败是成功之母。失败是通往成功的必经之路。我们不要把失败想象得那么害怕。失败告诉我们，这条路是行不通的，但是反过来他又告诉我们，我们应该去尝试别的途径。

卡耐基认为，如果我们多用一点大脑，提前加以预防的话，牛奶就不会被打翻。可是一旦它被打翻了，我们所能做的，就是把它忘掉，抛开这件事，全身心地关注下一件事。

亚伦·山德士先生永远记得他的生理卫生课老师保尔·布兰德温博士教给他的最有价值的一课。

当时，亚伦·山德士先生只有十几岁，却经常为很多事发愁，为自己犯过的错误自怨自艾。他老是在想自己做过的事，希望当初没有那么做；老是在想自己说过的活，希望当时把话说得更好。

一天早晨，亚伦·山德士先生走进科学实验室，发现保罗·布兰德温老师的桌边放着一瓶牛奶。真不知道这和生理卫生课有什么关系。突然，老师一把把那瓶牛奶打翻在水槽中，同时大声喊道："不要为打翻的牛奶而哭泣。"

然后，老师把亚伦·山德士先生叫到水槽边上说，好好看看，永远记住这一课。

牛奶已经漏光了。无论你怎么着急，如何抱怨，也不能救回一滴了。我们接下来能做到的就是，吸取这次的教训，去好好做下一件事情。

卡耐基认为，对于聪明人来说，只要有可能，就不会打翻牛奶，打翻了牛奶，就要彻底忘记这件事，他们永远不会坐在那里，为自己的错误而悲伤，相反，他们会很高兴地找办法来弥补。

乔恩和姑父住在一个抵押出去的农庄上。那里土质很差，灌溉不良、收成又不好，所以他们的日子过得很紧，每分钱都要节省着用。可是，姑妈却喜欢买一些窗帘和其他小东西来装饰家里，为此她常向一家小杂货铺赊账。乔恩姑父很注重信誉，不愿意欠债，所以他悄悄告诉杂货店老板，不要再让他妻子赊账买东西。姑妈知道后，大发脾气。

这事至今差不多有 50 年了，她还在发脾气。乔恩曾经不止一次听她说这件事。

最后一次见到她时，她已经快 80 岁了。可是，她依旧还在抱怨这件事情。乔恩对她说："姑妈，姑父这样做确实是不对。可是你都已经埋怨了半个世纪了，这不比他所做的事还要糟糕吗？"

过去的事情就让它们过去了，我们再想也不能给现在的生活带来任何改变，那些烦心的小事还会影响我们的生活质量。我们现在所能做的就是把握好今天，去迎接更加灿烂辉煌的明天。

# 第八章　不要为工作和金钱而烦恼

刚刚步入社会的年轻人，从来没有预想到生活中的很多挫折和烦恼。此时的你面临着很多抉择。我们将以什么方式来谋生？做一个记者、邮差、企业家、计算机程序员、医生还是大学教授？这是每一个刚刚踏入社会的年轻人都必须做出一项重要决定。工作，会影响我们的一生，如果决策得当的话，它可能成全或造就我们，甚至会对我们的健康产生重要影响。

在我们选择好职业后，我们还会担心：这个工作适合我吗？我们还很关心，这份工作挣的钱够我花的吗？金钱给我们带来很多烦恼，许多人在处理金钱时，却往往十分盲目。

西方有句谚语："年轻人总是生活在虚幻的雨季中，其实一切都会雨过天晴。"

美国诗人弗洛斯特说，"林中有两条小路，你选择了其中的一条，就会看到不同的风景。"

卡耐基告诫我们，不要为工作和金钱烦恼。我们应该学会减少工作中的压力，尽量找一份自己喜欢的工作，这样才能充分发挥我们自己的聪明才智。只要我们找到正确的理财方法，我们就会发现柳暗花明又一村。

格言说："站在侏儒的肩上，只会让人显得更卑微；站在巨人的肩上，才会使人成为天才。"接受别人的忠告，可避免重蹈覆辙；接受新知，可使自己的生活多彩而充满喜悦。

## ※ 做自己喜欢的工作

我们每个人都喜欢做自己喜欢的事情，但是，大多数人都认为这说起来容易做起来难啊。生活的压力、环境的驱使，有时候不得不使我们做我们自己并不喜欢的工作。先有生存，先有温饱，然后才能谈发展。

其实，做你喜欢做的事并不意味着做此时此刻最想做的事，即使是爱因斯坦也会有想喝咖啡的时候。它只是要求我们喜欢工作多一点，喜欢享受少一点。做自己喜欢的工作，相对成功的机会大一些。

卡耐基并不是一开始就选择了后来的生活道路，他经历了一系列的曲折。卡耐基也干过推销员的工作。

1908 年 4 月，国际函授学校丹弗分校经销商的办公室里，戴尔·卡耐基正在应征销售员工作。

戴尔·卡耐基终于找到了一个工作，他的任务是推销国际函授学校丹弗分校的教学课程。

对此结果，卡耐基是非常高兴的，因为对于一个刚跨出校门的急于成功的青年来说，第一次应聘就顺利地通过，已是相当幸运的了。戴尔·卡耐基掩饰不住内心的兴奋，他憧憬未来光明的前途，仿佛一条发财的大路已在他脚底延展开来。尽管每日两美元食宿费外加佣金的工作算不上高薪的职业，但与父亲相比，已经相当不错了。

其实，艾兰奇的赞扬是由衷的，因为分公司派出的十名推销员中，只有戴尔·卡耐基在这周内推销出一套课程。但此时的卡耐基并不满足于这一点小小的成功，他雄心勃勃。

戴尔·卡耐基抵达俄玛哈后，换上崭新的衬衫，认认真真地打好领结，把皮夹克刷得干干净净，擦亮皮鞋，信心十足地走进了阿摩尔总公司的办事处。

阿摩尔公司的总裁洛佛斯·海瑞斯是一个典型的美国西部老头，行动迟缓，似乎与做事喜欢雷厉风行、干净利落的戴尔·卡耐基格格不入，但是他工作的认真精神正是戴尔所钦佩的地方。

在整个商品宣传的过程中，戴尔·卡耐基大量地运用了父亲养猪和养牛的经验。并且，所有的演说，戴尔都以带有鼻音及充满密苏里口音的语言发表。这使他深受南达克达商人的信赖，而不把他当作一名偶尔行经此处的棋子。

戴尔·卡耐基凭着热心的态度和真诚的笑容，凭着坚韧不拔的意志和随机应变的能力，在南达克达取得了一连串的成功。

后来，卡耐基不再喜欢推销员工作，在无尽的忧虑中度日如年，精神上遭受着极大的折磨。一扇光明的窗户正向他打开，那就是从事写作，把自己的所思所观所想写出来。那一天，他决定换一种生活。他认为，他不会因为不当推销员就会失去什么东西。明天，他就按图索骥地去应聘，找一份新的工作，一边工作一边写作，他要当一位全世界人民都爱戴的伟大作家。

为了自己的梦想，卡耐基辞去了推销员的工作，决定为自己的梦想奋斗。

卡耐基认为，成功的第一要素，就是一定要喜欢你的工作，或者做你喜欢的工作，如果你喜欢自己的工作，即使工作的时间很长，但你却丝毫不会觉得是在工作。而是在做游戏。

菲尔·强森的父亲开了一家洗衣店，他把儿子叫到店中工作，希望他将来能接管这家洗衣店。但菲尔痛恨洗衣店的工作，所以懒懒散散，提不起精神，只做些不得不做的工作，其他工作则一概不管。有时候，他干脆“缺席”了。他父亲十分伤心，认为养了一个没有野心并不求上进的儿子，使他在员工面前深觉丢脸。

有一天，菲尔告诉他父亲，他希望做个机械工人——到一家机械厂工作。这位老人十分惊讶。不过，菲尔还是坚持自己的意见。他穿上油腻的粗布工作服工作，他从事比洗衣店更为辛苦的工作，工作的时间更长，但他竟然快乐得在工作中吹起口哨来。他选修工程学课程，研究引擎，装置机械。

而当他1944年去世时，已是波音飞机公司的总裁，并且制造出“空中飞行堡垒”——轰炸机，帮助同盟国军队赢得了世界大战。

的确，因为喜欢，可以兴趣十足，充满激情地工作，就算一天工作十六七个小时，你也不会觉得很累。但是做一份自己不喜欢的工作，每分钟或许都充满了埋怨，没有热情去创造更多的价值。

比尔是美院的人体模特，美院的老师和学生都喜欢比尔做他们的人体模特，比尔因此成了美院优秀的人体模特之一。

比尔在美院的收入是每天25美元，做了两个月的人体模特，有了一些积蓄后，他就离开了美院，尽管他也很喜欢这个职业，喜欢那里的老师和同学，但是他知道这并不是自己的追求，自己必须尽早离开它，去做自己喜欢的事。那便是唱歌。

比尔在离地铁近的地方租了间平房，安顿下来后，就跑到音乐器材商店买了一把吉他，又去服装店买了身像样的衣服，经过简单的武装后，就抱着吉他来到了地铁口，正式做起了一名地铁歌手。比尔这样做，并不表示他是一个胸无大志的人，他也想成为一名签约歌手、当红歌星，但是就目前这种状态，他是不敢往深处想的，只能从最低级的地铁歌手做起。

地铁口给比尔的最初印象只是匆忙，来来往往的人总是脚步匆匆，这些都是匆匆过客，也有的人或许只能见这一面，以后就再也没有机会见到了。

只有一个人能坚守在这里与比尔长期相伴，她就是在地铁口乞讨的老妇人，从比尔来到这个地铁口唱歌那天起，就看见她一直跪在那儿打躬作揖，向人乞讨。

比尔觉得她很可怜，不知她有没有结过婚，有没有子女，是子女没有赡养能力，还是子女不孝，把她看成了累赘不管她？总之，一个人老无所养，只能靠别人的施舍了此残生，的确值得同情。

有一次，比尔见老妇人的生意不太好，在那儿跪了一天也没有多少进账，就往她的盘子里扔了1块钱硬币，老妇人听见当啷一声响，抬头见是他，便冲比尔笑了笑说："大兄弟，你在这儿讨钱，我也在这儿讨钱，大家都不容易，你还给我什么钱呀！"

这位妇人年龄比比尔还大许多，却谦虚地把他称作"大兄弟"，老妇人的那句"大家都不容易"，其实是挺幽默的一句话，可比尔听了不知怎么鼻子一酸，差点流下了眼泪。

能在这儿做自己喜欢的事，是比尔多年的梦想，这种追求难道是一件值得别人同情的事吗？

比尔将来不一定非要走红歌坛，这种愿望对比尔来说从来就没有过特别强烈的时候，比尔只喜欢水到渠成的东西，做自己喜欢的事，并且努力把它做好，能否得到别人的肯定、能否成为著名歌手并不重要。比尔有自己的梦想，他只是喜欢唱想唱的歌，即使只能像现在这样坐在地铁口抱着一把吉他自弹自唱，他也无怨无悔。

工作是增添生命味道的盐，健康的机体离不开它。一个人活着也离不开工作，你必须先爱它，工作才能给予你最大的恩惠。喜欢自己做的事，热爱自己做的事，其实也就是做自己喜欢的事。

卡耐基说过，工作，深刻地影响你的一生，如果你决策得当的话，它可能成全或造就你，甚至会对你的健康产生重要影响，祝福那些找到自己心爱工作的人，他们已经不需再祈求其他的幸福。

美国心理学博士雷米曾做过专门研究，发现世界上最忙碌最紧张的名人们，通常要比普通人寿命高出29%；失业率每增加1%，死亡率增加 2%。他还发现，外出工作的妇女，要比家庭妇女发病率低，不工作的人比有工作的人健康状况差。

法国雕塑家罗丹说：“工作就是人生的价值，人生的欢乐，也是幸福之所在。”英国作家卡莱尔说：“工作是个人最健康的锻炼。”

工作不仅可以创造财富，实现人生价值，而且可以给个人带来欢乐，带来健康与长寿。紧张的工作可以排除人们的孤独感、寂寞感与忧愁感，做一份自己喜欢的工作给人带来充实和欢乐，使人保持良好的情绪。

戴斯自小就对画画很有天赋。小学时书本的空白处几乎都让她随手涂鸦地画了很多的小插图。长大后就特别喜欢那些工笔仕女图。后来自己开始临摹书上的仕女，不过戴斯除了上学时的美术课之外，再不曾正规学过，一切就是凭着喜好。

因为喜欢那些仕女，戴斯最大的爱好就是收集任何和仕女有关的图片，比如火柴盒、邮票、扑克等等。不过刚刚工作时，戴斯还会在闲暇时随便画画，甚至报名参加美院的函授，托父亲的学生在外地买了不少美院的资料，自己找了了位美术老师。

有天，戴斯的父亲拿回一张招生简章，当然是美术专业的。那会儿戴斯已经和老公开始恋爱，而且也刚刚有份不错的工作，不过在戴斯内心真的很希望辞掉当时的工作去专心的学她喜欢的美术。

戴斯的父母还比较支持，但是也看得出他们对于戴斯辞掉工作也不是十分同意，希望戴斯自己仔细考虑，可是戴斯的老公却竭力反对。在老公的劝说下，加上戴斯父母也在他们朋友中征求意见，对于戴斯辞掉工作他们从一开始有一点的支持到不反对也开始有些动摇。就这样，戴斯那次的遗憾一直持续到现在。

因为画画，加上戴斯母亲喜欢剪裁衣服，对衣服的挑剔，戴斯对当时街上的很多成衣包括裁缝店那些衣服满意的很少。于是戴斯竟然异想天开地想自己设计服装。

戴斯一直没有放弃对自己梦想的追求，她找了家服装裁剪学校去熏陶了一个月，一个月时间的收获就是自己裁剪了一件系扣子的短袖上衣，而且是独立完成的，后来戴斯母亲也说戴斯好像是有点天赋。

在戴斯的一再要求下，最后戴斯的老公和父母终于同意了戴斯辞去工作，去开一家服装设计店。虽然开始遇到了困难，但是一路走下来，戴斯还算成功，现在已成为拥有 4 家连锁店的老板了。

卡耐基仍然奉劝年轻朋友们：不要只因为你家人希望你那么做，就勉强从事某一行业。不要贸然从事某一行业，除非你喜欢。不过，你仍然要仔细考虑父母给你的劝告。他们的年纪可能比你大一倍。他们已获得那种唯有从众多经验及过去岁月中才能得到的智慧。但是，到了最后分析时，你自己必须作最后决定。将来工作时，体会快乐或悲哀的是你自己。

因为喜欢，才会去努力实现。因为想实现，才会去努力。所以，做一件让自己喜欢的工作非常重要。

## ※　正确处理夫妻间的职业冲突

婚姻就像穿鞋子，舒服不舒服，只有脚趾头知道。这个比喻耐人寻味。现代社会普遍存在一种偏见，认为男主外，女主内，如果女性也要事业，那么你必须同时做好“主内和主外”两个大事。这就需要正确处理好夫妻之间的职业冲突。

在卡耐基的生活中，卡耐基夫人扮演的角色，首先是一个妻子。

桃乐丝之于卡耐基，既有普通妻子的温柔与体贴，也有她独特的生活方式。作为一个名人的妻子，桃乐丝无法摆脱丈夫事业的影响，更何况她本人对丈夫的事业也持积极的态度，并愿意为此而与丈夫站在一起，继续扩展已经辉煌的事业。

一天傍晚，当卡耐基一家在加拿大度假时，桃乐丝告诉她的丈夫卡耐基说她想跳舞。然而卡耐基却不想与其一起去舞厅，他只想早些就寝。

为了让桃乐丝有事可做，以避免因无所事事而产生的烦闷，卡耐基建议她为妇女编写课程。这一建议无意间又促成了另一项事业，就是开设以妇女自我发展为内容的桃乐丝·卡耐基课程。

桃乐丝认为，要鼓励妇女扩大她们的心智水平，并希望这种训练能被视为一种老年保险。因为随着年龄的增加，社会的发展，妇女自身各方面素质的提高都是非常必要的。

桃乐丝为开创这项事业付出了二十年的努力，但结果是没有赚钱。在六十年代末期，她不得不取消了这一课程。

尽管桃乐丝·卡耐基课程最终以失败告终，但却促使卡耐基夫人写出了她的第一部著作。1953 年，灰石出版社发行了她的《写给你的》一书。

卡耐基认为，许多男人创造出来的伟大的成就，可能都是因为他们无私的妻子愿意和丈夫一同尝试新的机会，而且愿意放弃物质享受，因此她们的丈夫才能够去做更适合他们个性的工作。

詹妮弗·彻尼就是一个例子。詹妮弗·彻尼是个典型的女强人。她从不相信传统的成功之路。因此，她常常由于不遵循传统之道而受到非议。她不想把精力都放在家里，从小就想有一番自己的事业。

詹妮弗·彻尼在纽约州立大学只读了一年就退学了。她认为四年大学好像是中学和进入现实社会生活之间的一段间歇。她不愿花这么长时间休息，而决心进入商界挣一百万美元。

她先进入一家缝纫厂做服装烫皱褶工人，在厂里以惊人的速度取得进步。每当有人离开这个艰苦的岗位时，她便对老板说：“我能把活接过来吗？”后来，她开始从事销售工作，仍是以好学和拼命的精神投入工作，三年内工资由每年八千美元提高到五万美元。此时，她意识到在这里已干得差不多了，于是辞去工厂的工作。

她的父母和丈夫都劝她回大学读书："你别发疯了，你再也挣不到那么多钱了。"

但彻尼不听劝告，她对从宝石到保险业的销售行情进行了调查，最后加入贝奇房地产公司。头一年对彻尼来说很不顺利，她做的几笔买卖都失败了，几乎没挣到什么钱。她白天东奔西跑，晚上到夜校读房地产经营的课程，孩子也没有时间去管。有一次夜里，孩子发高烧。彻尼和丈夫就赶快把孩子送到医院，丈夫看到身边消瘦的彻尼，实在不忍心彻尼一夜都陪在这里，担心她明天白天的工作。于是就让彻尼回去休息，他一个人在这里就足够了。彻尼看着丈夫理解的眼神，心里很是感动。因为彻尼在别人眼里，一直是批评的对象。在丈夫的理解和家人的关心下，彻尼在第二年生意开始兴隆起来。那年她拿到一百万美元的佣金。但当她刚做完一笔最大的交易后，就被老板解雇了。彻尼认为这是由于老板嫉妒她。

彻尼没有被打垮。在丈夫的安慰下，彻尼痛哭了一场，接着又参加了夏皮罗房地产公司。

仅仅一个星期，该公司买卖的成交额就增加了一倍。

彻尼终于获得了巨大的成功。她在一次采访中说，这些成就应该归功于她的丈夫，是他的默默无闻的关心给了她在外拼搏的动力。她还说，以后她会把自己的精力多投入一些到家里，学着做一个好妻子。

其实，现代女性作为一个社会角色，只要她能协调好各方之间的关系，能够给人安全和温和的感觉，就能够给群体以更多的快乐。

日本独立公司是专为伤残人设计和生产服装而设立的。这家公司的老板是一位叫木下纪子的妇女，过去她曾管理过两个室内装修公司，并且小有名气。可是，正当她在选定的道路上迅速发展的时候，不幸降临到她的头上，她突然中风，半身瘫痪了，连吃饭穿衣都难以自理。

丈夫看到她精神不振的样子，安慰她说，不要悲伤，我会永远陪着你的。你要相信自己。

当她从极度的痛苦中摆脱出来，清醒思考的时候，她知道自己必须振作起来。

穿衣服虽然是个小事，但又是每天都遇到的事情，对一个残疾人来说又多么重要啊！难道就不能设计出一种供伤残人容易穿的衣服吗？

一个新的念头突然而至，使她顿时兴奋起来。她忘记了自己的痛苦，甚至忘记了自己是一个左半身瘫痪的人。

木下纪子根据自己的设想加之以往管理的经验，办起了世界第一家专门为伤残人设计和生产服装的服装公司——独立公司。

木下纪子按残废人的特点及心理，设计出适合伤残人穿的服装。独立公司开张后生意日益兴隆，有时一个季度就可销售五万多美元的服装。

由于她事业上的成功，在日本这个以竞争著称的国家，竟得到了十家不同行业的支持，木下纪子还准备把她的产品打入国际市场。她的这一计划不仅得到日本政府的支持，同时也得到了外国友人的帮助。

不但木下纪子有自己的事业，她的丈夫也有自独立的事业。虽然他们工作很辛苦，但他们很幸福，他们彼此相互鼓励，共同进步。

作为一个和睦的家庭，夫妻间要相互体谅，相互关怀。事业的冲突需要两个人的共同努力来解决。夫妻子女间也和睦相处，相得益彰。只有内部和谐了，才有外面的成功。

## ※ 处理金钱的烦恼

我们总会埋怨挣的钱太少，不够我们花的。每天为了金钱而苦恼，精打细算地过每一天。其实，我们是否想过，如果我们突然涨工资了，那我们还会为钱发愁吗？我们依然这样，在这个社会上有很多具有诱惑性的东西，我们每个人都想拥有更多的东西，因此我们才会为钱而苦恼，让我们合理安排我们的生活吧，那样我们就不会为钱而烦恼了。

卡耐基先生曾经也有过财政困难的经历。卡耐基曾在密苏里的玉米田和谷仓做过每天十小时的体力工作。他辛勤地工作，直至腰酸背痛。他当时所做的那些苦工，并不是一小时一块美金的工资，也不是五毛钱，也不是十分钱。他那时所拿的是每小时五分钱，每天工作十小时。

卡耐基知道一连二十年住在一间没有浴室、没有自来水的房子里是什么滋味；知道睡在一间零下十五度的卧室中，是什么滋味；知道徒步数里远，以节省一毛钱，以及鞋底穿洞、裤子打补丁的滋味；也尝过在餐厅里尽点最便宜的菜，以及把裤子压在床垫下的滋味—因为没钱将它们交给洗衣店。

然而，在那段时间，卡耐基仍设法从收入中省下几个钱，因为如果不那么做，心里就不安。由于这段经验，他终于明白，如果你渴望避免负责以及避免金钱烦恼，就必须和一些公司一样：必须拟定一个花钱的计划，然后根据那项计划来花钱。可惜，我们大多数都不这样做。

卡耐基认为，对于大多数人而言，多挣些钱并不能解决他们的财政困难，事实上，当他们的收入增加之后，并没有什么大的作用，反而突然增加了开支，也增加了令人头痛之事。

娜莉·史皮尔夫人，家住纽约杰克森山庄。1932 年，她的丈夫已去世，两个儿子都已结婚。有一天，她到一家餐馆的苏打水柜台买冰淇淋，发现柜台也兼卖水果饼，但那些水果饼看起来实在令人不敢恭维。她问店主愿不愿向她买一些真正的家制水果饼。她做了两块水果饼。

令娜莉·史皮尔夫人高兴的是，那位店主向她预订两个水果饼。

娜莉·史皮尔夫人非常珍惜这个机会，她向一位邻居请教了制苹果饼的方法。结果，那家餐厅的顾客对娜莉·史皮尔夫人最初的两块水果饼赞不绝口。

餐厅第二天决定预订了五块，接着，其他餐馆也陆续向娜莉·史皮尔夫人订货。在两年之内，娜莉·史皮尔夫人已经成为每年必须烘制五千块饼的家庭主妇。

娜莉·史皮尔夫人是单独一人在自己的小厨房内完成全部工作的，她一年收入已高达一万美元，除了一些制饼的材料之外，娜莉·史皮尔夫人几乎没有成本。

娜莉·史皮尔夫人从工作中找到了乐趣，也赢得了金钱。娜莉·史皮尔夫人不为金钱所烦恼，反而采取积极的措施。当别人羡慕娜莉·史皮尔夫人不为金钱烦恼时，娜莉·史皮尔夫人告诉他们，收入的增加，对解除金钱的烦恼并没有什么帮助，只是徒然增加开支，增加头痛。她认为，我们并不是没有足够的钱，而是不知道如何支配手中的钱！

卡耐基认为，人的烦恼百分之七十都和金钱有关，而许多人在处理金钱时，却往往十分盲目，结果给自己带来无穷无尽的烦恼。

娥拉·史令达夫人，住在一个三万人口的伊利诺伊州梅梧市。她在厨房里以一毛钱价值的原料开创了事业。她的丈夫生病了，她必须赚点钱补贴家用。但她没有经验，没有技术，没有资金，只是一名家庭主妇。她从蛋中取出蛋清加上一些糖，在厨房里做了一些饼干；然后她捧了一盘饼干站在学校附近，将饼干售给正放学回家的学童，一块饼干一分钱。

第一周，她不只赚了四元一角五，同时也为生活带来乐趣。后来，她将生意进一步扩展，现在已拥有 19 家店铺。

娥拉·史令达也没有被金钱压垮，同样采取了积极的作法。

罗马政治家及哲学家塞尼加也说：“如果你一直觉得不满，那么即使你拥有了整个世界，也会觉得伤心。”

美国历史上最著名的人物也有财务烦恼。林肯和华盛顿都必须向人借贷，才能启程前往首都就任总统。

我们之所以会为金钱苦恼，是因为我们一直在追求我们希望得到的东西。其实，只要我们懂得，即使我们拥有整个世界，我们一天也只能吃三餐，一次也只能睡一张床的道理，我们就不会整日为金钱而奔波。

萧恩，轮胎模具有限公司董事长兼总经理，在公司严格禁止员工赌博。他制定了一个规章制度：在公司，如果发现员工赌博一次罚款100元，第二次罚200元，第三次就要开除。他认为，钱应该花在合适的地方，他的员工应该学会理财。

根据《妇女家庭月刊》所做的一项调查，我们百分之七十的烦恼都跟金钱有关。盖洛普民意测验协会主席盖洛普·乔治说，从他所做的研究中显示，大部分人都相信，只要他们的收入增加百分之十，就不会再有任何财政的困难。

亚诺·班尼特初到伦敦时，立志做一名小说家。当时他很穷，生活压力大，所以他把每一便士的用途记录下来。后来他十分欣赏这个方法，不停地保持这一类记录，甚至在他成为世界闻名的作家、富翁，拥有一艘私人游艇之后，还保持这个习惯。约翰·洛克菲勒也有这种总账。他每天晚上祷告之前，总要把每便士的钱花到哪儿去了弄个一清二楚，然后才上床睡觉。

我们每个人都应该做一个真正适合你的预算，把钱用在合适的地方，不要因为工资的增加而加大你的开支，那样你永远都会为金钱所累，永远体会不到生活的快乐。

## ※　感到疲劳之前先休息

在每天的工作生活中，总会碰到很多的朋友说工作好累，生活好累。好像他们一直都处在疲惫的状态，没有让自己真正地放松过。他们认为只要保证了时间，就保证了工作的进度。其实，不是这样的。磨刀不误砍柴工。在我们感到疲劳之前，我们就要先休息。一小时的休息并不是在浪费生命，它能够让你多保持清醒的时间，使你能够做更多清醒而有效率的事。

卡耐基认为，任何一种精神或情绪紧张，在完全放松之后就不可能再存在了。这也就是说，如果你能放松紧张情绪，就不会再有忧虑了。经常休息，照你自己心脏活动的办法去做，在感到疲劳之前先休息，那么你每天清醒的时间就可以多增加一个小时。

好莱坞一位电影导演杰克·查纳克告诉人们，这种办法确实可以产生奇迹。几年前他常常感到筋疲力尽，什么办法都用过，喝咖啡、吃维生素和别的补药，一概无济于事。随后，他试了这种方法，两年后出现了奇迹。他现在每天能多工作两个小时，而且很少感到疲劳。爱迪生认为他无穷的精力和耐力，都来自他能随时想睡就睡的习惯。福特过 80 大寿时说：“我能坐下的时候绝不站着，能躺下的时候绝不坐着。”

相关研究证实：预防“学习疲劳”的最好办法，是在感到疲劳之前先休息。例如，吃过午饭后小睡 10 至 20 分钟，能够防止下午经常出现的疲劳。若晚饭后再睡上 10 至 20 分钟，不但可以将学习时间延长，而且整个晚上的学习效率能显著提高。

在二次大战期间，丘吉尔已经 60 多岁了，还每天工作 16 个小时，指挥作战，实在令人惊讶。他的秘诀在于他懂得休息。他每天早晨在床上工作到 11 点，看报告，口述命令，打电话，甚至举行很重要的会议。吃过午饭以后，上床睡 1 个小时。到了晚上，在 8 点钟吃饭以前，他要上床睡 2 个钟点。其实，他并不是要消除疲劳，而是事先预防疲劳，因此他可以很有精神一直工作到半夜之后。

卡耐基认为，任何一种精神或情绪紧张，在完全放松之后就不可能再存在了，这也就是说，如果你能放松紧张情绪，就不会再有忧虑了。

约翰·洛克菲勒也创了两项惊人的纪录：他赚到了当时全世界为数最多的财富，也活到98岁。他如何做到这两点呢？最主要的原因当然是，他家里的人都很长寿，另外一个原因是，他每天中午在办公室里睡半小时午觉。他会躺在办公室的大沙发上。在睡午觉的时候，哪怕是美国总统打来的电话，他都不接。

丹尼尔·何西林说："休息并不是绝对什么事都不做，休息就是修补。"在短短的一点休息时间里，就能有很强的修补能力，即使只打五分钟的瞌睡，也有助于防止疲劳。

贝德汉钢铁公司佛德瑞克·泰勒工程师对产生疲劳的因素，做了一次科学性的研究。他认为，工人不应该每天只能往货车上装15吨的生铁，而应该装47吨，而且不会疲劳。

为了证明这一点，泰勒选施密德先生来做试验。他指挥一个工人来搬生铁。工人拿起一块生铁，边走边休息。结果怎样呢？别的人每天只能装15吨生铁，而这位工人却能装47吨。研究发现，虽然休息的时间比工作时间还多，工作成绩却差不多是其他人的4倍。

棒球名将康黎·马克说，每次出赛之前如果不睡一个午觉，到第5局就会觉得筋疲力尽了。可是如果他睡午觉的话，哪怕只睡五分钟，也能够赛完全场，一点也不感到疲劳。

我们的心脏每天压出来流过全身的血液，足够装满一节火车上装油的车厢。心脏能完成这么令人难以相信的工作量，而且持续50、70甚至可能90年之久。人的心脏怎么受得了呢？哈佛医院的华特·坎农博士解释说："绝大多数的人都认为，人的心脏整天不停地在跳动着。事实上，在每一次收缩之后，它有完全静止的一段时间。当心脏按正常速度分分钟跳动70下的时候，一天24小时内，实际的工作时间只有 9 小时。也就是说，心脏每天休息了整整 15 个小时。”

心理治疗专家们都说，我们所感到的疲劳，多半是由精神和情感因素所引起的。英国最有名的心理分析家德费，在他那本“权力心理学”里说：“绝大部分我们所感到的疲劳，都是由于心理影响。事实上，纯粹由生理引起的疲劳是很少的。”

芝加哥大学的艾德蒙·杰可布森博士曾说，如果你能完全放松你的眼部肌肉，你就可以忘记你所有的烦恼了。在消除神经紧张时，眼睛之所以这样重要，是因为它们消耗了全身散发出来的能量的四分之一。这也就是为什么很多眼力很好的人，却感到“眼部紧张”的原因。

保罗·山普桑就是一个很好的例子。以前，他的生活紧张忙碌，总是紧紧张张的，从不晓得使自己轻松一下。

他每天晚上下班回到家里时，总是精神沮丧，忧虑重重，精疲力竭。为什么？他每天早上总是急急忙忙起床，匆匆忙忙吃早餐，匆匆忙忙刮脸，匆匆忙忙穿衣，然后急忙开车上班，他紧紧抓住方向盘，仿佛它随时会飞出窗外一般。他很迅速又紧张地上了一天班，然后匆匆忙忙赶回家，到了晚上，他甚至想急忙入睡。

他这种紧张生活实在太严重了。因此他向拿破仑求救。拿破仑建议他，随时都要想到轻松—在工作、开车、吃饭、入睡之前，都要想到放松自己。

从那时起，保罗·山普桑就开始练习使自己身心放松。每天上床睡觉前，他并不急着入睡，而先使自己身体彻底放松，呼吸也倾向平稳。早上醒来后，觉得已得到了充分的休息。现在，他无论开车，还是吃饭，心情轻松了许多，为了安全，他驾车提高警觉，但已不像以前那样紧张了。

因此在疲劳之前先学会休息非常重要。怎样才能做到这一点呢？

第一、要明白休息并不意味着长时间的睡眠。

休息就是在工作劳累的时候，在办公桌上稍微趴下休息或者四处走走，放松心情。中午休息也很重要。如果你住在一个小城市里，每天回去吃中饭的话，饭后你就可以睡十分钟的午觉。如果你没有办法在中午睡个午觉，至少要在吃晚饭之前躺下来休息一个小时，这比饭前一杯酒要便宜得多了。

第二、做任何事情都要放松。

精神过度紧张容易导致疲劳。所以无论做任何事情，我们都要调整好心态，把学会把事情看得平淡，不要每天都生活在紧张的气氛中。

## ※　如何让你青春永驻

岁月悄悄地流逝，不知不觉中，皱纹蹑手蹑脚地爬上了你的面庞。这是多么令人苦恼。我们每个人都不希望自己变老，纵然是岁月无情，但仔细想一想，我们采取怎样的措施才能减慢衰老的趋势，我们究竟怎样才能做到这一点呢？

卡耐基认为，减轻忧虑、青春永驻的最好办法，就是和你信任的人谈论你的问题，把你心底里的话说出来。就相当于给你的“心病”打一针强心剂。

我们都知道一个人的心情怎样对生活是无比重要的。然而，并不是每个人都能以好心情来度过每一天。坏的心情，会严重影响生活的质量。卡耐基看到了培养心情的重要性。他认为，首先要培养自己的好心情。

亚瑟·罗勃兹在纽约市卡耐基班上说出他为儿子瞎操心的故事。

1960年早期，很多美国青年背上小背包云游四方，他的儿子也这样做。亚瑟·罗勃兹和他太太给吓糊涂了。他们在报上看到年轻人在路上遭到攻击的事；在搭便车的时候给大卡车撞倒，沦入吸毒、太保帮派，或受到其他坏影响。每次电话铃响起，他们就吓得要死，恐怕传来什么可怕的消息。

后来，他们接受了卡耐基的忠告：根据平均率，看看所忧虑的事发生的机会有多少？后来他们发现出走的青年中只有极小部分遇到过麻烦。他和他太太从此就不再过度紧张了，后来他儿子3个月后回来了。

凯瑞来到纽约，想开创一番演艺事业。来到这里后，她不得不和更有天分的男女青年竞争，结果并不很好。她觉得和其他年轻人相比，她并不是能在演艺界获得成功的材料。为此她烦恼了好几个星期，晚上睡不好。最后终于告诉了父母。仔细思考下，发现自己也没有别的特长，就决定回学校读书，取得教师资格。为了学费和生活费，我重新去学打字，现在得到一份接待员的工作。

一个人把忧虑憋在心里，不告诉任何人，就会造成精神紧张。我们都应该让别人来分担我们的问题。

卡耐基认为，要想使青春永驻，就要使别人感到高兴。

有一个农家的女子，在一整天劳累的工作后，当快要吃饭的时候，她在那几个男工面前，大声吆喝起来。那些男工问她，是不是疯了？那女的回答说："哦！我替你们做饭，已经做了20多年，那么久长的时间，我从没有听到一句表扬的话。"

相反，帝俄时代的莫斯科和圣彼得堡，养尊处优的那些贵族们，他们很注重礼貌，似乎已成了那些贵族们的一种习惯。当他们吃过一桌可口的菜后，一定要请主人把厨司叫来外面餐厅，接受他们的赞美。

要想青春永驻，就要取悦别人，赞美别人。只有别人高兴了，你的心情才能愉快。你才能安心去做每一件事情，去享受生活。

卡耐基认为，要学会微笑。

每天给他人一个微笑，友好的阳光会洒遍我们的周围；真诚和善意的微笑，使我们的心灵像绽开的玫瑰。它可以化干戈为玉帛，化乖戾为祥和。正所谓“我见青山多妩媚，青山见我一如是。”

每天给自己一个微笑，快乐的天使会一直陪伴在我们左右。微笑是一种力量，是一种良药，是保持心情愉快，青春永驻的秘方。对自己的微笑，使你睿智、幽默、坚定和乐观。